동 행 전 도 를 위 한
전도의 논리

Copyright ⓒ 1989 William B. Eerdmans Publishing Co.
Originally published under the title
The Logic of Evangelism written by William J. Abraham
Published by Wm. B. Eerdmans Publishing Co.
2140 Oak Industrial Drive NE. Grand Rapids, Michigan 4905, U.S.A.
P.O. Box. 163. Cambridge CB3 9PU U.K.
All right reserved.

This Korean edition is translated and used by permission of Wm. B. Eerdmans Publishing Co. through arrangement of rMaeng2, Seoul, Republic of Korea.

This Korean Edition Copyright ⓒ 2018 by CESI Corea Evangelization Studies Institute, Gunsan, Republic of Korea.

CESI는 한국전도학연구소 영문 Corea Evangelization Studies Institute 약자입니다.

이 한국어판 저작권은 알맹2 에이전시를 통하여 Wm. B. Eerdmans Publishing Co.와 독점 계약한 도서출판 CESI 한국전도학연구소에 있습니다. 신저작권법에 의하여 한국 내에서 보호받는 저작물이므로 무단 전재와 무단 복제를 금합니다.

동 행 전 도 를 위 한

전도의 논리

윌리암 아브라함 지음

김남식 옮김

동행 전도를 위한
전도의 논리

지은이 | 윌리암 아브라함
옮긴이 | 김남식

발행일 | 2018년 12월 01일
발행처 | CESI 한국전도학연구소
편 집 | 이환희
디자인 | 디자인스웨터
주 소 | 전라북도 군산시 백릉로 162
전 화 | 070-5111-7081
홈페이지 | http://www.evangelism.co.kr
보 급 | CESI 한국전도학연구소
인 쇄 | 예원출판사

이 출판물은 저작권법에 의해 보호를 받는 저작물이므로 무단 전재와
무단 복제를 할 수 없습니다.

ISBN 979-11-965037-0-3 (93230)

잘못된 책은 구입처에서 교환해 드립니다.
책값은 뒤표지에 있습니다.

(예일), 예주, 예서, 예헌, 예하를 위하여

The Logic of Evangelism

차 례

:: 역자 서문 | 8

01. 전도와 현대신학 ································· 13
02. 복음 ·· 35
03. 선포 ·· 65
04. 교회 성장 ·· 101
05. 그리스도인이 되는 과정 ··············· 127
06. 회심, 세례, 도덕 ································ 159
07. 사도 신경, 성령의 은사, 그리스도인의 삶 ······ 189
08. 전도 사역 ·· 219
09. 전도와 모던 ··· 245
10. 에큐메니즘 ··· 275

역자 서문

전도. 이 한 단어 때문에 교회사에서 어떤 이는 피를 흘리게 했고 어떤 이는 눈물을 흘렸다. 20세기에 들어오면서 여전히 로마식 전도[1]가 팽배해지고 1980년대 교회성장주의가 북미와 한국 교회를 덮을 때, 윌리암 아브라함은 다시 한번 전도의 본질이 무엇인지를 알리기 위해 이 책 『전도의 논리』를 통해서 세례 요한과 같이 광야의 외치는 소리가 되었다. 이미 1963년부터 로버트 콜만이 *The Master of Evangelism*을 통해 예수님의 전도 원형으로 돌아가야 한다고 외친 것에 윌리암 아브라함이 가세한 것이다. 1989년 『전도의 논리』가 출판되었을 때, 아마도 많은 목회자와 교회 성장학자들에게 환영받지 못했을 것이다. 왜냐하면 저자는 부와 권력과 명예를 낳아줄 수 있는 교회 성장론을 과감하게 비판하고 나섰기 때문이다.

하지만 그의 경고를 들었어야 했다. 전도의 본질 회복이 없는 21세기 교회는 숫자에 웃고 울고 있기 때문이다. 누가 좋은 차를 타고 다니는지, 누가 대형 교회를 '경영'하는지, 누구의 목소리가 큰지에 대해 관심을 가질 때, 명목상 그리스도인이 증가하고, 이단이 침투했으

---

1 김남식, "로마식과 캘트식 전도 패러다임에 대한 연구," 「신학과 실천」 제49집(2016): 269-288.

며, 교회 공동체 없는 그리스도인들이 방황을 시작했다. 여기에 자신의 정체성이 '교회를 가는 사람(church-goer)'인지, 그리스도인지에 대한 혼돈은 가속화되고 있다. 무엇보다 안타까운 점은 이 책『전도의 논리』가 소수 전도학자 외에 대다수 한국 그리스도인에게 이제야 한글로 소개되고 있다는 점이다. 그 사이 일시적으로 수많은 전도법이 성행하고, 직관과 추측, 주관적 경험을 통한 전도론이 누룩과 같이 퍼졌다. 하지만 증식보다 실패가 많아 '전도는 안 된다,' '교회 개척은 어렵다'라는 '소문'만 무성해졌다.

이제는 교회가 무엇인지, 교회의 역할은 무엇인지, 교회가 왜 존재하는지를 한국 사회에 방어적 자세로 변론해야 할 시대가 왔다. 그동안 교회는 교회 정체성과 역할을 한국 사회에 제대로 알려주지 않았다. 그리스도인의 책무가 무엇인지를 정확히 알려주지 않았다. 제자도의 부르심은 희미해져 왔다. 이는 목회자들의 책임이고 신학자들의 책임이라 할 수 있다.

이 책은 단순히 전도법으로 오해한 전도의 본질을 알 수 있도록 한다. 무엇보다 하나님 나라에 들어가는 그리스도인으로서의 전도를 말하고 있다. 이는 목회자 개인의 야망을 하나님 나라 확장이라는 비전으로 혼동할 수 있는 일을 막아준다. 전도가 믿음의 경주를 다할 때까지 함께 가는 것임을 아브라함은 전도와 하나님 나라의 개념 연결에서 강조한다. 역자는 이 책의 제목 앞에 '동행 전도를 위한'이란 제목을 이어 붙였다. 그 이유는 로버트 콜만이 주장한 동행 전도의 조직신학적 논리를 이 책『전도의 논리』가 제공해 주기 때문이다. 감리교 역사학자인 로버트 콜만이 예수님의 전도 원리를 밝혔고, 역자의『동행 전도학』에서 이를 신학적, 역사적, 실천적 측면으로 연구하였다. 윌리암 아브라함의 전도 논리는 조직신학적 측면에서 예수님의 동행 전도 원리를 뒷받침해 주고 있다.

보다 구체적으로 이 책을 통해서 전도가 단순히 복음 제시나 결신, 등록으로 만족할 수 없는 주제라는 것을 알게 된다. 동행 전도와 같은 맥락으로 하나님 나라를 현재적으로, 종말론적으로 동시에 경험할 수 있도록 하는 것이 전도임을 담고 있다. 그렇다면 결국 목회와 전도를 분리할 수 없다는 결론에 이르게 된다. 또한 전도 목회라는 패러다임을 가지고 전도를 실천해야 한다는 포인트에 이르게 된다. 더욱이 이 전도 목회를 실천하는 데 있어 이 책에서 내포하고 있는 중점은 바로 평신도 리더 양성이다. 전도와 평신도 리더는 동전의 양면과도 같다. 효과적인 전도 수행을 위해서 평신도 리더의 증식은 곧 하나님 나라를 확장하는 핵심 중에 하나라 할 수 있다.

역자로서 『전도의 논리』를 한글판으로 낼 기회를 가지게 된 것을 하나님께 감사드린다. 이를 통해 한국 교회가 버블 성장에서 벗어나 전도의 본질에 대해 고심하고 동행 전도를 실천할 수 있는 또 하나의 기반을 가졌기 때문이다. 얼마나 많은 불신자들이 교회 밖에 있으며, 얼마나 많은 무신론자들이 복음에 무관심하며, 얼마나 많은 회의론자들이 교회로부터 등지는지 현장 목회자들은 뼈저리게 느끼고 있을 것이다. 반대로, 리차드 플래쳐(Richard Fletcher)의 고백처럼 "느리게, 고통스러울 정도로, 느리게" 진행된다 할지라도, 동행 전도를 위한 전도의 논리가 확고하다면, 21세기에 여전히 우리는 켈트 기독교를 세운 패트릭을 만날 수 있으며, 감리교를 세우고 성결교에 영감을 준 웨슬리를 만날 수 있을 것이다.

2018년 7월 9일 선릉에서

01
전도와 현대신학

The Logic of Evangelism

전도의 논리는 단순히 전도법으로 오해한 전도의 본질을 알 수 있도록 한다. 무엇보다 하나님 나라에 들어가는 그리스도인으로서의 전도를 말하고 있다. 전도가 믿음의 경주를 다할 때까지 함께 가는 것임을 아브라함은 전도와 하나님 나라의 개념 연결에서 강조한다.

The Logic of Evangelism

01 | 전도와 현대신학

현대신학에서 한 가지 부정할 수 없는 사실은 그동안 전도라는 주제에 대해 너무도 관심이 없었다는 점이다. 주류 신학자들이 심도 있고 비평적으로 전도를 다루는 것을 보기란 거의 불가능한 상황이다. 분명한 것은 교회의 선교와 교회 사역의 특성, 교회 성장과 같은 주제에 대해서는 많은 글이 나오고 있다. 하지만 전도 영역에 관련해서 현대 그리스도인 공동체에 던져진 질문들과 고민들에 대해 씨름하기 위한 비평적인 사고는 적었다. 심지어 전도에 필요한 질문이 무엇인지, 자료를 수집하기 위해서 어디서부터 시작해야 하는지, 던져지는 질문들에 답변들이 합당한지에 대한 평가 기준과 우리에게 닥친 문제들을 단계적으로 어떻게 풀어가야 할지를 모르고 있다.

나는 이 책에서 이러한 부족한 부분을 메우는 시도를 하려고 한다. 전도의 본질이 무엇인지, 오늘날 전도 사역에 있어서 함축된 내용은 무엇인지를 밝히려 한다. 전도를 해석하기 위해서 특별한 방법으로 논증을 해나갈 것이고 그 과정에서 일어날 수 있는 본질적인 반론에 대해 다룰 것이다. 또한 이 과정에서 현재 진행되고 있는 전도 방법론을 평가하면서 교회가 해야 할 일이 무엇인지를 다루려고 한다. 이것을 연구 범위로 삼고 전도를 신학적 사고로 접근하여 신랄하게 다룰 것이다. 전도가 현대 비평 신학의 언저리에서 떨어져 나와 있었다는 것을 재앙이라 본다. 너무도 오랫동안 전도를 비평적 사고로 다루지 않았기에 그 결과 전도를 홍보 활동의 수준으로 여기게 되었다. 따라서 신학적 사고 테두리 안에서 새로운 영역의 생성에 도움이 될 만한 현재까지 진행되어 온 대략적인 연구들에 관해서도 설명하려 한다. 적어도 전도에 관심을 가지도록 할 만한 충분한 전도학적 이슈들이 이 책을 통해 드러나기를 바라는 마음이다.

1. 전도와 신학의 틈

먼저 왜 신학자들이 전도를 그동안 무시해 왔는지에 대해 설명하는 것이 도움이 될 것이고 왜 이러한 경향을 이제는 멈춰야 하는지에 대해서도 논할 필요가 있다. 이 과정에서 이 연구주제를 위해 먼저 문맥을 배제하고 후에 그 방향성을 제시할 필요가 있다. 이렇게 함으로써 우리가 이루고자 하는 것과 전도 현장에서 구체적으로 어떻게 전략을 세워야 할지에 대해 더욱 신중하게 생각할 수 있을 것이다. 하지만 문제는 이러한 연구가 때로는 추상적일 수도 있고 제안하는 일에만 그칠 수도 있다는 것이다. 그럼에도 이러한 연구는 우리가 지금 당면하고 있는 전도의 상황이 얼마나 급한지를 알 수 있도록 해줄 것이다. 이에 전도에 관련된 책자들을 간략하게 소개하고 넘어가려고 한다.

전도와 관련하여 중요한 자료가 될 만한 책들은 30년 전부터 나왔다. 브라이언 그린(Bryan Green)의 *The Practice of Evangelism*이 1951년에 출판되었고, 프린스턴 교수였던 조지 스웨지(George Sweazy)의 *Effective Evangelism*이 1953년에 출간되었다.[1] 두 책은 전도의 실천 부분에만 집중하고 있고 신학적인 부분은 다루지 않고 있다. 하지만 그 실천적 분야에서 전도를 교회의 중요한 사역으로 인식시키고 전도를 어떻게 신실하게 실천할 수 있을지에 대한 나름대로 가치 있는 공헌을 하였다.

그 이후로 전도에 관련한 문헌들은 더 이상 추가되지 않았다. 로버트 콜만의 『전도의 원리』(*The Master Plan of Evangelism*)는 예수님의 전도 원리들에 대하여 심도 있게 다루었다. 또한 고대 복음서들을 깊이 있게 다루면서도 현대 실용주의에 맞는 원리를 도출했다는 평가를 받고 있다.[2] 대부분 전도 관련 문헌들은 축호 전도나, 개인 전도, 전도하기 어려운 대상자들을 위한 프로그램들이 주류를 이루었다.[3] 이러한 분류에서 예외인 세 가지 경우가 있다. 첫째, 도널드 맥가브란과 그의 제자들이 만든 교회 성장에 대한 풍부한 자료들이다.[4] 이 부분에 대해서 검증할 필요는 있다. 분명한 것은 교회 성장 이론가들이 전도

---

1   Bryan Green, *The Practice of Evangelism*(London: Hodder and Stoughton, 1951); George E. Sweazy, *Effective Evangelism: The Greatest Work in the World*(New York: Harper and Row, 1953).
2   Robert E. Coleman, *The Master Plan of Evangelism*(Westwood, N.J.: Revell, 1963).
3   특별히 Richard Stoll Armstrong의 *Service Evangelism*(Philadelphia: Westminster, 1979). David Watson의 *I believe in Evangelism*(Grand Rapids: Eerdmans; London: Hodder and Stoughton, 1976)이 전도학적인 질문에 답할 수 있는 자료들이다. 마이클 그린의 초대 교회의 전도(Grand Rapids: Eerdmans, 1970) 또한 중요한 자료이기는 하나 역사적인 측면을 다루면서 교부 시대의 전도 역사를 주로 다루고 있다.
4   도널드 맥가브란의 *Understanding of Church Growth*(Grand Rapids: Eerdmans, 1980)를 참조하라.

에 대해서 기여했는지에 대한 질문에 답하기 어렵다는 점이다. 그 이유는 교회 성장에 대해 실용적으로 제시한 제안들이 심도 있게 평가받을 수 있을 만큼의 완성도가 있었는지가 핵심적인 이슈이기 때문이다. 만일 단순히 교회 성장에 있어 왕성한 연구를 했다기보다는 어떻게 사람을 많이 모을 수 있는지에 대해 연구했다는 표현이 맞을 것이다. 둘째, 지난 반세기 동안 전도에 대한 전 세계적인 콘퍼런스를 통해서 생성된 자료들이다.[5] 이러한 자료들은 신학적 자료가 될 만한 가치가 있지만, 기본적으로 전도의 본질이나 전도의 목적과 같은 것을 다루면서 때로는 논쟁이 될 수 있는 여지를 남겨왔고 교회 사역을 중심으로 한 내용이 대부분이었지 신학적 비평과 학문적인 접근은 아니었다. 셋째, 데이비드 보어의 *Evangelization in America*[6]는 신학적 비평으로 전도를 다룬 주요한 자료가 되었다. 보어는 신학적, 역사적, 실천적 접근으로 전도에 대해 논하였는데 이는 전도학을 공부하고자 하는 학생들에게 몇 안 되는 중요한 책 중의 하나이다.

이러한 상황을 어떻게 설명해야 할 것인가? 앞에서 말한 한정된 전도학 자료를 가지고 전도의 이론과 실제에 대해서 어떻게 비평적 토론을 끌어낼 것인가? 분명한 것은 전도 없이는 그리스도인 공동체

---

5   대표적인 사례가 International Mission Council(IMC)에서 제작한 *Evangelism*이고 1938년 옥스퍼드대학 출판사가 출판하였다. 보다 최근에 발표된 것은 WCC(World Council of Churches)에서 만든 것과 로마 가톨릭에서 만든 자료와 보수적인 복음주의 계열에서 작성한 자료들이다. 여기서 눈여겨볼 만한 자료는 Mission Theology: 1948-1975. *Years of Worldwide Creative Tension Ecumenical, Evangelical, and Roman Catholic*(Pasadena: William Carey Library, 1979). 전도에 대한 동방 정교 전통을 보려면 James J. Stamoolis, *Eastern Orthodox Mission Theology Today*(Maryknoll, N.Y.: Orbis, 1986)을 참조하라.

6   David Bohr, *Evangelization in America: Proclamation, Way of Life and the Catholic Church in the United States*(New York: Paulist, 1977). 라틴계 신학자 Mortimer Arias의 전도학적 연구도 가치가 있다. *Announcing the Reign of God: Evangelism and the Subversive Memory of Jesus*(Philadelphia: Fortress, 1984).

가 없었을 것이고 전도 없이는 미래의 그리스도인 공동체도 없을 것이라는 점이다. 그러나 다행스럽게도 이러한 전도학적 과업에 조금씩 관심이 쏠리고 있다. 아마도 오늘날 전도의 상황이 너무도 급박하여 충분한 인과 관계를 모두 설명할 수 없을지는 모르나 현재 다뤄야 할 문제와 대안을 기록하는 것은 의미 있는 일일 것이다. 이런 상황에서 이뤄지는 전도학적인 설명은 분명 다면성을 띄게 된다.

오랫동안 서구 사회의 기독교인들에게 전도할 필요가 없다는 인식이 만연한 상황 가운데 전도학적인 논의가 이뤄졌다. 수세기 동안 유럽의 여러 나라가 국가 교회를 유지해 왔고 기독교가 미국 역사와 뒤엉키면서 많은 역사학자들이 기독교 유산의 쇠퇴와 갱신의 패턴으로 해석하려고 시도하고 있다.[7] 따라서 서구에서 기독교의 쇠퇴와 부흥은 일종의 순환이라고 보는 경향이 있다. 이에 전도를 심각하게 여겨 왔던 주류 기독교 전통들이 이제는 전도를 별로 중요하지 않게 여기고 있다. 결과적으로 교회의 리더들은 풍부한 상상력을 불태우지 않고 오히려 교회를 관리하는 일에 집중하고 교회 신앙생활만으로 제한시키고 말았다. 이러한 상황에서 전도가 중요한 관심사가 될 리는 만무하다. 그 이유는 전도를 학문이라고 보기보다 오히려 영적인 영역에만 속해 있다고 보는 상황에서 굳이 자신들의 평판이나 성직에 대해 기꺼이 위험을 감수할 만큼의 도덕적, 지적인 지지가 부족하기 때문이다.

게다가 그리스도인 공동체의 최고의 학문적인 노력은 전도라는 주제를 우선순위에 두지 않으며 전도를 심각하게 논하는 것도 금기시

---

7 William G. McLoughlin, *Revival, Awakening, and Reform: An Essay on Religion and Social Change in America 1607 to 1977*(Chicago: University of Chicago Press, 1980).

하고 있다. 만일 전도가 강의실에서 논의된다면 그것은 아마도 실천신학 분야에서 아주 작은 부분으로 다뤄지기 일쑤이다. 기껏해야 실천신학 분야에서는 목회자의 명예를 가지고 어떻게 사역을 하고 목양을 하며, 설교와 성례전, 그리고 교회 행정에 대해서 다룰 뿐이다. 최악의 경우는 어떻게 정의조차 해야 할지도 모르는 주제들을 놓고 누구든 순간적인 권위를 얻어 가르치는 경우이다. 이러한 상황에서 어떤 학생들도 오랫동안 신학적 사고를 하며 실천신학을 연구하기는 힘들다. 만일 누군가 심각하게 신학을 연구하기 원한다면 다음과 같은 절차를 밟게 될 것이다. 첫째는 성서의 역사적 연구에 몰입하게 될 것이며, 둘째는 종교 철학과 조직신학 순으로 몰두하게 될 것이다. 진지한 신학연구를 하려면 어떤 누구도 이러한 절차를 무시할 수는 없다. 따라서 알찬 전도학 연구는 전체 연구에서 서로를 보완하되 독립적인 네트워크를 가지고 있어야 한다. 여기서 핵심은 현대신학의 하나의 잘못된 관습으로 이러한 연구방식에서 상당히 동떨어져 있다는 점이다. 실제로 현재와 같은 신학자들의 연구방식으로는 전도를 토론의 주제로조차 다루지 못하고 있다. 연구자들이 생각하기에 전도는 진지한 연구주제와는 동떨어져 있으며 오히려 믿음만을 요구하는 하나의 분야로만 생각하고 있다는 것이다. 따라서 누군가 단순히 전도에 대한 헌신만을 가지고 전도를 시작한다면 시작부터 필연적으로 전도 사역을 왜곡하게 된다.

 학문적으로 신학과 종교학 안에서 다뤄야 할 핵심적 이슈들을 오히려 다루지 못하고 있다. 따라서 최근 신학의 흐름은 전체적인 신학의 과업에 대해 깊은 관심이 있다. 서구의 신학자들은 지금까지 종교적인 담론에 대하여 대응하도록 도전을 받아왔다. 게다가 니체와 마르크스, 프로이트, 1930년대의 실증주의자들(Positivist)의 공격을 목격해 왔다. 결과적으로 바르트 이후로 어떠한 기독교의 거대한 비전이 새롭게 나오지 않았다. 우리의 신학적 연구 노력의 대부분은 근본적인 실행 가능성과 방법에 대한 고찰들, 전통적인 자료들을 현대에 맞게 어떻게 해석하고 적용할 것인지에 대한 문제에 집중해 왔다. 바르트의 전통에서 신학 교육을 받은 많은 사람들(예를 들면 Paul van Buren 같은 사람)은 전통적으로 전도에 대해서는 신학적 연구에 조금도 여지를 주지 않는 세속주의 영향을 수용했다. 실제로 WCC(World Council of Churches)에 신학 정보를 전달했던 신학자들을 포함하여 많은 신학자들이 공개적으로 교회의 전형적인 사역들에 어떠한 관심도 없다는 것을 표명하였다. 그들의 관심은 사회적, 정치적인 운동으로 변환되었고 60년대 이러한 세속적인 신학을 강조하던 극단적인 변화가 70년대와 80년대의 자유신학으로 옮겨가게 되었다. 더욱이 최근까지 교리 선언문에 영향을 끼쳐왔던 앵글리칸 전통은 복음의 메시지에 집중하기보다는 복음의 근원과 표준에 대한 질문에 더 관심을 가져왔다.[8] 이와 같은 방식으로 UMC(연합감리교회)가 미국에서 영향을 끼쳐왔다.[9] 물론 새로운 바람이 불고 있으나, 오늘날까지 20세기 전체적인 신학의 윤리와 콘텐츠는 전도에 관심이 있는 사람들이 제기하는 근본적인 문제에 확실히 적대적이었다. 뭔가 원통하거나 분함 때문에 이런 주장을 하는 것은 아니다. 세대마다 전도에 대한 문제에 대해 너무도 많이 해결책을 요구하기 때문이다. 하지만 분명 우리가 사역하는 신학적인 환경에 대해서 알아야 할 필요가 있다. 또한 이러한 전도학적인

---

8 *Christian Believing: The Nature of the Christian Faith and its Expression in Holy Scripture and Creeds, A Report by the Doctrine Commission of the Church of England*(London: SPCK, 1976).

9 *The Book of Discipline of the United Methodist Church*(Nashville, TN: The United Methodist Publishing House, 1984).

노력이 열정적으로 환영을 받지 못하고 있다는 점도 알아야 한다. 전도학적인 영역에서 학문적인 대화가 진행되려면 적어도 한 세대가 흘러야 할 것이다.[10]

이러한 작업은 쉽지 않을 것이다. 그 이유는 신학자들은 자신이 주도하고 있는 영역에서 자신들만의 관습을 가지고 있기 때문이다. 예를 들어, 신학자들은 대화 속에서 역사적으로 이미 잘 알려진 인물들과 함께하는 신학자들과 토론과 논쟁을 하기를 기대한다. 분명 이러한 신학적 대화가 전도를 처음 연구하는 이들에게는 버거울 것이다. 현재 우리 손에 쥐고 있는 전도에 대한 자료들은 신학적인 무게감을 다른 현대신학자들에게서 나온 것이 아니다. 오히려 학문적인 것과는 거리가 멀며 학문적 근거를 대지 않아도 될 사역 지침서가 대부분이다. 이렇게 우리가 처한 곤란한 상황 속에서도 우리는 연구를 해야 하고 교회가 전도에 대해 발견할 통찰력과 제안들을 검증하고 명확히 하는 데 온 노력을 기울여야 한다. 더욱이 우리는 과거 위대한 신학자들이 전도에 대해 언급한 부분만을 가지고 말할 수도 없다. 대부분의 경우 과거 위대한 신학자들은 전도에 대해 피상적인 언급만을 할 뿐이다. 존 웨슬리나 찰스 피니 같은 경우도 전도에 대해 중요한 공헌을 하였으나 전도자와 부흥사로서 사역하였기에 학문적인 부분에 대해서 약한 부분이 있다.

전도학에서 우리가 어려움을 겪는 이유는 오히려 더 깊은 곳에 있다. 만일 역사적으로 위대한 신학자가 전도에 대해서 다뤘다면, 다르게 증명이 될 때까지 그 신학자의 이론을 참으로 여겼을 것이고, 결국 우리는 당황스러운 딜레마에 직면하게 될 것이다. 우리는 정확하게

---

10 실제로 1989년 이후 2007년도에 돼서야 미국 UMC는 전도학 박사과정을 Asbury Theological Seminary(Ph.D.)와 Duke University(Th.D.)에서 설치하였다: 역자 주.

전도를 무엇으로 정의해야 할지를 모르므로, 전도에 대해서 토론할 때 어떤 기여를 할지, 어떻게 전도 전략을 짜야 할지를 모르고 있다. 따라서 전도학에서 아예 초기에 어떻게 전도학을 연구해야 할지에 대한 청사진을 제시하는 작업이 필요하다. 이런 이유로 인해 나는 전도의 개념을 설명하는 데 많은 시간을 할애하였고 이렇게 까칠한 문제에 있어 보다 경쟁을 이루고 있는 대안들에 대해 분명하게 설명하는 부분에 노력을 기울였다. 전도 영역에서 기초 연구가 이뤄졌을 때 우리는 비로소 기독교 역사 신학으로 돌아가 전도에 대한 자료들을 연구할 수 있을 것이다.

전도에 대한 무관심과 혐오의 핵심적 원인은 전도가 독보적으로 현대 기독교와 깊은 연관이 있고 구체적으로 근본주의와 복음주의와 연결되어 있기 때문이다. 전도의 사전적인 의미마저 이러한 연관성을 반영하고 있는데, 그 이유는 어떤 이들이 전도(evangelism)와 복음주의(evangelicalism)를 혼동하기 때문이다. 이러한 것은 결코 우연이 아니다. 그 이유는 현대 기독교에 독보적으로 영향을 끼친 전도를 복음주의자들의 특성으로 소유해 왔기 때문이다. 신학적인 눈물로 말미암아 비로소 현대 교회가 전도 사역을 감당할 수 있도록 했다는 복음주의자들의 주장에 갈채를 보낼 만하다. 그러나 전체적으로 보았을 때, 복음주의자들의 관심은 오직 실제에만 있었지 이론에는 관심이 없었던 태도에 대해서는 반성이 없었다. 자신들의 신학적인 작업에 있어서 성서적인 원리를 불가능한 원리로 치부하는 데 집중하고 현대 성서 비평주의의 신랄한 비판의 영역에 방치하는 데 몰두해 왔다. 이러한 경향은 결국 복음주의자의 선두주자였던 남침례교단(South Baptist Convention)으로 하여금 근본주의에 대해 총체적인 회의를 갖게 하는 결과를 낳게 했다. 이것은 전도에 있어서 비극적인 일이 아닐 수 없다. 이것은 결국 남침례교단이 앞으로 전도에 커다란 기여를 할 가능성을 막아버린 것이다. 이러한 전환은 여전히 현대신학의 저변에 영향을 끼치고 있는 근본주의와 현대신학자들 간의 꺼져버린 논쟁의 불씨에 다시금 불을 붙이게 될 수도 있다. 이러한 환경에서 전도를 심각하게 다루고자 하는 사람은 의심 섞인 눈총을 받게 될 것이다.[11]

오늘날 현대 사회에서 전도자 혹은 부흥사들의 이미지로는 전도의 연구에 도움이 되지 않는다. 가장 좋은 방법은 잠시 멈추고 지난 3세기 동안 개신교 안에 있었던 전도자 혹은 부흥사들의 삶에 대해서 생각해 보는 것이다. 이러한 흐름에서 가장 두드러진 특징은 오랫동안 잘 알려져 온 전도자들의 신학적인 능력이 현저히 저하되고 있다는 것을 알 수 있다. 18세기 전도자들은 자신들만의 신학 영역에서 자신의 신학 입장을 고수할 수 있었다. 존 웨슬리는 단순히 전도 전략가일 뿐만 아니라 교부 시대의 신학적 전통에 깊이 들어간 사람이고 그의 시대의 신학적 논쟁에 기여를 했다. 조나단 에드워즈는 온 시대를 통틀어 위대한 전도자요 신학자이면서도 그의 시대에 영적 대각성에 깊이 관여한 역동적인 목회자였다. 19세기에 우리는 커다란 변화의 조짐을 감지할 수 있다. 찰스 피니는 신학에 무지한 사람이 아니었다. 실제로 그는 영민한 사상가였으며 오버린대학(Oberlin College)을 설립할 수 있도록 도왔고 오늘날까지도 관심과 사랑을 받는 신학 자료들을 많이 남겨 놓았다. 그러나 그 당시 찰스 피니는 학계에 대한 인내가 부족했으며, 고전적 신학 전통과 자료들에 대해서도 자신의 목적과 맞지 않을 때는 존중하지 않는 경향이 있었다. 더욱 중요한 것은

---

11   현대 복음주의에 대한 평가와 경향에 대해 William J. Abraham, *The Coming Great Revival: Recovering the Full Evangelical Tradition*(San Francisco: Harper and Row, 1984)에서 다뤘다.

그의 사역에 있어서 실용주의적인 측면을 강조하다 보니 신학과 쌍방향 대화가 이뤄지지 않은 아쉬움을 남기게 되었다. 따라서 찰스 피니의 후예인 D. L. 무디나 윌리엄(빌리) 선데이에 이르기까지 신학적인 대화가 전혀 없었다. 무디는 자신의 주위에 몰려드는 학자들과 학문적인 접근을 반겼지만, 그의 신학적인 관심은 극도로 제한되어 있었다.

이러한 흐름은 20세기에서도 변하지 않았다. 20세기에 있어서 가장 널리 알려진 전도자는 빌리 그래함이었다. 저명한 그리스도인으로 빌리 그래함은 거의 모든 교회가 존경과 찬사를 아끼지 않았다. 그의 신실함과 성실함에 대해서는 의심의 여지가 없었다. 빌리 그래함은 신학적인 통찰력과 용기를 보여주면서 전도자로서 사역 초창기부터 신복음주의의 탄생을 도울 수 있었다. 보통 그의 사역에 대한 이야기들은 이러한 부분을 완전히 놓치고 있다. 하지만 빌리 그래함의 사상에는 한계가 존재했었다. 아마도 그는 이것을 인정한 최초의 사람이었을 것이다. 빌리 그래함은 건강한 전도를 위한 비평적 전도신학의 중요성을 수년 동안 인지하고 있었다. 그러나 그의 전도에 대한 기여는 여전히 연구되지 않은 상태이다. 오늘날 텔레반제리스트들(TV 전도 프로그램을 진행하는 사람들: 역자 주)이 오히려 그래함보다 이러한 전도학의 중요성을 인지하지 못하고 있다.[12] 확언컨대 전도자들이 대학을 세울 수도 있고 학위를 가지고 자신을 포장할 수도 있으며 여러 종류의 책을 써서 자신을 따르는 자들에게 감동을 줄 수도 있을 것이다. 그러나 이러한 모든 것은 단편적인 것일 뿐 자신들이 사역하고 있는 분야를 진지하게 반영하려는 시도로는 보이지 않으며 오히려 돈 되는 일

---

12 여기에 해당되는 사람들은 Oral Roberts, Jimmy Swaggert, Jim Bakker, Pat Robertson, Jerry Falwell이다.

에 치중해 있다는 지적을 피하기 어렵다. 실제로 많은 현대의 대중 전도 집회는 사회로부터 관심을 얻지도 못하고 전도 집회가 영적, 신학적인 부패를 대표하고 있는 것이 아닌가 하는 의구심마저 일게 하고 있다.

이러한 비판이 자기희생과 헌신으로 전도한 초기 전도 세대들에게 너무도 가혹한 평가라고 지적할 수 있다. 그러나 현재까지 전도 사역에는 현저한 부정적인 영향과 쇠퇴를 가져 왔다는 것은 누구도 부인할 수 없다. 결과적으로, 현재 서구 교회는 심각한 위기를 겪고 있다. 이러한 상황 가운데서 신학자들이 도움을 간절히 원하는 사마리아인을 피하는 사람들처럼 행동한다고 해도 충분히 이해할 수 있는 지경까지 온 것이다.

2. 혁신적인 전도의 필요성

앞서 언급한 요인들로 인해 전도에 대해서 심각한 신학적 논의가 희박할 수밖에 없었다. 따라서 이제는 전도가 무엇인지, 뭐가 잘되었었는지, 어떻게 하면 성서적으로 전도를 실천할 수 있는지에 대한 신학적 고민을 할 때가 되었다. 이에 대학에서 전도와 관련한 복잡한 이슈들을 다룰 강좌를 개설하여 진지한 토론과 대화가 이뤄질 수 있도록 해야 한다. 이러한 과업을 열정을 가지고 조심스럽게 이뤄가야 할 충분한 이유들이 존재한다.

먼저, 전도학 자체가 충분히 연구할 만한 가치가 있다. 전도라는 주제 자체가 신학에서 근본적인 질문을 불러일으키고 다양한 문제들을 다뤄야만 하기 때문이다. 전도에 대한 신학적인 사고는 근본적으로 기독교가 무엇인지 본질에 대해서 고민을 할 수밖에 없게 만든다.

즉 회심, 믿음, 회개와 같은 중요한 주제들과 연관되어 있기 때문이다. 또한 하나님 나라에 대한 용어와 본질에 대해서도 다뤄야 하며, 예수 그리스도의 사역에서 하나님 나라가 무엇을 의미하는지도 다뤄야 한다. 또한 전도는 세례의 본질과 그리스도인의 삶에 대해서도 심도 있게 다룰 필요성을 우리로 하여금 고민하게 한다. 또한 전도는 그리스도인의 헌신에 있어서 지성적인 측면과 감성적인 측면의 연관성을 탐구하도록 이끈다. 또한 초기 기독교의 신앙이 오늘날 얼마나 영향을 미치고 있는지도 검증을 해봐야 한다. 또한 전도는 변증론의 본질에 대해서도 새롭게 할 필요성을 제기하고 있고 기독교 신학이 실제적으로 설득력을 가지고 있는가에 대한 생각까지도 해볼 필요가 있게 된다. 이러한 일련의 연구 과제는 전도에 대해서 생각할 때 가장 기본적으로 다뤄야 할 주제를 나열한 것이다. 우리가 중점적으로 생각해 봐야 할 것은 과연 이러한 전도학 연구가 어떻게 종합적으로 접목되어 설득력이 있게 될 것인가라는 점이다. 문제는 만일 각각의 중요성만을 강조하고 전도를 위해 조합을 하지 못할 수 있다는 점이다.

물론 이러한 연구 과제 영역은 오랫동안 고민됐던 부분이고 결코 신학에서 전혀 새로운 것도 아니다. 하지만 우리가 추구하는 바는 이러한 연구 과제에 또 다른 문제를 추가하려는 것이 아니라 교회의 전도 사역에 대해서 한쪽 눈으로는 어떤 일들이 일어나고 있는지, 어떤 패턴을 제시하고 있는지를 지속적으로 살펴보고, 다른 한쪽 눈은 학술적인 접근을 통하여 데이터를 분석해서 지속적으로 전도학적인 평가를 하는 것이다. 이러한 전략은 단순히 전도학적인 연구 과제에 집중하는 것뿐만이 아니라 자칫 쉽사리 경시될 수 있는 연구 분야에 대한 관찰과 통찰력을 가지고 전도학의 비전을 제시하는 것이다. 그러나 무엇보다도 전도학을 시작하는 데 있어서 그 범위를 너무 넓게 잡지 않는 것이 현명할 것이다. 그 이유는 전도학을 하면서 어떤 학문과 연대하여 융합 학문적인 연구 결과를 나타낼 수 있을지 모르기 때문이다.[13] 분명한 것은 전도학이 아직도 발전해야 할 블루오션과 같은 학문 분야라는 점이다.

전도를 하나의 연구 과제로 중점적으로 다뤄야 할 이유는 전도를 주제로 한 많은 학문적인 자료들이 떠오르기 시작했기 때문이다.[14] 따라서 전도학이 어떻게 발전하게 될지에 대해서 아직은 단정하기에 이르다. 그러나 분명한 것은 전도를 학문적으로 다루는 변화의 바람이 많은 영역에서 불고 있다는 점이다. 한쪽의 영역에서는 실험적인 전도가 일어나고 있으며, 다른 한쪽에서는 전도와 관련해서 교회 성장이라는 분야만을 연구하는 부분이 있고, 다른 한쪽에서는 해방신학의 관점에서 서양 기독교를 비판하는 목소리가 있으며, 일부에서는 전 세계적으로 부는 오순절 운동에 대한 연구 영역도 있다. 이러한 영역과 관련해서 최근의 자료들을 찾아보면 놀랍게도 많은 연구 자료들이 있다는 것을 알게 된다. 이를 누군가가 여기저기서 수집할 수 있는 것도 의미가 있겠지만 더 의미가 있는 것은 이미 있는 자료를 가지고 비평하고 발전시키는 것이다.

마지막으로, 전도학을 해야 하는 이유는 논쟁의 여지가 있을지라도 충분하다. 오늘날의 전도에 있어서 증인적인 전도가 훨씬 영향력이 있을 것이고 이것이 21세기에는 더욱 큰 효과를 발휘할 것으로 보

---

13 실제로 Namsik Kim, *The Theology of muepsilontaualpha(with)-Evangelism: The Theological, Historical, Practical Cases for Robert Coleman's Principle of Association in Discipleship Strategies Today*(Ph.D. Diss., Asbury Theological Seminary, 2014)에서 전도에 대해 융합학문적인 접근이 이뤄졌다: 역자 주.
14 1980년대 후반의 경우를 말하고 있다: 역자 주.

인다.[15] 지난 십 년 동안 전도의 환경은 급격한 변화를 겪어왔다. 대부분의 현대 교회는 서구 세계가 다시 한번 전도되어야 한다는 사실에 공감하고 있다. 이것이 정확히 무엇을 의미하는 것인지에 대한 부분에 관하여서는 동의하는 부분도 있을 것이고 그렇지 않은 부분도 있을 것이며 또는 어떻게 실천되어야 하는지에 대한 정확한 방향성에 대해서도 의견이 분분할 것이다. 하지만 동일하게 공감하는 것은 전도가 교회의 최우선 과제로 떠오르고 있다는 점이다. 이와 관련하여 종교 사회학 분야에서는 서구 세계가 계몽주의 시대 이후로 가장 급격한 변화를 경험하고 있다고 말한다. 이에 대해서 세속주의와 비세속주의에 대해서 논쟁할 수 있지만, 기독교를 심각하게 받아들였던 세대가 급격하게 움츠러들었다는 주장에 대해서는 종교 사회학이 동의를 얻지 못하고 있다. 이에 대한 증거로 유럽의 경우 교인의 숫자 증가와 미디어에서 드러내는 기독교 윤리적인 요소, 정치 및 생활 전반에서 기독교의 영향을 볼 수가 있다. 북미의 경우는 더욱 복잡한데, 최근 갤럽의 조사에 따르면 대다수의 미국인들이 자신을 그리스도인이라고 여기고 있다는 점을 보고했다. 그러나 좀 더 자세히 살펴보면, 잠시 동안 그리스도인의 삶에 관심을 보였던 이들이 더 이상 기독교를 심각하게 받아들이지 않는다는 사실이다. 이에 대해 갤럽은 다음과 같이 결론을 내렸다.

---

15   윌리암 아브라함은 현재 60-80년대의 전도 흐름이 주로 개인전도 즉, 단순한 교리를 제시하는 방식으로 진행되었다는 점을 지적하고 이것이 새로운 밀레니엄을 맞이하는 상황에서 과연 효과적일 수 있는가에 대한 질문을 던지고 있다. 특별히 21세기를 언급하는 것은 포스트모더니즘이 70년대에 활발히 움직이고 이러한 움직임은 시간이 갈수록 더 거세질 것이라는 견해를 바탕으로 21세기에는 단순한 교리 제시보다는 증인된 삶을 사는 그리스도의 증언과 삶이 전도에 효과적일 수 있다는 의견을 피력하는 것으로 보인다: 역자 주.

우리는 우리의 믿음에 따라 기독교를 자랑하지만, 대다수의 사람들이 기초적인 성경적 사실들에 대해 배우려 하지 않는다. 많은 이들이 교회 예배에 참석하더라도 비윤리적인 행동을 하는 교회를 다니지 않는 사람들과 별반 다르지 않다.

우리는 우리가 그리스도인이라고 말하지만, 우리는 이상하게도 다른 사람에게 복음을 증거하는 것을 주저한다. 오늘날 그리스도인들은 기도하는 시간보다 TV를 시청하는 것으로 25배 더 많은 시간을 소비한다.

우리는 믿는 자들이라고 말하지만, 실은 아마도 우리는 그저 동의자들일 뿐일 가능성이 있다.[16]

이에 대해 많은 그리스도인들이 문제에 대해 어떻게 대처해야 하는지에 대해 심각하게 생각하기 시작했다. 따라서 전도학이 발달되지 않은 채 남겨져서는 안 된다. 심도 있는 학문적 접근이 필요하고 최고의 지성들이 참여할 필요가 있다.

3. 앞으로의 과제

여기서 남은 과제는 무엇인가? 복음 선포만을 전도로 여기는 생각과, 전도를 숫자적인 교회 성장이라는 생각을 넘어서 전도가 하나님 나라에 들어가는 중요한 과정이라고 본 장에서 밝힌 바 있다. 이러한 논지를 다음 네 장에 걸쳐서 밝히고자 한다. 제2장에서는 하나님 나라에 대해서 먼저 다룰 것인데, 예수님의 사역과 초대 교회의 사역을 중심으로 그리스도인의 삶의 시작에 대해 초점을 맞추려 한다. 제3장에

---

16 George Gallup, Jr., and George O'Connell, *Who Do Americans Say That I am?* (Philadelphia: Westminster, 1986), pp. 88-89.

서는 선포로서의 전도를 다루고, 제4장에서는 교회 성장으로서의 전도에 대한 주제로 전체적인 아웃라인을 제시하고 평가하려고 한다. 제5장에서는 전도를 하나님 나라의 입성에 대한 것으로 이해할 때 어떤 교차점이 있는지에 대해서 다루려고 한다. 여기서는 전도를 하나님 나라의 입성으로 이해할 때 선포로만 혹은 숫자적인 교회 성장으로만 전도를 이해하는 것보다 얼마나 더 효과적일 수 있는지에 대해 다룰 것이다. 그리고 이어서 제6장에서는 회심, 세례, 도덕을 다루고, 제7장에서는 사도 신경, 성령의 은사, 그리스도인의 삶으로 영성훈련에 대해 좀 더 자세한 내용을 다룰 것이다. 이를 바탕으로 제8장에서는 효과적인 전도를 위해 전도에 담긴 함축적 개념을 보다 명확하게 밝히려 한다. 그런 다음에 전도를 하나님 나라의 입성 개념으로 생각할 때 장애가 될 수 있는 두 가지 이슈, 즉 전도와 모던을 제9장에서, 에큐메니즘을 제10장에서 다루게 될 것이다.

이 부분에 있어서 단어의 순서 배열은 곧 이 프로젝트의 특성을 의미하는 것이다. 각각 하나의 독립된 주제로 다루기는 어렵다고 이미 우리는 논의를 했다. 또한 내적 구조만을 고려하기만도 어렵다. 가장 기초적인 순서로 먼저 오늘날 전도에 대한 이해를 폭넓게 바라보는 것이 필요하다. 무엇보다 전도가 어떻게 이해되느냐에 따라서 그 실천에 있어 전도를 어떻게 행해야 하는지에 대한 단서를 얻을 수 있다는 점을 말하는 것이다. 이 부분에 대해서 다음 네 장을 할애할 예정이고 다른 장에서도 간접적으로 다룰 것이다. 따라서 이 프로젝트는 전적으로 전도에 대해서 반드시 다뤄져야 할 신학적인 작업을 하는 것이다. 더 깊게 들어가면, 그 특성이 전반적으로 다르다는 것을 알 수 있다. 이에 두 번째 단계에서는 전도에 대해 토론 혹은 논쟁하면서 전도가 어떻게 특별한 방법으로 진행되어야 할 것인지에 대해서 다룰 것이다. 이것은 새로운 전도법을 도출해 내거나 찾는 것이 아니라 전도학에 있어 필요한 학문적인 재료들을 가지고 토론을 하려는 것이다. 이러한 시도는 상당히 야심 찬 프로젝트이기도 하지만 한편으로는 절망을 겪고 다시금 전도법을 찾으려는 유혹을 받을 수 있다. 하지만 전도학에 있어서 이 부분은 반드시 이뤄야 할 필수적인 과정이다.

전도학을 주제로 한 토론은 분명 융합학적인 부분이다. 따라서 어떤 연구 계획들이 현재 개발 중이라는 점이 드러나게 될 것이다. 이에 지금까지 이뤄진 연구 영역과 앞으로 해야 할 연구 영역에 딱 이것이라고 말할 수는 없다. 그 이유는 대부분 전도에 관련된 책들이 소주제로 전도를 다뤄왔기 때문이다. 따라서 전도학 연구에 매진하는 것을 멈출 수 없다. 이 책에서 세 가지를 이루려고 한다. 첫째, 하나님 나라의 입문으로 전도를 이해할 수 있다는 점을 밝히는 것이다. 둘째, 전도는 분명 이론과 실제를 바탕으로 다양한 학문적인 연구가 병행되어야 한다는 인식을 하게 하는 것이다. 셋째, 전도학자들이 전도에 대해서 보다 신학적인 연구를 하도록 이끄는 것과 이미 완료된 연구를 더욱 발전시키는 것이다.

이 책에서 무엇을 다룰지에 대해서 독자가 그 순서를 아는 것이 중요하기 때문에 먼저 각 부분에 대해서 언급하고자 하는데, 먼저 하나님 나라에 대해서 다루고자 한다. 그런 다음에는 전도의 개념이 어떻게 발달하여 왔는지에 대해서 다룰 것이다. 이 전도 개념이 오늘날 성서학에서 얼마나 혼란스럽게 여겨지고 있는지를 밝힐 것이다. 이러한 상황에서 우리는 어떻게 대응을 해야 하는지, 아니면 그저 논쟁의 여지 없이 하나님 나라에 대한 비전을 품고 전도에 헌신해야 해야 하는지 생각해 볼 필요가 있다. 만일 이러한 선택을 한다면 심각한 오류를 스스로 범하기 때문에 논쟁거리조차 되지 않게 된다. 둘째, 누군가 하나님 나라에 대한 해석을 누군가의 의견만을 궁극적으로 대변하려고 선택했을 때는, 민감한 신학자들은 결국 전도학이 주류 학문에서 벗어난 아류로 오해할 여지를 남기게 된다. 세 번째 선택은 전도와 관련된 이슈와 증거들을 스스로 생각하고 어떤 연구 결과에 대한 충분한 근거를 제시하는 것이다. 분명 이러한 선택은 성서학에 조예가 깊지 않고서는 어려운 일이 될 것이나 분명 조직신학적인 안목을 불러일으켜 전반적인 이해를 도울 수 있을 것이다.

나의 전도학 연구는 아마도 두 번째와 세 번째 영역 중간쯤 될 것이다. 나의 전도학 연구는 하나님 나라와 관련하여 집중하려고 한다. 하나님 나라는 성경의 텍스트를 중심으로 연구되어 왔고 오늘날 하나님 나라에 대한 의미에 대한 논쟁으로 번지고 있다. 이는 하나님 나라를 어떻게 이해해야 하고 이와 관련한 심판에 대해서 어떻게 이해해야 하는지에 대한 논쟁이다. 이러한 논쟁적인 부분이 앞으로도 지속적으로 나타날 것이다. 청교도들은 이 부분을 심각하게 받아들였고 또 받아들여야 했는데, 그 이유는 그들에게 신학적인 근거가 충분했기 때문이었다. 우리가 전도에 대해서 논리적으로 생각하려고 할 때 연구해야 할 것들이 너무 많다는 것을 알게 된다. 따라서 누군가는 먼저 리스크를 짊어져야 하는데 이를 위해 자료를 수집하고 전도학 영역에서 과감한 연구 과제를 제시할 필요가 있다. 이러한 작업은 신학에서 일반적인 일이기에 결코 미룰 수 없는 일이다.

마지막으로, 나의 전도학 연구에 있어서 보다 보편적인 시각을 가지고 연구하려고 한다. 내가 자라온 신앙적인 배경과 논리가 나의 연구에 영향을 끼치는 것은 너무도 당연하다. 이에 독자들이 나의 영적 여행에서 어떤 부분이 나의 전도학적인 연구에 영향을 끼쳤는지를 알 수 있을 것이다. 또한 이 책 여기저기서 논란이 대상이 될 만한 흔적도 발견할 수 있을 것이다. 그러나 오늘날 교회의 어느 교단을 옹호하거나 그 교단에 대해 호감을 느끼게 하려는 의도가 아님을 밝힌다. 여전히 예수님께서 오랜 세월 동안 영향을 끼쳐온 기독교 전통에 대해 존중하는 바이다. 특별히 최근에 동방 정교에서 발견한 값진 믿음의 보물과 미국의 흑인 교회에서 발견할 수 있는 깊은 믿음의 유산에 대해서도 배울 필요가 있다. 나는 그저 한 명의 학자로서 빛과 지성을 향해 서서히 걸음마를 시작했을 뿐이다. 이에 학자로서 어떻게 믿음의 성인들이 영적으로 양육을 받았고 이를 통해서 믿는 자들이 믿지 않는 자들에게 어떻게 영향을 끼쳤는지에 대해서 대화를 나눌 수 있다면, 그보다 더 만족스러울 수는 없을 것이다.

02
복음

The Logic of Evangelism

전도는 역사 가운데서 하나님의 통치가 역동적이면서도 신비하게, 초자연적인 현실에 뿌리를 둔 예수님의 제자들의 사역이라 할 수 있다.

The Logic of Evangelism

02 | 복음

현대 전도에 대한 개념을 논리적으로 전개하려고 시도할 때는 반드시 종말론적인 부분에서 시작하게 된다. 전도가 어떤 것을 의미하든 하나님 나라의 복음은 나사렛 예수 그리스도의 사심과 죽으심, 그리고 부활하심과 밀접히 연관되어 있기 때문이다. 하나님 나라를 간과하거나 이를 우선순위에 두지 않거나, 하나님 나라에 대해서 전반적으로 다루지 않는 전도는 곧 시작부터 실패라고 할 수 있다. 그 이유는 하나님 나라가 곧 예수님 사역의 중심이었고 역사 속에서 예수님의 제자들에게 기독교 운동을 일으키도록 하신 이유이기 때문이다. 여기서 성서에서 나타난 하나님 나라에 대한 해석들에 대해 논할 수 있겠지만, 이를 다루려는 것이 아니다.[1] 말하고자 하는 논점은 바로 신학의 지평선에서 예수님과 그의 제자들이 인식하고 실천한 초대 교

---

1 이를 위한 고전적인 자료로 John Bright의 *The Kingdom of God*(Nashville: Abingdon, 1953)을 참조하라.

회의 전도 사역의 범주 안에서 하나님 나라를 의미하는 것이다. 따라서 전도에 있어서 하나님 나라는 결코 마지막에 다뤄야 할 것이 아니라 맨 먼저 다뤄야 할 부분이다.

1. 종말론 논쟁

우리는 즉각적으로 딜레마에 봉착하게 된다. 그 이유는 초대 교회의 종말론적인 사상이 현대 교회의 믿음과 헌신에 커다란 장애물이 되기 때문이다. 종말론적인 세상은 우리의 현실 세계와 다르다. 초대 교회의 종말론적인 세상은 신성한 존재가 주재하시는 세상이고 천사들이 함께하며, 메시아 즉 '인자(Son of Man)'의 세상이고 경외와 부활의 세상이며 악의 세력과 전투를 벌이는 우주이며, 심판과 공의가 있는 세상이고 시간과 역사가 끝이 나는 세상이다. 만일 전도를 현대 기독교인의 기독교에 대한 헌신으로 본다면(오직 알지 못하는 자들만이 이 부분을 부인할 것이다), 우리는 시작부터 충돌을 빚게 된다. 이는 곧 전도에 대한 신학적 토의 자체가 부적절하게 보이고 소외될 수 있다는 점이다. 그래서인지 전도에 대해 생각할 때 하나님 나라에 대해서 자연스럽게 고민하지 않는 것일 수도 있다. 오히려 보다 실용적인 측면을 생각하면서 빌리 그래함의 십자군 전도 운동이라든지, TV 전도와 같은 측면을 생각하게 되고 혹은 18세기 대부흥 운동에 집중하는가 하면, 교회 성장에 대한 연구에 집중하기도 하며, 바울과 어거스틴이 겪은 종교적 경험에 관련된 현상학에 집중하게 된다. 하지만 확언컨대 그 누구도 하나님 나라에 대한 개념을 간과하면서 전도학 연구를 심도 있게 할 수 없다는 점이다.

하지만 초대 교회의 종말론은 우리가 올바로 세워야 할 전도학 분야에 시금석이라 할 수 있다. 전도는 이 땅을 다스리시는 하나님의 권능의 역사 속에서 단단하게 안착해야 한다. 그렇게 할 때만 전도 사역이 새로운 영감과 근본적인 본질에 대한 개념을 가질 수 있다. 이를 이루기 위해선 하나님 나라에 대한 명확한 개념을 정리할 필요가 있다. 보다 특별하게 전도학 연구의 입문으로 하나님 나라라는 첫 벽돌을 학문적인 입장에서 잘 쌓아야 할 필요가 있다. 여기서 모든 것을 다 다룰 수는 없다. 진행하면서 필요한 자료들을 보강할 것이다. 하지만 여기서 적어도 하나님 나라에 대한 본질만큼은 다룰 것이다.

최근까지 종말론은 상당히 넓은 의미를 지니고 있다. 종말론은 우주의 절대적인 운명과 연관되어 있다. 이는 곧 마지막 때를 말하는 것으로 인간의 죽음, 중간계, 그리스도의 귀환, 대대적인 부활, 최후의 심판, 천국과 지옥 등으로 전개된다. 따라서 처음부터 마지막까지 생명의 비전에 대해서 다루는 신학들은 결국 종말 끝에는 생명이 있다는 것을 말한다. 이러한 종말론적인 접근은 서구 신학에 있어서 상당히 어려운 국면을 맞이하게 되었다. 여전히 종말론적인 타임테이블과 종말교리를 구성하고자 하는 학자들 외의 다른 사람들은 초기 종말론자들을 따르는 것에 멈춰져 있다. 천국과 지옥에 관련한 심판과 공의, 심지어는 사후세계에 대한 담론들이 심각할 정도로 그 내용에 있어 빈약하다는 것을 알 수 있다. 상황이 우리로 하여금 유한적인 상황을 직면하게 하지 않는 이상 이러한 부분에 있어서 확신을 하거나 상상력을 발휘하지 않는다. 우리가 이러한 부분에 대해서 생각을 할 때 마지막으로 생각할 수 있는 것은 비상 상황에서 힘을 발휘할 종교적인 보험밖에 없다는 것이다.

초대 교인들은 전도할 때 우리가 느끼는 이러한 당황스러움에 관해서 충분히 공유했을 것이다. 초대 교인들은 의심할 바 없이 종말론에 관심을 가졌었다. 어떤 이들은 종말론에 흠뻑 빠져 있었을 것이다. 그러나 마지막에 그들은 종말론이 앞으로 올 미래에 대한 일이라는 것을 생각했을 것이고 그들이 생각할 수 있었던 것은 이를 대비한 보험을 확실히 들어놓아야 한다는 생각이었을 것이다. 따라서 종말론은 초대 교인들의 삶의 중심을 차지하고 있는 사건이었으며, 하나님을 경험하는 것과 직접적인 연관이 있었다. 이는 단순히 역사의 지평선에 일어날 미래의 일이 아니고 단순히 자신들의 삶에서 막연하게 일어날 것이라는 추론에 의한 것이 아니었다. 종말론은 서서히 동트기 시작한 사건이었으며 자신들의 삶에 변화를 일으키는 막강한 힘과 방향이었다. 종말론은 하나님께서 그분의 통치를 세우시기 위해 결정적으로 움직이시는 사건이었으며, 새로운 시대가 이미 시작되었고, 하나님 나라는 이미 그리스도 안에 임하셨다는 것을 의미했으며, 각 개인의 삶에서 초대 교인들은 성령의 온전하심을 경험하고 있었다. 초대 교회의 예배에서, 세상을 향한 사역에서, 온 우주를 통해서 하나님의 목적이 드러날 때 하나님의 무르익은 최후의 역사가 일어나기를 학수고대했다.

 오실 하나님 나라에 대한 이러한 대략적인 것으로부터 우리가 적어도 세 가지 부분에 있어서 종말론에 대해 생각해 볼 필요가 있다는 것이 분명해진다. 첫째, 하나님은 이 세상을 어떤 의도와 목적을 가지고 창조하신 초월적인 존재라고 우리는 가정할 수 있다. 이러한 가정 없이 약속하시고 성취하시는 하나님에 대해서 말할 수 없고, 창조를 위한 계획들을 기뻐하시는 하나님에 대해서 말할 수 없다. 또한 이러한 계획을 성취하시기 위하여 역사 안에서 또한 모든 역사의 끝에서 존재하고 계시는 하나님에 대해서도 말할 수 없다. 사실, 하나님의 다스리심 혹은 하나님의 통치, 또는 하나님 나라에 대해서 말하는 것은 근본적으로 역사 속에서 행하시는 하나님에 대해서 말하는 것이다. 이것은 마치 우리가 사람을 이해할 때 경험을 통해서 알 수 있고 그 사람과의 대화를 통해서 알 수 있듯이 하나님에 대해 알 수 있는 것도 이러한 과정을 거칠 수밖에 없다. 둘째, 하나님께서 이스라엘에 선지자를 통해서 말씀하시고 이스라엘 백성들의 삶 속에서 역사하시며 자신을 드러내셨다는 사실을 우리는 추정할 수밖에 없다. 이것은 하나님의 통치에 대하여 어떤 일정한 개념을 말하는 것이 아니라 나사렛 예수 그리스도가 오실 길을 어떻게 역사 속에서 예비하셨는가를 보여주는 것이다. 이러한 경우 하나님의 통치에 대해서 말할 때, 이스라엘 전통을 벗어나서 말한다는 것은 핵심을 놓칠 수 있으며 오히려 전체적인 맥락에서 이스라엘의 역사는 복음의 핵심에서 드러나는 하나님의 행하심을 보다 정확하게 파악하는 데 도움이 될 수 있다. 셋째, 우리는 하나님 나라에 대한 종말론적인 주장이 미래적인 차원의 그림이라는 것이라고 추정할 수밖에 없다. 하나님 나라의 도래와 하나님의 모든 행하심은 이와 관련하여 현재나 미래의 역사적인 맥락에서 서술되는 사건들로 사라져버리는 것이 아니다. 하나님의 통치의 도래는 우리가 알고 있듯이 종말에서 시작되는 것이다. 즉 이것은 지구상에서 미스테리하게 일어날 것이며 현존하는 세상이 극적으로 변화되고 이러한 역사는 우리의 상상력의 한계를 뛰어넘어 서술조차 불가능할 정도라는 점이다.

분명한 것은 이러한 세 가지 가정을 좀 더 분석해야 할 필요성이 있다는 것이고 각각의 부분에 있어서 심도 있는 연구가 필요하다는 점이다. 여기서 요점은 이러한 가정들에 대한 분석 없이 하나님 나라에 대한 논쟁 자체가 불가능할 것이라는 점이다. 프로타고니스트들은 주로 이러한 가정들을 바탕으로 하나님 나라에 대해서 논쟁을 한다. 프로타고니스트들은 기본적으로 유신론을 추구하는데, 하나님은 존재하고 하나님은 어떠한 자신의 의도를 성취하기 위하여 역사하신다는 개념을 가지고 있다. 또한 하나님의 통치는 이스라엘 전통 안에 논의될 수 있고 약속되어 있다고 가정하고 있다. 또한 역사는 언젠가 어떤 식으로든 끝이 날 것이고 현재의 삶은 궁극적인 하나님의 목적에 맞게 이뤄져 갈 것이라고 말한다. 하나님 나라의 종말론적인 논쟁은 두 가지 근본적인 요소를 다루고 있다. 첫째 요소는 예수님과 그의 사도들이 하나님 나라에 대해서 어떻게 가르쳤느냐이고, 둘째 요소는 초대 교회의 하나님 나라의 전통이 어떻게 그리고 어떤 신학적인 형식으로 오늘날 적용될 수 있는가이다. 이 두 요소들을 어디까지 논리적으로 혹은 심리학적으로 설명할 수 있는지를 결정하는 것은 무척이나 어려운 일이다. 현재 우리가 다뤄야 할 논쟁은 바로 첫째 요소이다.

현대신학자들을 위한 옵션은 지난 2세대 동안 논의되어 왔던 세 가지 부분 이후로 크게 변한 것이 없다.[2] 잘 알려져 있듯이 이 부분에 선구자들은 요하네스 바이스(Johannes Weiss)와 알버트 슈바이처(Albert Schweitzer)이다. 그들의 연구에 따르면, 하나님 나라는 온전히 미래적인 것이며 예수님께서 예견하셨듯이 즉각적이고도 급진적으로 일어나는 사건이다. 오시는 하나님 나라의 통치는 예수님의 말씀과 삶이 중심을 이루고 있다. 하나님 나라는 아직 오지 않았다. 따라서 예수님의 사역에서 무슨 일이 있었는지에 대해서 가차 없이 정직함을 원하는 사람들에게 예수 그리스도는 아직 낯선 존재일 수밖에 없다. 이러

---

2   이 부분에 관한 도움이 될만한 자료는 Norman Perrin의 *Jesus and the Language of the Kingdom*(Philadelphia: Fortress, 1976), George Eldon Ladd의 *Jesus and the Kingdom*(Waco, Tex: Word, 1964)이 있다.

한 신학자들의 입장은 바로 일반적인 하나님 나라에 대한 의미에서 비롯되고, 또한 1세기 유대교와 관련이 있으며 오실 하나님 나라에 대한 복음서에 기반하고 있다. 오실 하나님 나라에 대한 극적인 서술에 대한 반응을 나타내는 둘째 견해는 곧 첫째 견해와는 다른, 즉 하나님 나라가 이미 예수 그리스도의 삶과 사역 속에서 이미 임했다고 주장하는 견해이다. 이러한 견해를 주장하는 대표적인 신학자는 다드(C. H. Dodd)로 하나님 나라가 예수 그리스도 안에서 분명 실현되었다고 말하며 '각성된 종말론'을 주장한다. 이러한 종말론적 입장을 받아들이는 사람들은 미래의 하나님 나라의 도래에 대해 단순히 언어적 표현일 뿐이라고 생각한다. 그리고 실제로는 영원하신 현존하는 하나님의 통치는 곧 예수 그리스도의 삶을 통해 역사 속에 임하였다고 본다. 이런 입장을 고수하는 학자들은 이에 대한 주요 증거를 이미 현존하는 하나님 나라에 대한 전통 안에서 발견한다. 세 번째 대안으로는 이미 예상하듯이 이러한 두 입장을 통합한 종말론적 입장이다. 즉 현재적 하나님 나라와 미래적 하나님 나라 모두 합당하다는 입장이다. 이러한 종말론적 입장은 하나님 나라가 역사의 끝에서 온전히 다 이루기까지 현재 진행형이라는 입장에 근거한다. 따라서 하나님의 공의는 현재와 미래적인 하나님 나라에서 모두 이뤄지고 있다고 본다.[3]

이러한 종말론적 논쟁은 서로 상충하는 신학적 입장 가운데 초대 교회의 역사가들 사이에서 심화되었다. 이러한 상황에서 합의점을 이루는 종말론적 입장을 나타내지는 못했지만 현대신학에서 주목할 만한 자료들이 많이 배출되었다. 실제로 이러한 상황에서 신학자들이 모두가 동의할 수 있는 합의점을 찾기는 어려울 것으로 보인다. 종말

---

[3] 이를 뒷받침할 만한 분석으로 Ladd의 *Jesus and the Kingdom*을 참조하라.

론 논쟁에서 발생하는 이슈들은 복잡하고 방대하며 민감하면서도 논쟁이 되는 철학적, 신학적 사고들로 인해 논쟁을 격화시키고 있다. 이러한 논쟁이 극단적으로 자기 편향적이라는 것은 부인할 수가 없다. 이러한 상황에서 일치점을 찾는 것은 너무 유토피아적이고 비현실적이다. 그러나 반드시 입장을 정리해야 한다. 그 이유는 영지주의는 신학함(성경에 충실한 하나님과의 대화, 즉 질문과 답변: 역자 주)의 실패이기 때문이다. 우리의 목적을 위해 하나님 나라에 대한 우리의 생각을 정리할 수 있는 시간은 충분하다. 지금 당장 모든 것을 정리할 필요는 없다. 지금 우리가 해야 할 일은 하나님의 통치에 대한 기본적인 개념을 명확히 하는 것이다. 이러한 작업이 건강하고도 풍부한 전도의 개념을 위해 얼마나 중요한지를 곧 알게 될 것이다.

눈치가 빠른 독자는 이미 내가 세 번째 통합적인 입장을 취하고 있다는 것을 알아차렸을 것이다. 이러한 통합적인 입장은 관련된 증거의 가장 복잡한 분석을 필요로 함을 알 수 있다.[4] 여기서 우리가 해야 할 일은 최대한 간결하게 하나님 나라의 비전을 이루는 성분들을 설명하는 것이고 이는 곧 전도에 대한 신학적 담론과 연결이 된다.

---

4   이와 관련하여 가장 도움이 될 만한 자료는 G. B. Caird의 저서이다. *The Apostolic Age* (London: Dukeworth, 1955) 12장, *Jesus and the Jewish Nation*(New York: Oxford University Press, n.d), "Eschatology and Politics: Some Misconceptions," in Johnston R. McKay, James F. Miller, eds., *Biblical Studies: Essays in Honor of William Barclay*(Philadelphia: Westminster, 1976), pp. 72-86, *The Language and Imagery of the Bible*(London: Dukeworth, 1980), 14장. 성서학적인 자료로 G.R. Beasley-Murray, *Jesus and the Kingdom of God*(Grand Rapids: Eerdmans, 1986)와 A. L. Moore, *The Parousia in the New Testament*(Leiden: E. J. Brill, 1966)를 참조하라. 전혀 다른 입장을 참고하기 위해서는 Lloyd Gaston, *No Stone on Another: Studies in the Significance of the Fall of Jerusalem in the Synoptic Gospels*(Leiden: E. J. Brill, 1970)를 참조하라.

2. 이미 이뤄진 하나님 나라

예수님과 초대 교회가 하나님 나라에 대해서 이야기할 때, 하나님 나라는 매우 친숙한 주제였다. 하나님 나라 혹은 하나님의 통치에 관한 이야기는 수세대 동안 이스라엘 백성들 사이에서 여러 가지 방향으로 발달되어 온 담론이다. 특별히 유대교에서 선지자와 계시록 저자들 사이에서 지속적으로 회자되었던 부분이다. 그 선지자들은 하나님을 이스라엘의 왕과 온 땅의 왕으로 말했다. 하나님은 이스라엘을 특별한 방법으로 다스리시는 왕으로서, 이집트에 있었던 이스라엘을 만나주시고 특별한 민족으로 만들어주시고 수년 동안 이스라엘과 언약을 맺으신 하나님이었다. 하나님은 그들에게 약속의 땅을 주시고 이스라엘을 세워주셨으나 이스라엘 백성들은 끊임없이 하나님의 통치에 순복하기를 거절하였고 이에 훈육과 심판을 직면하게 되었다. 선지자들이 하나님을 말할 때, 하나님께서 언젠가 자신의 통치를 세우시기 위해서 결정적인 방법을 행하실 것이라는 소망에 대해서 이야기한다. 이러한 소망은 계시록 저자들이 받아들이고 또 발전시켰다. 즉 그들은 하나님께서 온 우주의 피조물을 온전히 변화시키실 것으로 생각했다. 이스라엘이 생각하는 중심 사상은 하나님의 특별한 사람이 종말에 아주 결정적인 역할을 할 것이라는 믿음에 있었다. 그 선지자들은 하나님의 기름부으신 종에 대한 다양한 이미지들을 사용하여 설명하면서 메시아가 무엇을 하실 것인지에 대해 말했다.

갈릴리에서 세례 요한이 나타났을 때, 종말론적인 기대가 서려 있는 문맥 안에서 세례 요한은 말한다. 세례 요한은 오시는 이에 대해서 말하면서 이스라엘 백성에게 세례와 회개에 대해서 말한다. 예수님은 세례 요한의 사역을 공식적으로 인정해 주시고 자신의 사역을 시작하신다. 그리고 예수님의 사역은 결국 자신을 권위자들의 손에서 죽음으로 끝나도록 이끌게 된다. 예수님의 사역을 목격한 초기 목격자들이 서술한 전통 속에서, 예수님과 사도들이 이미 하나님 나라가 동트기 시작했다고 선포하는 것을 말해 주는 여러 증거들을 볼 수 있다. 그리고 이러한 입장은 오늘날 가장 논쟁이 되는 하나님 나라에 대한 신학적 견해를 고수하고 있다. 이러한 논쟁이 있는 이슈들은 인간이 지금까지 직면한 가장 심도 있는 우주적 문제와 신학적 질문들에 관련되어 있어서 격렬한 논쟁이 없이는 어떤 신학적 입장도 받아들일 수 없는 상황에 있을 만큼 파급효과가 크다. 시작부터 예수님의 대답은 무관심과 혼돈, 당황스러움으로 인한 적대와 분노를 일으켰을 뿐 아니라 기쁨이 넘치는 감사와 진심 어린 헌신에 이르도록 영향을 끼쳤다. 호브스가 말하길 "2 더하기 2가 4라는 것이 정치적으로 상당한 의미가 있다면, 이러한 연산이 진실인지를 밝히기 위하여 정당을 구성할 필요가 있을 것이다."라고 했다.

  예수님을 증거하는 전도자들은 하나님의 역동적인 통치가 예수 그리스도의 삶을 통해서 드러났다고 증언한다. 예수님 이야기를 하면서 전도자들은 예수님의 가르침과 행동에 곧 하나님의 통치가 스며 있었다고 말하며 지금 역사 속에서 드러나고 있다고 말한다. 이러한 증언의 DNA 속에는 하나님이 역사 속에서 그의 통치를 세우시기 위해 움직이셨다는 확신이 내포되어 있다. 다른 말로 하면, 성서에 기록된 대로 예수님의 가르침은 현재적 시점에서 하나님 나라가 동트고 있다는 것을 증언한다는 것이다. 마가는 이에 대한 예수님의 설교(막 1:15)를 요약하면서 하나님 나라가 임했다고 전한다. 또한 예수님이 귀신을 쫓아내는 것을 하나님 나라가 임한 증거로 보고 있다(마 12:28; 눅 11:20). 세례 요한은 예수님의 신유와 기적을 오실 메시아의 증거로 보았다(마 11:5-6; 눅 7:22-23). 세례 요한의 사역에서 하나님 나라는 강력하게 역사하시는 것이었으며, 이것은 예수님이 오셔서 천국에서는 지극히 작은 자라도 세례 요한보다 위대하다고 말씀하셨어도 변함이 없었다(마 11:11; 눅 7:28). 사도들이 증거하는 것을 본 목격자들은 축복을 받은 것이다. 그 이유는 많은 선지자들과 하나님의 사람들이 그 목격자들이 보고 들은 것을 보고 듣기를 갈망했었기 때문이다(마 13:16-17; 눅 10:23-24). 예수님이 나사렛을 방문하신 이야기에서 누가는 희년과 자유의 위대한 날이 임했다고 선포한다(눅 4:16-30). 더욱이 하나님 나라에 대해 눈에 보이는 증거는 없으나 예수 그리스도를 만난 사람들 안에는 그것이 존재하였고, 그들은 구원의 능력을 경험할 수 있게 되었다(눅 17:21). 하나님 나라는 강력하여서 세상에 침노하고 사람들은 천국을 침노하게 된다(마 11:12; 눅 16:16). 예수 그리스도의 제자로 있었던 사람들에게는 하나님 나라에 대한 비밀이 알려졌다. 또한 예수님의 말씀과 행동을 통해 하나님 나라에 대한 침노의 소식을 접할 수 있게 되었다(막 4:11-12).

예수님의 비유들은 역사 속에서 하나님 나라의 현재성을 강력하게 증거하고 있으며, 이러한 입장을 오늘날 대부분 받아들이고 있다. 귀신을 쫓으신 예수님의 사역이 적의 궁전에 침입하여 무장 해제를 시키고 모든 재산을 뺏는 것으로 비유된다(막 3:27; 마 11:29; 눅 11:22). 하나님 나라가 이미 도래했고 구원의 축복을 받을 수 있다는 다양한 비유들이 있다. 따라서 하나님 나라는 들판에 숨기어진 보물로 비유되고 이를 찾는 자가 모두 가질 수 있다고 표현된다. 또한 값비싼 진주에 비유되어 열정 있는 자가 그것을 취할 것이라고 비유된다(마 13:44-46). 이미 동트기 시작한 하나님 나라는 축제로 표현된다. 잔칫상이 준비되어 있고 초대는 이미 이뤄졌다고 말한다. 이에 초대를 거부하는 사람은 준비된 탁월한 음식들을 맛보지 못할 것이라고 말한다(마 22:1-14; 눅 14:16-24). 더욱이 목자가 들에서 잃어버린 양을 찾고 과부는 잃어버린 동전을 찾은 것으로 인해 기뻐하실 것이라고 말한다(눅 15:4-10). 잃어버렸다가 돌아온 둘째 아들과 아버지와 함께 있었던 큰 아들이 잔치에 참석하도록 아버지가 축제를 준비하셨다고 말한다(눅 15:11-32). 결혼식에 참석한 손님들은 금식을 끊고(막 2:19-20), 헌 가죽 부대에 담을 수 없는 새 포도주를 말하며, 새 옷감을 낡은 옷에 붙일 수 없다는 비유를 말한다(막 2:21-22). 하나님 나라의 통치자는 처음 부른 자나 마지막에 부른 자나 동일하게 선함으로 통치하신다는 것을 말해 주는 비유가 있다(마 20:1-16). 그리하여 자신들만이 특별하다고 여기던 사람들이 하나님 나라에 들어가는 것뿐만 아니라(마 21:31) 세금을 걷는 자들과 창녀들도 하나님 나라에 들어갈 수 있다고 말한다. 또한 빚을 탕감받아 심판으로부터 자유를 경험한 사람이 반드시 동일한 친절한 베풀어야 할 것을 말하는 비유가 있다(마 18:23-35). 특별히 농업적인 비유를 들어 하나님 나라에 대한 이미지를 보여준다. 겨자씨 비유는 처음에는 매우 작게 시작하나 끝에는 창대하게 끝나는 것을 보여준다(막 4:30-32; 마 13:31-32; 눅 13:18-19). 또한 농부가 뿌린 씨가 농부가 떠난 사이 은밀하게 자라 추수가 준비되었다는 비유를 말한다(막 4:26-29). 하나님 나라에 대한 말씀을 선포하는 것을 곧 씨뿌리는 비유로 말하면서 비록 많은 씨앗이 사라졌어도 풍성한 수확을 거둔다고 말한다(막 4:1-9; 마 13:1-9; 눅 8:4-8). 하나님 나라는 마치 들판에 밀과 같아서 적이 가라지 씨앗을 뿌려 자라게 하나 결국 추수 때까지 함께 자란다고 말한다(마 13:24-30). 하나님 나라에 대한 이미지로, 마치 바다에 치는 그물 같아서 많은 종류의 물고기를 모으고 선한 것과 악한 것을 구분하실 것이라는 비유를 쓴다. 하나님 나라는 역사 속에 현존하는 것이며 그의 심판이 임박했다는 것을 말한다(마 13:47-50).

앞서 말한 바와 같이 하나님 나라가 임하기 시작한 상황에서 예수님의 행동을 이해할 필요가 있다. 이에 기적과 축사는 곧 새로운 시대가 동터오고 있다는 것을 의미하는 것이다. 예수님이 행하신 기적은 단순히 인간애적인 차원에서 이뤄진 것이 아니라 하나님 나라의 임재와 직결된 것이다. 이 부분에 대해서 마이클 그랜트는 다음과 같이 정리한다.

> 인간을 치유하신 예수님의 사역은 하나님 나라를 드러내려 하신 것이 첫째 목적이고 둘째 목적은 인간애적인 예수님의 사역을 나타내는 것이다. 예수님의 기적은 하나의 상징으로 무엇이 이뤄졌고 무엇이 이뤄질지를 말하는 것이 아니라 현재성을 가지고 지금 현재 일어나고 있는 주요 사건에 대한 부속으로 일어나는 것이다. 예수님의 치유 사역은 단순히 하나님 나라에 대한 선포만을 의미하는 것이 아니라 하나님 나라가 어떻게 역사하는지를 이해할 수 있도록 돕는 역할을 하는 상징적, 성례전적인 성격을 띠고 있다. 따라서 예수님의 치유 사역은 예수님의 사명을 상징적으로 드러내는 것이 아니라 악의 세력에 대항하여 실제적인 영적 전투에서 승리를 거둔 것을 의미한다.[5]

예수님의 사역에서 특별히 주목할 점은 그의 기적과 축사(exorcism)에서 나타난 그의 권위와 사역의 범위이다.[6] 여기서 하나님 나라가 자연스럽게 인간의 역사 속에 독특한 방법으로 임한다는 것과 하나님 나라가 아직 임하지 않았다고 보는 종말론적 입장으로 해석하

---

5   Michael Grant, *Jesus*(New York: Scribner's 1977), p. 34.
6   Ladd, *Jesus and the Kingdom*, pp. 149-55.

는 것은 모두 자연스러운 것이다. 이에 눈을 치유해 주시는 비유는 예수님의 사역에서 극적인 변화의 중요성을 보도록 눈을 여신다는 함축성이 담겨 있다. 예수님과 사도들의 사역은 구원하시는 하나님 나라의 전통을 반영하는 동시에 역사 가운데서 현재 진행형임을 보여준다.

3. 곧 오실 하나님 나라

하나님 나라가 이미 임했다는 것이 참인 동시에 하나님 나라가 미래에 오실 것이라고 말하는 것도 역시 참이다. 따라서 제자들은 이를 하나님께 간구하도록 배웠는데, 즉 "하나님 나라가 임하옵시고"(마 6:9-13; 눅 11:2-4)라는 기도이다. 이러한 간구는 하나님 나라의 온전한 현현을 위한 소망이 담겨 있다(마 5:3-13; 눅 6:20-23). 더욱이 예수님은 많은 이들이 동과 서에서 올 것을 기대하시고 천국에서 아브라함과 함께 식탁 교제를 나눌 것을 말씀하셨다(마 8:11). 하나님 나라에 들어가는 다양한 표현은 곧 하나님 나라가 곧 올 것이라는 미래성을 함축하고 있다. 또한 주여 주여 하는 자마다 천국에 들어가지 못하며(마 7:21), 부자는 천국에 들어가기가 어려울 것이라고 말한다(막 10:25). 하나님 나라에 들어가는 것에 대해 현재성 혹은 미래성에 대해 말하지만, 많은 경우 하나님 나라에 들어가는 현재성은 결국 오실 하나님 나라의 완성과 심판이 이뤄지는 미래적 하나님 나라에 참여하는 것이라 할 수 있다.[7]

동일하게 현재적 하나님 나라에 대한 많은 비유들도 오실 하나님

---

7   Beasley-Murray, *Jesus and the Kingdom of God*, p. 175.

나라에 대한 것을 온전히 깨닫지 못하고 있음을 암시하고 있다. 따라서 씨뿌리는 비유로 전해지는 현재적 하나님 나라는 현재성을 가지고 하나님 나라가 도래하기 시작한 것을 암시하고 미래에 온전히 이뤄질 것이라는 것을 의미한다. 알곡과 가라지의 비유는 분명 미래에 있을 하나님의 심판에 대한 것을 말하고 있으며, 그물의 비유 또한 그러하다. 몇몇 비유만이 오실 하나님 나라에 대해 직접적으로 말한다. 하나님 나라의 도래가 마치 도적이 갑자기 오는 것같이 온다고 비유한다(마 24:43-44). 신랑을 기다리는 신부가 기름을 충분히 예비하지 않는 어리석음을 상기시켜 준다(마 25:1-13). 이는 곧 달란트를 맡기고 떠난 주인이 누가 더 이익을 잘 만들어 냈는지를 보여주는 비유와도 연관되어 있다(마 25:14-30). 또한 최후의 심판 때 목자가 양과 염소를 구분하실 것이라는 말씀과도 연관되어 있다(마 25:31-46).

미래적 하나님 나라에 대해 가장 중요한 말씀으로 참고되는 것이 바로 감람산에서의 예수님의 가르침이다. 공관복음 모두 영광 중에 '인자(Son of Man)'가 오셔서 택하신 자를 모으실 것이라는 계시록적 말씀을 기록하고 있다(막 13:1-36; 마 24:1-51; 눅 21:5-36). 이 사건은 자연 질서를 뒤흔들고 최후의 심판을 초래하며 완전한 하나님 나라를 이룰 사건으로 묘사된다. 이 일이 있기 전에 적그리스도가 출현하고 대 고난의 시대가 있어 예루살렘이 포위되고 유대 국가에 역사적 심판이 있을 것을 누가는 기록한다. 오늘날 이 부분을 해석하는 데 있어서 표현된 문자 그대로 해석하지 않는다. 그러나 여기서 주목할 것은 내용에 포함된 교훈이다. 그 교훈은 자신들이 진정한 하나님 나라의 선지자라 말하면서 믿음의 근본을 흔들 세력에 대해서 독자들에게 지속적으로 경고한다. 사실 마지막 때를 아시는 분은 아버지 하나님이시다. 예루살렘의 몰락은 영광 중에 오시는 '인자'와 직접적인 연관이 있다. 따라서 이러한 전통 속에서 있는 그대로 읽는 것은 현대 종말론에 있어 책임 있고 적절한 답변을 하는 데 커다란 장애가 되어왔다. 처음부터 마지막까지 평범하게 읽게 되면 뭔가 사건의 흐름이 맞지 않는다는 것을 볼 수 있다. 분명 미래에 심판하시는 하나님 나라에 대한 부분이 있다. 하나님 나라에 대한 미래적 측면이 있는 것은 사실이지만, 이러한 하나님 나라가 지금 당장 임박한 것으로 이해하는 것이 맞지 않는다는 것을 누구라도 알 수 있다. 그러나 하나님 나라의 동틈과 완성의 사이를 건강하게 해석할 수 있다면 이런 식의 해석과는 다른 건강한 해석을 할 수 있을 것이다.

이 과정에서 역사와 언어적인 배경을 아는 것이 중요하다. 우리는 이스라엘을 향한 예수님의 사역이 역사적, 예언적 전통에 뿌리를 두고 있다는 것을 볼 필요가 있다. 예수님 안에서 이스라엘은 국가적인 회개를 할 것인지 아니면 심판을 받을 것인지에 대해 결정해야 할 위기에 봉착해 있었다. 세례 요한은 이미 이 부분에 대해서 말했고 예수님은 이 사실을 확증해 주었다. 이것은 곧 만일 예루살렘이 하나님을 버리면, 하나님도 예루살렘을 적의 손에 넘기겠다는 말이다. 예수님께서 지속적으로 경고하신 것이 바로 이 메시지다. 이러한 메시지는 선지자 예레미야와 에스겔이 전했던 내용과 동일하다. 이로 인하여 예수님의 제자들도 예수님과 함께 있으면서 이 사역을 위해 파송되기도 하였다.

언어적인 측면에서 유대교의 예언적이고 묵시적인 내용을 담은 종말론적인 언어는 담대하고 창의적인 방식으로 표현되는 것이 일반적이었다.[8] 종말론적인 언어는 세상의 끝을 다루기에, 종말론적인 언어

---

8   Caird, *Language and Imagery of the Bible*, pp. 256-60.

를 사용하는 사람들은 세상의 시작이 과거에 있었고 종말이 미래에 있을 것이라는 사실을 믿는 사람들이었다. 그러나 종말론적인 언어 자체가 은유적으로 지금 이 순간을 포함하는 것으로 인식되는 부분도 있다. 현대 종말론의 언어 사용에 있어서 '지금 이 순간'으로 설명할 수 있는 것이다. 사람들은 흔히 종말론에 관련된 언어로 천국과 지옥, 연옥(가톨릭의 천국과 지옥의 중간개념), 지옥의 변방(원죄만으로 죽은 영혼들이 가는 곳이라고 믿는 가톨릭 신념), 파라다이스를 사용한다. 그러나 이러한 언어들은 상당히 은유적인 표현이 있다. 따라서 요엘과 예레미야와 같은 선지자들은 역사의 시작과 끝이라는 개념 안에서 이스라엘이 직면한 결정적인 위기의 시간을 표현하기 위해 이 같은 언어를 사용하였다. '주님의 날'이라는 표현은 짧은 기간의 범위와 오랜 기간의 범위를 동시에 포함하고 있다. 이 날은 종말의 날을 포함할 수 있고 역사 속에서 심판 전에 위대한 날을 의미하는 것일 수도 있다. 이러한 두 가지 측면이 동시에 전달하는 하나의 사실은 역사 속에서 현재의 사건들이 앞으로 일어날 하나님의 심판에 대하여 예고하고 있다는 점이다. 즉 하나님이 지금 하고 계신 일과 앞으로 하실 일은 결국 역사의 끝에서 궁극적으로 하나님이 무엇을 하실 것인가에 대한 것을 예증하는 것이라고 할 수 있다. 따라서 하나님의 심판에 대한 미래에 대한 일을 이미 오늘날 충분히 예견할 수 있다.

이러한 관점에서, 예수님의 감람산 설교에 대해 우리는 충분히 이해할 수 있게 된다. 마가복음에서는 성전 파괴에 대한 질문으로 시작한다. 평범하게 읽으면 마가는 마치 세상의 종말이 언제인가라는 질문에 답을 얻기 위해 질문을 위한 질문을 하는 것처럼 보인다. 따라서 이 내용을 다루는 부분은 마치 모순적으로 보인다. 즉 한편으로는 예수님께서 '인자'가 한 세대 안에 오실 것으로 아는 것으로 보이고, 다른 한편으로는 하나님 외에는 아무도 그 종말의 때를 알 수 없다는 것처럼 보인다. 관조적 관점에서 이러한 내용을 보면, 이 내용은 충분히 논리적이다. 그 이유는 예루살렘 성전 파괴에 대한 말씀이 말씀하신 대로 한 세대 안에 이뤄지게 된다는 점이 기본 요지이고 독자는 이러한 과정에서 미래적 사건, 즉 하나님으로부터 열방에 대한 심판의 전권을 받은 '인자(The Son of Man)'의 재림을 읽을 수 있기 때문이다. 모순을 발생시키는 부분은 바로 이 부분이다. 즉 역사적 사건으로 봤을 때는 주님의 날이 한 세대 안에 이뤄지지만, 온전한 주님의 날이 이뤄지는 시점은 오직 하나님만 아신다는 점이다. 이러한 두 가지 측면이 나란히 공존하는 것은 심리적인 임팩트를 주기 위해서가 아니라 하나님이 현재 역사 속에 하시는 일은 곧 종말에 하나님의 궁극적으로 이루실 목적과 연장선에 있다는 점을 보여주기 위함이다.

이러한 패턴에서 오순절 사건들을 이해해 볼 수 있다. 하나님에 대한 깊은 이해와 방언의 역사 같은 극적인 성령의 역사하심 이후에 하나님이 하신 일을 담대하게 선포하는 베드로의 설교는 하나님께서 요엘 선지자의 예언을 이루게 하시려는 것임을 알 수 있다. 요엘의 예언은 하나님께서 성령을 부어주시고 각 세대가 꿈을 꾸고 비전을 보는 일들을 다루고 있다.

> 또 내가 위로 하늘에서는 기사를 아래로 땅에서는 징조를 베풀리니 곧 피와 불과 연기로다 주의 크고 영화로운 날이 이르기 전에 해가 변하여 어두워지고 달이 변하여 피가 되리라(행 2:19-20).

아무도 베드로의 설교가 '비성경적이다'라고 말할 수 없다. 그 이유는 유대의 전통을 따라서 현재 하나님께 하신 일을 종말론적 언어를 사용해 설명하고 있기 때문이다. 하나님께서 요엘의 예언을 성취하셨고 이는 곧 종말에 주님의 날을 이루실 것이라는 것을 알 수 있도록 해주고 있다.

만일 이것이 타당하다고 여긴다면, 미래에 대해서 말하는 성경 구절들에 대해 학자들이 말하는 만큼 당황스럽지 않을 것이라는 것이 분명해진다. 창조와 역사를 위하여 하나님의 목적의 성취를 향한 소망에 대한 깊은 이해를 하지 못하더라도, 성경은 현재 하나님께서 예수님과 함께 적극적으로 역사 가운데 개입하고 계시다는 것을 강조하고 있다. 하나님께서는 미래의 하나님의 역사에 대해 예견하고 계신다. 하나님께서 하나님 나라를 예수 그리스도의 삶과 죽음, 부활을 통해서 이룩해 놓으셨다. 이러한 역사(activity)는 예수님의 부활과 승천으로 멈추지 않고 그의 제자들의 사역을 통해 지속되고 있으며 성령을 부으셔서 그리스도의 공동체를 형성하시고, 예루살렘의 멸망 가운데서도 초대 교인들의 전도를 통해 이어지고 있다. 하나님의 통치는 태초부터 성실하게 이어져 오고 있으며 이를 아는 모든 자와 알게 될 자들에게는 현재 진행형이며 주님의 날 위대함 가운데 완전해질 것이며 나타나게 될 것이다. 하나님 나라는 과거에 임하였으며, 현재에 임하였고, 미래에도 임하실 것이다. 하나님 나라의 내적인 복잡성과 역동성을 이해한다면, 이러한 시간적 표현이 필요한 것을 알 수 있다. 우리는 이러한 시간 속에 살고 있다. 하나님 나라는 임하였고 모든 피조물은 구원의 축복을 누릴 수 있도록 초대를 받았다. 하나님 나라는 그러나 여전히 올 것이며 모든 피조물은 하나님의 공의와 사랑이 이뤄질 마지막 때를 향하여 나아가도록 초대를 받았다.

4. 하나님 나라와 거룩한 역사

이 부분에 대해서 우리는 몇 가지 중요한 부분을 정리할 필요가 있다. 첫째, 하나님 나라가 임하실 때는 베일에 가려져 있으며 다양한 해석이 가능하다는 점이다. 역사 가운데 하나님의 역사(Activities)는 간접성을 띤 경우가 많았다. 하나님은 열방 안에서, 열방을 통해서 일하시며 예수 그리스도의 십자가와 같은 사건을 통해 하나님의 목적을 성취하시며 예루살렘의 멸망과 열두 제자들을 통해서도 역사하신다. 예수님이 함께하심에도 불구하고 표적을 구하는 세대에게 예수님은 표적과 기사를 통해 역사하시면서도 믿음을 강요하시지 않으셨다. 분명 표적과 기사는 혼란을 야기할 수도 있고 마귀의 역사(행 3:12; 막 3:30)의 관점으로 혹은 경건과 능력의 관점으로 설명하려는 유혹을 받을 수도 있다. 그러나 이러한 표적과 기사를 단순히 하나님 나라가 임한 신학적인 불꽃놀이인 것처럼 신성한 역사에만 초점을 맞춰서는 안 된다. 하나님의 역사는 그의 통치 안에서 이해할 수 있기도 하며 없기도 하다. 이는 현재 역사하고 계신 하나님의 역사에 대해 오해하는 것을 막기 위함이다. 역사 가운데서 다가오는 하나님 나라를 감지하기 위해서는 우리의 마음과 생각을 구분할 필요가 있다. 우리는 하나님께서 우리의 마음과 생각을 통해 무엇을 말씀하고 계신지를 알 필요가 있다. 하나님의 말씀에 따라서 우리의 삶을 변화시킬 준비를 해야 한다. 하나님의 말씀을 통해서 역사 가운데 하나님께서 드러내고자 하시는 하나님의 의도와 하나님께 하신 일을 보며 신성한 하나님의 계시가 무엇인지를 알 필요가 있다. 이는 현재에 다가오는 하나님 나라에 대해 말할 수 있는 근거가 된다.

이러한 하나님 나라의 생각은 다양한 상황에 적용할 수 있다. 현대의 종말론 논쟁은 예수 그리스도와 그의 가르침으로 인해 개인의 도덕적 변화와 사회적 각성에 있어서 19세기 자유주의 실패가 주류를 이루었다. 종말론에 대한 정통적인 입장은 바이스(Weiss)와 슈바이처(Schweitzer)에 의해 묵살되었다. 이와 같이 예수 그리스도 안에서 혹은 예수 그리스도에 대한 선포를 통해서 개인이 반드시 하나님의 말씀에 직면해야 한다는 절박함을 현대 실존적 신학자들이 축소하면서 종말론적인 적절한 표현을 찾으려 할 때 난관에 부딪히기 마련이다. 19세기 자유주의 실패로 얼룩진 종말론 논쟁의 경우, 예수 그리스도에 대한 전통이 드러나는 온전한 종말론을 다루지 못하고 있다. 또한 현대의 실존적 신학자들의 시도는 역사에서 드러난 종말론을 무력화시키며 주관적인 경험과 해석으로 빠져들게 하고 있다. 우린 결국 딜레마에 빠져 있다.

이러한 두 전통을 보다 합리적으로 볼 수 있는 방법은 종말론이라는 언어에 대한 확장판으로 수용하는 것이다. 다가오는 하나님의 통치가 인간에게 있어서 심각한 위기인 것은 분명하다. 이는 곧 옛 삶에는 죽음을, 성령 안에서 부활로 새 삶을 의미하는 것이다. 이는 곧 자기 이해에 대한 급진적 변화를 의미하는 것이며, 우상숭배의 삶에서 이웃을 섬기는 삶으로의 전환을 의미한다. 이러한 삶의 변화 가운데 중생을 이야기하고 영생의 삶으로 들어가는 것에 대해 말하는 것은 자연스러운 것이다. '인자(Son of Man)'가 오셔서 하나님의 자녀들과 함께 이 땅에 거하신 것은 하나님의 통치를 수용하는 사람들이 천국에서 누리는 궁극의 기쁨을 맛보게 하시는 것이라 할 수 있다. 더욱이 하나님께서 역사 가운데 활발하게 개입하고 계시므로 북미 19세기 자유주의자들과 복음주의자들이 사회와 도덕적 변화 속에서 다가오는 하나님의 통치를 구하는 것은 당연하다고 본다. 하나님 나라를 세우시기 위해 하나님은 역사 가운데 섭리하신다. 공의와 평화, 사랑을 담은 그의 의도하심은 경건한 자의 내적 기준을 벗어나며, 역사의 최후의 사건에 대한 기준에서도 자유롭다. 하나님의 의도하심은 모든 창조와 모든 역사를 포괄한다. 따라서 하나님의 의도하심은 현재 일어나는 개별 사건을 포함하고 있으며 사회에서 다가올 하나님의 통치하심을 발견하고 동역하는 것이 올바른 믿음이자 논리라고 할 수 있다. 자유주의자와 실존주의자들이 모두 실수하는 점은 그들이 무엇을 확신하느냐가 아니라 무엇을 부인하고 있느냐이다. 불완전하고 충분치 않은 종말론적인 담론들을 다루면서, 하나님의 오심을 자신들의 취향에 맞게 제한하고 있다. 종말론의 핵심인 현재와 미래를 동시에 볼 수 있는 정밀한 신학연구를 둘 다 놓치고 있다. 그 결과 종말론을 현재로만 제한시켜 종말론 자체를 붕괴시키고 있다. 과거와 현재, 미래를 포용하는 하나님의 역사의 논리를 회복시키는 것은 종말론에 대한 오해를 막을 수 있는 길이 된다. 하나님의 통치는 이미 시작되었다. 하나님께서는 그리스도를 통해서 심판과 자유를 주시려고 이 땅에 오셨다. 하나님은 구원과 규범 안에서 이 땅 가운데 반복적으로 오신다. 개인과 열방에 임하시는 가운데 우리는 예수님의 재림에 참여함으로 그 완성과 종말을 향해 달려간다. 그러나 더욱 중요한 것은 현재 우리가 경험하는 것은 말로는 표현할 수 없는 주님의 날의 위대함과 그의 현현을 통해 역사 가운데 이뤄질 목적론적인 대단원을 미리 맛보는 것이며 그 그림자를 경험하는 것이다.

    희미한 종말론적 담론을 빠르게 인정하는 것은 우리로 하여금 왜 많은 사람들이 잘못된 시간과 추측으로 이끌려 가는지를 이해하는 데 도움이 될 것이다. 현대의 종말론적 오류는 사회적 혼란과 국가적 혼돈의 사태와 무관하지 않다. 미래에 대해 두려워하는 사람들은 분명 기쁨으로 마지막 날의 구도와 연대를 보여주며 미래의 신비를 알게 해주는 사람들에게 회심하게 될 것이다. 종말론 관련 서적들은 심각한 위기 가운데 빠져 있는 세대를 잡기 위해 소망 없는 미래와 공포를 엮어 강력하고도 극적으로 목소리를 낸다. 그러나 종말론적 문헌을 해석하는 데 있어서 고대 사회의 상황을 파악하지 못하는 것은 마치 독자가 읽는 것처럼 저자가 문자적으로 확실하게 알고 썼을 것이라는 오류를 범하게 된다. 이 같은 사람들은 종말론 문헌을 마치 주식을 거래하듯 다룬다. 따라서 그 해석이 난무하고 그 방향이 어디로 향할지 알 수가 없다.

고대 사회에 대한 오해의 근본적인 원인은 오히려 다른 곳에 있다. 첫째, 저자가 종말론을 다룰 때 문자적인 방향보다는 은유적인 방향으로 흘렀을 때이다. 특별히, 하나님이 모든 역사의 최후의 시간과 사건을 일으키실 때 일어나는 궁극적인 사건을 역사에 동등하게 나열할 때이다. 둘째, 미숙한 예측을 가지고 현재 역사하시는 다가올 하나님의 통치에 대한 경험에 대해 지속적으로 기쁨과 소망을 누리게 할 수 없다는 점이다. 특별히 모든 피조물이 궁극의 거룩한 운명을 깨닫기 위해 고통 가운데 있으면서 하나님의 목적을 향해 나아가는 최후의 순간까지 악의 세력이 반복적으로 일어날 것이라고 말하는 사람에게는 더욱 그렇다. 종말론에 대한 이러한 시각은 교회와 사회 모두 공감하면서 역사는 결국 그 목적에 따라 최후의 각성을 향하고 있다고 본다. 마지막으로 초대 교회의 종말론이 이 방향으로 향하지 않았다면 그 자체가 놀라웠을 것이다. 예수님을 둘러싼 사건들로 신학적인 도전은 극에 달했다. 교회는 제자들의 구전을 통해 예수 그리스도가 이스라엘과 세상을 구원하실 구원자라고 배웠다. 다른 한편으로 교회는 예수님의 사역과 제자들의 성령 체험을 신학적으로 판단해 줄 선지자적인 고대 전통을 가지고 있다. 이스라엘의 희망에 대한 고대 전통들은 다양하면서도 복잡하다. 특별히 하나님의 역사와 약속에 대해서는 분명하게 구분하기 어렵다. 그러나 분명한 것은 선지서 그 자체가 마지막 때에 역사 속에서 하나님의 역사하심을 나타내는 청사진이 아니라는 점이다. 마이어가 말했듯이, "선지적인 지식이 마치 경험에 의해서 정확하게 전달하는 지식인 양 이해돼서는 안되며 상징적인 그림자로 곁가지로 봐야 한다."[9] 따라서 선지적인 언어와 실제적 사건 사이의 관계에 모호한 면이 있다.

근본주의자는 단순하게 선지적인 언어의 성취에 대해 확신하며 이러한 모호성을 부인한다. 또한 이성주의자도 선지적 언어에 오류를 지적하면서 모호성을 부인한다. 만일 하나님께서 예언을 통하여 말씀하신다면, 역사 가운데서 말씀하실 것이고 그 역사를 뒤따르는 역사에서도 말씀하실 것이다. 이러한 역사는 믿음의 세계관에서 발견될 것이며 결국 선지자가 할 수 없는 일을 할 것이다. 즉 예언적 상징을 해석하고 이미지를 사건으로 인지하며 하나님의 계획이 순차적으로 실제로 일어나며 상징적 시간이 곧 실제적 시간이 되어가는 것이다.[10]

확언하건대, 초대 교회 성도들과 리더들은 그들이 알고 있는 예수 그리스도와 유대교에서 내려오는 구전과 문서적 전통을 끼워 맞추려고 하지 않았다. 하나님께서 지속적으로 그들 가운데 말씀하시고 성도들은 하나님이 그들에게 말씀하시는 것을 확신했다. 하나님의 손길과 계획 속에서 현재 무슨 일이 일어나고 있는지를 명확하게 이해하

---

9   Ben F. Meyer, *The Aims of Jesus*(London: SCM, 1979), p. 246.
10   Ibid., p. 247.

지 못한다 했을지라도 분명 그들에게는 벅찬 감동이 있었을 것이다. 예수님의 부활 사건과 성령의 임재하심만으로도 초대 교인들에게는 미래의 역사의 한켠에서 일어날 세상의 종말을 믿는 새로운 이스라엘을 향하신 하나님의 약속과 소망이 충만하였다.[11]

5. 하나님 나라와 복음 전도

이러한 사건들은 분명 초대 교회 공동체에게 전도해야 할 충분한 동기부여가 되었다. 기독교의 탄생은 곧 유대교의 갱신이라고 볼 수 있다. 앞서 다룬 종말론적인 부분에서 이러한 시각은 더욱 분명해진다. 복음은 먼저 유대인을 위한 것이었다. 그 이유는 세상을 구원하시는 하나님의 계획에 유대인들의 역할이 처음부터 이어져 왔기 때문이다. 예수님의 사역은 이스라엘을 향하신 약속의 성취를 위한 것이었으며 이스라엘을 기점으로 퍼지는 새로운 시대를 향한 안내 역할을 했다. 일련의 예언은 때로 이방인들이 이스라엘에 몰려와 목격하는 일을 감당하고 나아가 하나님의 구원을 경험하게 된다고 말한다 (미 4:1-2). 따라서 예수님께서 통치하시는 하나님 나라는 이스라엘의 회복으로 세워지고 열두 제자를 부르심으로 상징화되었다. 따라서 초대 교회 전도가 예루살렘에서 시작되고 유대인을 향한 것이 신학적으로나, 심리적으로 적절하다고 본다.

여기서 주목해야 할 점은 처음부터 하나님 나라에 대한 복음이 증

11　캐어드(Caird)는 이 부분에 관해 다음과 같이 정리한다. "초대 교인들은 그리스도를 경험하고 그리스도의 부활을 경험하며, 성령의 임재를 경험하는 것을 상당히 의미 있게 받아들였다. 또한 구약의 예언 성취뿐만 아니라 임박한 종말론적인 위기에 대해서도 개척자적인 정신을 가지고 대응했을 것으로 본다." "Eschatology and Politics: Some Misconceptions," pp. 85-86.

거되었다는 사실이다. 정밀하게 짜인 전도 프로그램으로 전해진 것도 아니고, 초대 교회 제자들이 지상명령을 심도 있게 묵상해서도 아니며 지상명령을 반드시 지켜야 한다는 의무감에서도 아니다. 초대 교회는 그리스도를 듣지 못하고 죽어가는 영혼에 대해 안타까움으로 전도를 한 것이 아니다. 또한 전도 전문가 집단과 계약을 맺어서 공공장소에서 펼치는 전도를 한 것도 아니다. 오히려 복음 전도와 하나님 나라가 확산될 수 있었던 이유는 초대 교회 공동체 가운데 역사하시는 하나님으로 인해 발생하는 사건을 주변에 있는 믿지 않은 영혼들이 직접 목격하면서 당혹감을 감추지 못했기 때문이다. 초대 교회 제자들 가운데 동행하시는 성령님과 하나님께서 예수 그리스도를 십자가에 달리게 하시고 부활케 하신 사실을 전하는 제자들의 과감하면서도 영감이 넘치는 전도 설교를 통해 믿지 않는 영혼들은 감당할 수 없는 은혜를 경험하게 되었다. 예수님의 사역에서 나타난 기사와 표적이 초대 교회 제자들에게서도 나타났다. 회심한 자들이 성전에 있는 제자들 주위에 모였다. 또한 가정에 모여서 제자들의 가르침을 듣고, 기도하며, 찬양하고 교제하며 서로를 돌보며, 함께 빵을 나누었다(행 2:42). 그들은 예수 그리스도의 말씀을 담대하게 전하며, 순교와 박해로 인해 예루살렘에서 쫓겨날 때도 지속적으로 하나님의 인도하심을 구하였다. 여전히 갈망하는 자들에게 하나님 나라의 복음을 증거하였다. 다른 말로 하면, 하나님의 통치를 경험하는 것에 뿌리를 둔 전도는 박해를 받는 상황에서 심리적으로 강해질 뿐만 아니라 지지를 받아 그들의 중심에 강한 하나님의 임재가 나타나게 된다.

지금까지 전도의 다양한 측면에 대해서 다뤄보았다. 처음에는 그 어떤 유사행위도 전도가 될 수 있는 현실을 지적하였다. 그러나 전도는 곧 종말론과 연관이 있다는 것을 밝혔다. 종말론은 단순히 마지막 때에 일어날 일들에 대한 난해한 이론이 아니다. 기독교 전통 안에서 종말론은 역사 가운데 하나님의 극적인 행위에 대한 이야기이며 새로운 하늘과 땅을 세우시며 인간의 역사의 종말을 완성하시는 하나님의 때를 깨우치시는 것을 말한다. 종말론은 나사렛 예수 그리스도로 시작되어, 공동체가 예수 그리스도의 죽음과 부활을 경험하고, 이제 회개하여 성령의 은사를 받을 사람들이 속해 있는 다가올 하나님 나라에 대한 비전을 의미한다. 그러나 여전히 그 영광과 성취가 미래형으로 나타난다. 만일 이러한 비전이 옳다면, 이는 곧 전 세계에 복된 소식이 될 것이다. 진정 전할 만한 가치가 있는 소식이라 할 수 있다. 더욱이 전도는 역사 가운데서 하나님의 통치가 역동적이면서도 신비하게, 초자연적인 현실에 뿌리를 둔 예수님의 제자들의 사역이라 할 수 있다. 아직은 전도의 정의가 정확하게 무엇인지 밝히지 않았지만, 그것이 무엇이든 그 근본적인 내용과 영감은 분명 이 세상에 오신 예수 그리스도를 통해서 하나님의 통치가 시작되고 이러한 하나님의 통치 아래에서 처음 신성한 노력을 아끼지 않은 초대 교회 공동체로부터 비롯된 것이다. 전도는 이 땅 가운데 하나님의 통치를 극적으로 보여준 초대 교회의 사도들과 선지자와 순교자들의 핵심 사역을 지속적으로 하는 것이다.

03
선포

The Logic of Evangelism

전도에 있어서 선포 사역을 버려야 한다는 것이 아니라 하나님 나라에 들어갈 수 있도록 하는 선포 사역과 더불어 어떻게 하면 전도의 개념을 온전히 회복할 수 있느냐가 중요하다.

The Logic of Evangelism

03 선포

다가올 하나님의 통치는 분명 예수님 사역의 중심이었으며, 초대 교회 공동체의 핵심을 이루고 있었기에, 이 땅에 하나님 나라의 도래를 선포하는 것이 전도의 최우선순위라고 생각할 수 있다. 제3장에선 이 부분에 대한 충분한 검증을 해보고자 한다. 또한 선포에 대한 이러한 근거가 얼마나 회의론자들에게 비판을 받고 있는지를 다루고 회의론자들에게 얼마나 설득력이 없는지도 다룰 것이다.

이 부분을 다루기 전에 먼저 전도의 개념에 대해서 다시 한번 짚어볼 필요가 있다. 초대 교회 때와 같이 전도라는 개념이 현대로 올수록 그렇게 명예스럽지 못한 것은 사실이다. 예를 들어, 18세기에 누구도 웨슬리나 조지 횟필드를 전도자로 생각하지 않았다. 19세기에는 웨슬리나 횟필드와 같은 목회자들을 순회 부흥사로 여겼다. 사실 전도(evangelism)는 사촌 격인 전도하기(evangelization)와 같이 19세기 후반에 그 개념이 도드라지기 시작했다. 전도하기(evangelization)는 사실상 전도(evangelism)의 대체 용어로 에큐메니칼 진영에서 사용하기 시작했다. 사실상 전도와 전도하기라는 개념을 19세기 후반부터 오늘날까지 거의 구분할 수 없지만 전도라는 개념이 더욱 힘을 얻고 있다. 물론 누군가 분명 이 두 가지 개념을 분리해서 이해하겠지만 역사적으로 동일한 의미로 사용되어 왔다는 것은 부인할 수 없을 것이다. 사람들은 오히려 전도하기(evangelization)를 선호한다. 그 이유는 전도라는 단어의 의미를 보다 쉽게 바꿀 수 있고 전도(evangelism)에 내포되어 있는 부정적 이미지에서 벗어날 수 있기 때문이다. 나의 관점에서는 특이한 차이점을 찾아볼 수는 없다.

1. 전도와 선포

서구 기독교 사회에서 전도에 대한 통상적인 개념은 기독교의 복음을 선포하는 것이다. 대부분의 그리스도인들에게 전도가 무엇이냐고 물어본다면 그들은 자연스럽게 이교도들에게 기독교의 메시지를 선포하거나, 알리거나, 전하는 것이라고 대답할 것이다. 영미에서 전도의 사전적 의미는 웹스터 국제 사전에서 나타나듯이 복음의 선포이며 특별히 설교와 가르침 혹은 개인 전도와 방문 전도를 통해 개인에게 복음을 소개하는 것을 의미한다. 옥스퍼드 사전에서는 전도란 "복음을 선포하는 것"이라고 정의하고 있다. 전도자는 곧 순회 설교자와 동일하게 정의되며 이는 곧 기독교의 메시지를 어느 곳에서도 선포하는 것을 의미한다. 전도하기(evangelization)는 복음을 선포하는 행위나 사역을 의미한다. 전도의 정의와 관련하여 "복음 안에서 가르치기," "기독교로 회심시키기," "복음의 영향 아래 있게 하기"와 같은 것들이 있다. 하지만 보편적으로 전도란 듣고자 하는 자에게 복음을 선포하는 것이라고 알려져 있다. 따라서 전도자는 곧 복음을 선포하고 사람들에게 구원자가 되시고 주가 되시는 예수 그리스도께 헌신하도록 촉구하는 순회 설교자로 이미지가 각인되어 있다.

전도(evangelism)라는 용어에는 이러한 이미지가 충분히 반영되어 있다. 전도의 헬라어는 '유앙겔리조마이'로 그 의미는 좋은 소식을 전하는 것을 의미한다. 복음이라는 헬라어 '유앙겔리온'은 단순히 "좋은 소식"을 의미한다. 따라서 전도와 전도자의 의미가 복음을 선포한다는 의미와 밀접한 관계가 있다는 것은 당연하게 보인다. 서구 복음주의 그리스도인들과 동양의 복음주의 기독교인들이 이러한 전도의 관점을 갖고 있다. 따라서 로잔 언약은 다음과 같이 정리한다.

> 전도란 예수 그리스도가 우리 죄를 위해 죽으시고 말씀대로 죽은 자 가운데서 부활하셔서 다스리심을 믿고 회개하는 모든 자에게 죄 용서와 자유케 하시는 성령의 열매를 주신다는 복음을 전하는 것을 말한다.[1]

메트로폴리탄 마 오스타시오스는 전도와 선교를 다음과 같이 구분한다. "전도는 선포를 통해 복음을 증거하는 것을 말하는 것이고 선교는 하나님의 사랑을 삶과 말과 행동을 통해 흘려보내는 것이다."[2]

선포와 전도의 관계를 가장 가깝게 이해할 수 있는 부분이 바로 오스타시오스의 정의라 할 수 있다. 오스타시오스의 정의는 전도(evangelism)라는 용어를 사용하는 데 있어서 가장 혼란스러운 부분을 설명하는 데 도움을 주었다. 19세기까지 대부분 전도의 정의는 사복

---

[1] John Stott, *Lausanne Covenant: An Exposition and Commentary* (Mineapolis: World Wide Publication, 1975), p. 20.

[2] Metropolitan Mar Osthathios, "Worship, Mission, Unity-These Three," *International Review of Mission* 65(1976): 39.

음서 저자들을 염두에 두고 있었다. 만일 초대 교회 공동체의 전도자들이 여행하며 복음을 증거했다면, 그것은 분명 예수 그리스도에 대한 복음이었을 것이고, 분명 복음서의 저자들을 전도자들이라고 자연스럽게 불렀을 것이다. 문제는 언제까지 어느 정도까지 이러한 전도의 정의를 21세기에 받아들여야 하는가이다. 이러한 문제에 대해 사람들은 그동안 그렇게 주목하지 않았다. 더욱이 초대 교회 공동체의 전도의 정의에 대해서 납득할 만한 분석이 이뤄지지 않아 상당한 전도학적 손실이 있다. 놀라운 것은 이러한 상황에서 전도라는 용어가 너무도 빨리 회복되고 확산되었다는 점이다.

전도라는 용어의 혁신적인 언어적 사용에 있어서 적어도 세 가지 요소가 작용했다. 첫째, 복음주의 그리스도인들이 성서적인 배경을 잘 연구하여 원어에 담긴 의미를 최대한 보존하면서도 현대에 사용할 수 있는 용어를 회복시켰다는 점이다. 이는 성서에 대한 경외감으로 시작하여 신학적 강론에 있어서 핵심적인 용어를 보다 정확하고 깔끔하게 전달하고자는 다양한 신학적 노력으로 가능했다. 둘째, 초대 교회의 전도를 설교(preaching)와 가르침(teaching)으로 분명하게 나눈 다드(C. H. Dodd)의 공헌이다.[3] 사도행전을 초대 교회 전도의 선포(kerygma)로 이해하면서 다드는 초대 교회의 선포는 근본적으로 그리스도의 탄생과 죽음, 부활과 승천, 그리고 재림으로 구약 성서의 예언이 성취되었음을 알리는 메시지라는 것에 초점을 맞추었다. 이러한 내용을 중심으로 한 설교 뒤에는 가르침이 뒤따랐다. 즉 유대적 전통에서 비롯된 윤리적인 교육과 권고가 있었으며 이는 초대 교회가 예수 그리스도의 다시 오심을 기대하며 점진적으로 추구했던 바이다.

---

3   C. H. Dodd, *The Apostolic Preaching and its Development*(New York: Harper and Row, 1936).

다드 스스로가 이러한 해석을 전도의 의미에 적용하려고 하지는 않았으나 그의 영향력으로 인해 선포와 가르침의 경계선이 형성되기 시작했고 전도의 고전적 개념의 회복에 도움을 주었다. 셋째, 성서적 전도의 정의를 회복할 수 있었던 가장 중요한 공헌은 바로 현대의 전도자들 때문이었다. 라디오와 TV의 개발로 기독교 설교자들이 전도라는 용어를 사용하기 시작하였으며 전도라는 용어는 믿는 자에게나 믿지 않는 자에게나 보편화되어 갔다.

그렇다고 전도라는 개념이 모든 이에게 편안하게 다가온 것은 아니었다. 앞으로 다루겠지만, 신학자들이 전도에 대한 이해에 대해 오랜 기간 혼돈을 겪을 동안 교회 성장학자들은 전도에 대한 다른 개념을 쏟아내기 시작했다. 그러나 현대 전도 개념은 그간의 검증 과정을 잘 통과해 왔고 이러한 전도 개념에 반대하는 사람들도 이에 편승하려는 경향을 보여왔다. 따라서 전도를 증언하는 것으로, 혹은 세상에서 그리스도인의 적극적인 역할로, 혹은 성례전을 외국에서 치르는 것도 여전히 선포의 개념으로 이해하고 있다. 이러한 경우들이 모두 전도와 관련 있게 생각하는 것은 말씀보다는 행위로 기독교의 메시지를 전하는 것을 전도라고 여기는 패러다임 때문이다. 따라서 세례와 성만찬은 그리스도의 죽음을 선포하는 것으로, 예배와 긍휼 사역은 인간을 위한 그리스도의 사랑을 선포하는 것으로, 언어로 혹은 비언어로 그리스도를 증거하는 것을 인간을 위한 하나님의 사랑을 선포하는 것으로 여겼다. 이러한 상황에서 선포라는 것은 때로는 은유적으로, 때로는 비유적으로 사용된 것을 알 수 있다. 이러한 사용은 복음을 입으로 선포하는 전도의 원래 의미에 편승하는 것으로 생각할 수 있다. 따라서 전도의 개념에 대해 더욱 심도 있는 연구를 하는 것은 변화를 위해서 단순한 입으로 전하는 개념 이상이며, 문자적 의미에서 은유적 표현으로 전환하는 그 이상이라고 할 수 있다.

2. 선포로서 전도

여전히 전도의 개념에 대해서 우리는 연구할 필요가 있는가? 전도 사역이 이미 전도의 원래의 개념을 회복하고 충분히 신학적인 개념으로 정리되지 않았는가? 이러한 문제 제기에 충분히 긍정적 대답을 줄 수 있을 것이다. 또한 분명히 전도의 개념이 여기에 잘 정리되어 있다. 그렇다면 교회가 하는 모든 사역과 전도를 구분하기 위하여 말로 선포하는 것을 전도라고 해야 하는가? 만일 교회가 하는 모든 사역을 전도라고 한다면, 우리는 전도와 교회 사역을 구분할 수 없게 될 것이다. 그렇게 되면 장기적인 관점에서 전도 영역에 대한 깊은 책임감을 상실할 수도 있다. 만일 교회의 모든 사역을 전도라고 할 경우, 전도를 정의하기가 매우 어렵게 될 것이다. 이렇게 되면 결국 교회의 전도 사역에 대해 전문적으로 연구하기가 어렵게 된다. 따라서 교회에서 하는 모든 사역이 전도라고 한다면, 어떤 것도 전도라고 할 수 없게 되는 결과를 낳게 된다. 이런 상황에서 전도에 대해 심도 있게 다룬다면, 우리는 흠칫 놀라게 될 것이다. 전도를 복음에 대한 구술적 선포라고 정의한다면, 전도는 말씀의 초기 역사에 뿌리를 두고 교회가 복음을 듣고자 하는 자들에게 기독교의 복음을 효과적으로 증거하는 것이라 할 수 있다.

더욱이 이러한 전도의 정의는 교회가 해야 하는 다른 필수적이고도 우선적인 사역과 혼동하지 않게 해준다. 따라서 전도에 대한 헌신은 현대 사회에 기독교인이 반드시 해야 하는 의료 사역과 교육 사역, 사회 사역, 예배 사역을 침범하지 않게 된다. 물론 전도 사역을 전개하기 위해 다양한 선택을 결정할 때, 교회는 다른 기관과 같이 제한된 재원을 어떻게 활용할 것인가를 결정해야 한다. 전도를 복음의 구술적 선포라고만 생각한다면, 전도의 역사를 거울삼아 어떠한 결과가 나올지에 대해서 예측할 수가 있을 것이다. 신학적인 요소와 비신학적인 요소를 다 포함해서 하나의 결론에 이르게 될 것이다. 확신하건대, 선포로서 전도의 개념에 헌신한 사람들은 십자군이 되어 전도를 가장 주된 교회의 임무라고 생각하고 반드시 해야 하는 의무라고 여겼다. 그러나 이것이 전도의 표준적 정의를 폄하했다고 보기는 어렵다. 다만, 이러한 전도의 비전을 가지고 있는 사람은 다른 그리스도 공동체에게 전도의 의무에 대한 문제를 야기시킬 수 있다는 점을 보여주고 있을 뿐이다. 사실상 이러한 전도의 개념으로 인해 교회는 전도의 의무를 강조해 왔다. 교회는 무엇이 전도인가를 명확히 해왔고 전도 사역에 반드시 순종해야 한다고 강조해 왔다.

뿐만 아니라 전도에 헌신한 사람들과 사회적 봉사에 헌신한 사람들 사이에 논쟁이 진행 중이며 20세기에 들어 북미 기독교계에서 현대 근본주의자들이 논쟁을 격화시켰다. 이러한 논쟁이 끝났다고 생각하는 것도 너무 순진한 것이고 오랫동안 지지부진하게 끌고 온 문제에 대해 그릇된 대안으로 인해 계속해서 영향을 받는 기독교 사상가가 없다고 생각하는 것도 문제가 있다. 위에서 언급한 전도의 개념은 교회의 주된 사역이 전도를 수행하고 전도에 헌신하는 가운데 사회 사역과 긍휼 사역, 정의 구현 사역 등을 주된 사역이라 본다. 로잔 언약은 이 부분에 대해 다음과 같이 말한다.

인간과의 화해가 곧 하나님과의 화해를 의미하지는 않고, 사회적 활동이 전도를 의미하지 않고, 정치적 활동이 전도를 의미하지 않을지라도, 전

도와 사회, 정치적 활동은 우리 그리스도인이 모두 참여해야 하는 부분이다. 이 모든 영역에서 하나님의 교리를 드러내고 그리스도에 대한 사랑과 이웃에 대한 사랑을 드러내야 한다.[4]

한편, WCC(World Council of Churches)의 사무총장인 에밀리오 카스트로(Emilio Castro)는 "가난한 자들과 함께하는 그리스도인들은 온전한 하나님 나라의 약속을 추구하며 개인의 믿음과 증인된 삶으로 초대한다."라고 말했다.[5]

중요한 점은 이러한 전도의 정의에 새신자가 교회 생활에 충분히 적응하는 과정 또한 포함되어 있다는 점이다. 이러한 비전 가운데 전도는 새신자가 성경적으로 양육되고, 영적인 여정에 참여하며, 공동체의 일원으로서 책임과 특권을 누릴 수 있도록 해준다. 그러나 이러한 일련의 과정들을 전도라고 여기기보다는 때로는 교리문답으로, 때로는 새신자 양육으로 여긴다. 엄격하게 말하면, 전도하는 사람들은 양육 사역에 책임이 없다고 생각한다. 따라서 전도는 그저 복음을 선포하고 하나님 나라의 좋은 소식을 알리며 가능한 한 많은 사람에게 메시지를 전하는 것이라고 하며 교사나 성직자와 같은 사람들이 교회 안에서 양육하는 데 전념해야 한다고 생각한다. 하지만 전도는 이러한 사역과 분리될 수 없다. 논리적으로 분리될 수는 있어도 함께 실천해야 할 부분이다. 전도자는 복음을 증거하는 데 최선을 다하고 다른 사역자들은 양육에 힘써야 한다고 말한다. 하지만 이상적으로는 두 가지 영역을 동시에 수행하여 복음을 증거하는 자가 복음에 반응하는

---

4   *The Lausanne Covenant*, p. 25.
5   Emilio Castro, *Sent Free: Mission and Unity in the Perspective of the Kingdom* (Grand Rapids: Eerdmans, 1985), p. 101.

사람들로 하여금 교회 공동체 안에서 믿음이 자라고 성장할 수 있도록 해줘야 한다.

많은 이들이 이러한 전도의 개념에 동의하는데 그 이유는 전도의 결신 숫자만 놓고 평가받는 스트레스에서 벗어날 수 있기 때문이다. 사실상 전도자의 메시지에 사람들이 반응하는가 안 하는가는 전도자가 신경 쓸 일이 아니다. 전도의 결과는 온전히 하나님의 손에 달려 있다. 따라서 결신 숫자를 조작할 필요도 없고 아무도 반응하지 않는다고 해서 걱정할 필요도 없다. 중요한 것은 복음이 정확하게 전달되었는가이다. 복음은 담대하고도 정확하게 전달되어야 하며 그 내용에는 반드시 복음의 핵심적인 내용이 담겨 있어야 한다. 따라서 그리스도를 통해서 하나님이 하신 일과, 용서받을 수 있다는 사실과, 성령의 은사와, 회개의 필요성에 초점을 맞춰야 한다. 복음 이외의 것을 설교하게 된다면, 즉 종교적 체험이나 부와 건강에 대한 이야기, 돈에 대한 이야기를 하면 전도가 되지 않는다. 또한 전도자가 청중의 이목을 끌지 못하고 복음을 효과적으로 전달하지 않아도 전도가 되지 않는다. 전도의 성공 기준은 곧 결신이나 얼마나 잘 반응했느냐가 아니다. 따라서 결신의 숫자를 높이고 회중의 반응을 더 얻기 위해 전도자가 애쓸 필요가 없음을 후에 더 다룰 것이다. 또한 전도할 때 예수 그리스도를 영접할지 안 할지를 전도 대상자의 의지에 맡겨두고 하나님께서 은혜를 통해 그 영혼 안에 역사 하실 수 있도록 하는 것이 전도에 헌신한 사람의 역할이라고 본다.

이러한 전도의 개념은 19세기에 회복된 초대 교회의 전도에서 나타난 전도자의 임무와 맞아 떨어진다. 하나님께서는 교회 공동체에서 사람들을 선택하시고 훈련시키셔서 각자의 은사에 따라 은혜로 전도 사역을 감당하게 하신다. 교회가 전도자를 키우는 사역을 거부할 때도 하나님께서는 여전히 그들을 부르고 계시며 전통적인 교회 제도권 밖에서 그들로 하여금 전도하게 하신다. 더욱이 하나님은 전도자들을 곳곳으로 옮기시면서 땅끝까지 복음을 증거하는 일을 감당하게 하신다. 이런 전도자들이 복음을 받아들인 자들을 가르치고 세례를 주며, 양육하고, 훈련하며, 권고하고, 상담하는 사역을 모두 감당할 수는 없다. 따라서 이러한 사역들을 감당할 수 있는 자를 반드시 임명하여 헌신하도록 해야 한다. 이렇게 돌보는 사역을 감당하는 사람들이 전도 선포 사역을 안 해도 된다는 의미는 아니다. 또한 복음을 한 번 들은 사람에게 다시 전하지 않아도 된다는 의미도 아니다. 오히려 복음을 예배와 말씀으로 꾸준히 선포하고 가르쳐야 한다. 이러한 과정에서 그리스도인이 되어가며 그리스도인의 성품을 형성해 간다. 여기서 핵심은 그리스도인을 양육하는 수단이 아니라 땅끝까지 복음을 증거하는 수단을 말하는 것이다. 두 가지 모두 복음 선포가 필요한 것은 사실이지만 특별히 복음 선포를 전담하는 전도 사역자의 필요성을 강조한 것이다. 성서와 교회사와 전도에 헌신한 사람들의 경험들은 복음 선포가 전도에 있어서 상당한 비중을 차지해 온 것을 보여준다.

우리는 전도 사역에 헌신한 소수에 전도의 책임을 전가하는 것은 위험하다고 주장하는 목소리를 들을 필요가 있다. 사실, 전도에 헌신한 많은 사람들이 이러한 책임감에 대해 두려워하고 있다. 이들은 또한 전도를 모든 그리스도인들의 책임이라고 생각한다. 성직자의 전유물이었던 전도를 다시 평신도 사역으로 인식하도록 한 이전 세대의 노력을 헛되게 하는 주장을 거부한다. 지난 20년간 중국에서 평신도들이 어떻게 이웃을 전도할 수 있는지를 보여줬다. 사실상 기독교가 부흥할 수 있었던 이유는 가족과 친구들 간에 복음을 증거했기 때문이다. 따라서 이러한 흐름을 역행하는 것은 재앙이라고 생각한다.

하지만 이러한 걱정을 할 필요가 없다. 전도 사역자를 뽑을 때 꼭 성직자일 필요는 없다. 전도에 부르심을 입고 헌신하는 사람들은 여전히 평신도로 남을 수도 있다. 따라서 전도에 은사가 있는 평신도들의 숫자는 매우 많게 될 수 있다. 교회가 이러한 전도자들을 찾지 못하는 것은 전도에 대해서 진지하게 생각하지 않거나 전도의 은사가 있는 사람이 교회에 있다는 것을 인정하지 않기 때문이 아닐까? 아마도 모든 교회에는 전도의 은사가 있는 사람이 있을 수 있다. 어떤 이들은 특정한 지역에서, 어떤 이들은 순회 전도자로 전도 사역을 할 수 있다. 이 둘 중 어떤 경우도 전도의 근본적인 개념을 손상시키지 않는다. 더 중요한 것은 이러한 전도의 개념이 모든 그리스도인이 전도를 해야 한다는 의견을 손상시키지도 않는다. 복음을 듣고자 하는 모든 이에게 모든 그리스도인들은 자유롭게 복음을 증거할 수 있다. 교회사는 이러한 전도가 상당히 효과적이었다고 말한다. 더욱이 왜 복음을 입으로 말하는 것이 전도라고 불렸는지 그 정의에서 쉽게 알 수 있다. 이러한 관점에서 복음을 선포하거나 증거하는 사람을 전도자라고 볼 수 있다. 전임 사역자로 전도를 할 수도 있지만 평신도로서 전도를 하는 것도 상당히 중요하기 때문이다.

3. 전도와 양육

지난 100년간 발달되어 온 전도의 표준적 개념에 대해 많은 이들이 호의적이었다. 그러나 상당한 반대 의견도 존재해 왔다. 적어도 나의 관점에서, 현대의 보다 건강한 전도 사역을 위해서는 극적인 전도의 개념 수정이 필요하다고 본다. 현재 널리 알려진 전도의 개념에 대한 대대적인 수정이 필요한 이유는 여러 가지가 있다.

먼저, 초대 교회의 전도 일부만을 받아들이고 있는 전도자들과 전도 사역의 비전에 대해 다룰 필요가 있다. 역사적인 예수님을 다룰 때 발생하는 문제를 여기서도 발견하게 된다. 초대 교회의 역사적인 전도자들에 비추어 오늘날 우리의 전도의 모습을 볼 때 상당히 실망스러운 부분이 있다. 그래서 우리는 초대 교회 전도자들이 구원의 메시지를 선포하고 결신을 얻기 위하여 순회 전도자로서만 사역했다고 생각한다. 그러나 이를 뒷받침할 만한 증거는 충분하지 않다. 예를 들어, 전도자 빌립에 대해 알 수 있는 성경 구절은 어디인가? 두 곳이 있는데 하나는 사도행전 21장에서 빌립을 전도자로 묘사하고 있다. 여기서 빌립은 예언을 하는 네 명의 딸을 둔 전도자로 예언을 하였으며 선지자 아가보에게 자신의 가정에 머물도록 하였다. 또한 성령의 말씀을 바울에게 전하기도 하였다. 이보다 앞선 사도행전 8장에서는 빌립에 대해 보다 자세하게 전한다. 빌립은 예루살렘에서 끌려 나와 박해를 당하고 그리스도를 선포하러 사마리아 도시로 갔었다. 기적과 신유와 축사 사역을 하는 동안 믿는 자들에게 세례를 주고 그 지역의 마술사인 시몬과 함께 시간을 보내게 된다. 성령의 인도하심에 따라 에티오피아 환관에게 구약의 의미와 예수 그리스도에 대해 증거하고 세례를 주게 된다. 따라서 빌립의 전도 사역을 단순히 선포로만 설명하는 것은 전체적인 빌립의 전도 사역을 축소시키는 것이다.

초대 교회의 사도들과 바울의 전도 패러다임에 대해 생각해 보면 전도 그 자체는 더욱 복잡한 사역이라는 것을 알 수 있게 된다. 따라서 이 부분에 대해서는 다양한 의견이 나올 수 있다. 초대 교회 사도들은 정규적인 과정을 거치지 않았으며 그럼에도 초대 교회 공동체를 세우는 데 기초적인 역할을 감당하였다. 더욱 중요한 점은 사도들이 단순히 이곳저곳을 돌아다니면서 복음 선포만을 한 것은 아니라는 점이다. 그들은 예수 그리스도에 대해서 가르치고 때로는 토론하였으며, 신앙의 길로 안내하였다. 더불어 신유와 축사 등의 사역도 겸비하였다. 다른 말로 하면, 사도들은 기독교의 믿음과 실천의 초석을 놓는 데 기여했다고 볼 수 있다. 즉 사도들은 오직 복음 선포에만 자신의 역량을 집중한 것이 아니다. 사도들은 그리스도 공동체 일원이 될 영혼들의 반응에 민감하게 반응했다. 이러한 사역에는 단순히 선포뿐만 아니라 가르침과 양육이 동반되어야 했다.

다드(C. H. Dodd)가 초대 교회의 전도 사역을 선포와 양육으로 양분하려는 시도를 했지만, 최근의 전도학적 의견은 초대 교회 전도 사역을 그렇게 단순하게 구분할 수 없다고 본다. 특별히 다드의 구분을 초대 교회 전도의 본질을 전달하기보다 근거 없는 인위적 구분이라고 평가한다. 월리(Worley)는 초대 교회의 가르침이 단순히 믿는 자들뿐만 아니라 누구든 듣고자 하는 자들에게 초점이 맞춰져 있음을 지적하였다.[6] 더욱이 복음은 성전에서 시작하여 회당, 언덕, 마을, 가정, 호수, 배 위에서 전해졌다. 특별히 전도 설교와 가르침이 함께 이뤄질 때는 먼저 기초적인 가르침이 진행되고 난 다음에 전도 설교가 이뤄졌고 말씀은 상호 교차적으로 인용되고 사용되었다. 또한 오직 믿는 자에게만 복음적 윤리 강령과 도덕적 권고, 교리학습을 가르쳤다는 증거는 희박하다. 회당에서 설교와 가르침이 동시에 일어나듯, 초기 기독교는 유대교의 전통과 맥락을 같이하고 있었다. 기독교와 유대교 모두 권고와 훈육, 행동 강령에 대한 가르침이 소그룹으로 가정과 학교, 성전 뜰에서 이뤄졌다. 이러한 상황에서 선전과 개종이 일어났다.

이러한 상황에서 사실상 초대 교회 전도자들의 정체성을 밝히기란

---

6   Robert C. Worley, *Preaching and Teaching in the Earliest Church*(Philadelphia: Westminster, 1967), pp. 35-36.

쉽지 않다. 바울은 디모데에게 전도자로서 직무를 다할 것을 권고했다(딤후 4:5). 바울은 우리가 생각하는 전도자의 직무보다는 오히려 구체적인 사역에 기능적 역할을 할 것을 권한다. 그 이유는 디모데가 목회자이기도 하면서 가르치는 선생의 역할을 감당하고 있었기 때문이다. 전도자는 사역을 위해 성직자를 훈련시키는 은사가 있는 사람으로 묘사된다(엡 4:11). 여기서 딜레마에 빠지게 되는데 전도자들은 한편으로 사도이면서 선지자요 다른 한편으로는 목회자요 또한 가르치는 선생의 역할을 감당하기 때문이다. 이 구절을 가지고 종종 전도자가 교회의 전도 사역만 감당하는 것으로 해석하려는 경향이 있다. 그러나 이는 정황상 교회의 다양한 사역의 참여 가능성을 내포하고 있다. 전도자는 전도 사역을 하지만 실상은 정확히 무엇을 하는지에 대해 밝혀지지 않았다. 과연 전도자들은 사도들이나 선지자처럼 교회에 등록하기 전의 구도자들을 대상으로만 사역해야 하는가? 만일 그렇다면, 전도자들의 사역은 이미 사도들이 선포한 복음을 다시금 장황하게 늘어놓는 것이 될 것이다. 아니면, 예수 그리스도의 전통을 수호하는 역할을 한 사도들을 의미하여 전도자들도 사도들과 유사한 사역을 했다는 것인가? 아니면, 여기서 언급한 모든 사역을 지역 교회가 감당해야 할 단독적 임무인가? 즉 에베소 공동체에서 정확히 전도자가 한 일이 무엇인지를 밝히는 것은 극히 어려운 일이다. 심지어 밝힌다 해도, 에베소의 사례는 보편성이 떨어지는 특수 사례로 여겨질 가능성이 크다.

    이러한 상황에서 관습적인 전도자의 역할에 헌신한 사람들은 전도의 사역의 핵심적인 패러다임으로 예수님의 지상대명령(마 28:19-20)에 대해 강조해 오고 있다. 데이비드 바렛(David Barret)의 경우 전도와 회심, 세례, 교회 성장, 기독교화를 분리하는 데 난색을 표시한다.[7] 더욱이 사도 시대 이후로 기독교 선교 사역은 지상대명령에 의해 근거한 것이라고 말한다. 현대의 개신교 전도 사역에 있어 지상대명령은 전도 사역의 중심 신학으로 알려져 왔다. 문제는 얼마나 지상대명령과 기존의 전도 패러다임이 서로 모순되고 있는가 하는 점이다. 심지어 지상대명령의 구절을 눈으로 잠깐만 봐도 단순히 복음의 선포를 강조하는 것이 아니라 제자 양성과 세례와 가르침을 강조하고 있다는 것을 알 수 있다. 따라서 텔레반젤리스트들은 지상대명령을 근거로 자신들의 사역을 지속할 수 있도록 재정 후원을 이야기하지만 이는 말 그대로 난센스다. 이러한 접근으로는 지상대명령의 단 1%로라도 실천할 수 없다. 그 이유는 TV를 통해서는 세례를 줄 수 없으며, 제자 양육을 할 수 없고, 진정한 가르침을 줄 수 없기 때문이다. 이러한 근본적인 문제는 바로 전통적인 전도의 패러다임 이해 때문이다. 전도가 단순히 메시지 전달이라면 당연히 TV를 통해서도 전달될 수 있을 것이다. 하지만 지상대명령에 담긴 전도의 의미는 그렇게 간단하지가 않다. 이렇게 전도의 이해가 다를 수 있다는 점을 지금까지 거의 생각해 보지 않았다.

관습적인 전도의 이해를 비판하면서 단순히 전도가 복음 선포로 한정될 수 없다는 것을 말했다. 이는 초대 교회 전도 전통에서부터 오늘날 이르기까지 적용된다. 교회사에서 전도자들이 진정한 전도의 정의와는 맞지 않는 사역을 해왔다는 것을 볼 수 있다. 교부 시대의 전

---

7   David Barret, *World Christian Encyclopedia*(Oxford University Press, 1982), p. 119. 후에 바렛은 심도 있는 연구를 통해 전도를 선포로만 한정하려 했다가 마지막에는 입장을 바꿨다. 그의 책 *Evangelize!: A Historical Survey of the Concept*(Birmingham, Ala.: New Hope, 1987), esp. chap. 22를 참조하라.

도자의 역할에 대해 역사가 유세비우스의 전도 사역에 대한 글을 찾아볼 수 있다. 2세기 유세비우스는 "사도들 이후로 많은 전도자들이 사도들의 모범을 따라 열정을 가지고 하나님의 말씀을 전하고자 하였다."고 하였다.[8] 유세비우스는 보다 자세하게 아래와 같이 썼다.

> 뜨거운 사랑과 하나님의 말씀으로 마음이 가득 찬 많은 주의 제자들이 구주의 명령을 처음으로 성취하고 가난한 자들 사이에서 서로의 소유를 나누었다. 그 후에 전도 사역을 위하여 긴 여정의 길을 떠났으며 믿음의 말씀을 전혀 들어보지 못한 영혼들에게 그리스도를 헌신적으로 전파했으며 거룩한 복음을 증거했다. 낯선 이국땅에서 그들은 믿음의 반석을 놓았다. 그들은 현지 사역자들에게 목양을 맡기고 새로운 성장을 일으킬 수 있도록 위탁하였다. 그 후 전도자들은 하나님의 도우심과 은혜로 다른 나라와 장소를 향해 나아갔다.[9]

우리는 이것을 읽으면서 마치 전도자가 선포만 하고 다른 곳으로 옮겨간 것으로 볼 수 있다. 하지만 전도자들은 분명 전도 사역을 위해 준비와 가르침이 있었을 것이다. 그렇지 않았다면, 단순히 선포만으로 믿음의 반석을 놓았다고 말하기 어려울 것이다. 또한 전도자들은 세례와 양육으로 새로운 회심자들이 믿음 안에 서게 하고 지역 목회를 할 수 있도록 했을 것이다. 이렇게 새신자 단계를 거쳐 목회자가 된 이들도 단순히 복음 선포 이상의 사역에 동참했을 것이다. 복음 선포는 분명 중요하다. 하지만 모든 전도 사역을 단지 선포로만 귀결시킬 수는 없다.

---

8 Eusebius, *Ecclesiastical History* 5.10.2.
9 Ibid., 3.37.2.

모범적인 전도 사역의 사례는 2세기보다는 오히려 18세기 존 웨슬리의 전도 사역에서 찾아볼 수 있다. 영국 시장에서 복음을 선포한 웨슬리는 전형적으로 순회 전도자의 이미지를 가지고 있다. 그러나 이것은 웨슬리의 전도 사역 일부분에 불과하다. 웨슬리는 단순히 복음 선포에 초점을 맞추지 않고 회심하는 자들을 돌보고 그들의 믿음을 세우며 클래스 모임을 이끌고 지역 교회 교구와 협력하였다. 또한 웨슬리는 자신의 동역자들과 회의를 하면서 소사이어티들이 없는 지역에서 전도 설교를 할지 말지를 논하기도 하였다. 1745년, 웨슬리와 동역자들은 복음을 듣고 믿음을 갖고자 하는 자들을 돌볼 수 있는 소사이어티가 없다 하더라도 기회가 있다면 전도 설교를 실시하기로 하였다. 1748년, 전도 설교를 하는 곳에 영혼을 돌볼 수 있는 공동체가 없다면 하지 않기로 결정하였다.[10] 이러한 웨슬리의 사역을 보면서 전도라기보다는 오히려 위대한 교사라든지 혹은 효과적인 교회 개척가라고 말할 수도 있을 것이다. 혹은 웨슬리가 지역 교회와 협력을 잘하는 훌륭한 전도자라고 평가할 수 있을 것이다. 하지만 엄밀히 말하면, 이러한 평가들은 정확한 것은 아니다. 이러한 역사적 증례를 볼 때 오히려 전도를 선포로만 제한시키는 것이 불안정하다는 것을 알 수 있다. 오히려 전도의 패러다임을 복음 선포와 새신자 양육, 그 이후까지 확장시킬 필요성을 보게 된다.

사실상 전도자의 사역을 단순히 복음 선포만으로 제한하기는 어렵다. 예를 들어, 강단 초청(altar call)을 생각해 보자. 칼빈주의자인 켄달(R. T. Kendall)은 강단 초청을 전도 사역의 마지막 단계로 공식적으로 행해야 하는 절차로 말한다.[11] 문제는 이러한 강단 초청이 마치 세례

---

10   *Minutes of the Methodist Conferences*(London: John Mason, 1862), p. 39.
11   R. T. Kendall, *Stand Up and Be Counted: Calling for Public Confession of Faith*

를 대체하는 것처럼 보이기 때문에 강단 초청을 행하는 전도자는 사실상 복음 선포 그 이상을 행하고 있는 것과 같다.¹² 즉 전도 사역이 복음 선포 그 이상을 포함하고 있다는 것을 보여주는 것이다. 이러한 전도 사역은 대학생을 대상으로 하는 CCC(Campus Crusade for Christ)와 같은 선교 단체에서 오히려 더 구체화되었다. 단순히 결신 카드를 얻는 것보다 진정한 제자를 만드는 것에 관심을 갖는 것은 새신자로 하여금 지역 교회 신앙생활에서 알 수 없었던 것을 알게 해주었다. CCC는 회원을 모집하고, 신앙생활의 기초를 알게 해주었으며, 제자 양육을 실시하여 사역에 임하도록 하였다. 전도는 단순히 새신자 교육 단계를 넘어선 것을 알 수 있다. 즉 전도가 단순히 복음 선포만을 의미한 것이 아닌 것을 알 수 있다.

1980년대의 CCC가 이러한 전도 패러다임 가장 잘 보여준 예라고 할 수 있다. 1954년 마이클 캐시디(Michael Cassidy) 자신이 빌리 그래함의 해링게이(Harringay) 십자군 전도에서 회심하여서 전도의 정의를 복음 선포로 기준을 삼았다. 이후 남아공에서 이러한 전도 선포 사역에 참여하게 되었다. 마이클 자신은 이러한 십자군 전도의 문제점을 잘 알고 있었다. 흥미로운 것은 이러한 십자군 전도의 문제점에 대한 마이클의 대안이다.¹³ 마이클은 자신이 제시한 대안에서 전도 사역에 대한 범위를 극적으로 확장시켰다. 교회 성장에 대한 성도들에 대한 분석과 평가를 포함시켰으며, 구조적 갱신과 제자 훈련, 명목상의 성도들을 위한 수양회를 실천하도록 하였다. 이러한 과정을 거쳐야만

(Grand Rapids: Zondervan, 1984).

12   Michael Cassidy, "Limitations of Mass Evangelism and its Potentialities," *International Review of Missions* 74 (1976): p. 131.

13   Michael Cassidy, "Limitation of Mass Evangelism and its Potentialities," *International Review of Missions* 74 (1976): 202-15.

복음의 사회, 정치적 의미가 함축되어 있는 사역을 보편적으로, 또한 구체적으로 실천하면서 복음을 선포하는 일에 참여하도록 했다. 여기서 핵심은 십자군 전도의 장단점을 논하는 것이 아니다.[14] 전도의 정의를 선포로만 정의하기에는 그 한계를 초월하고 있다는 점이다. 이론적으로는 전도를 복음의 선포라고 말할 수 있겠지만, 이를 평가할 때 결신이 아니라 선포의 내용에 대해 집중해야 한다는 점이다. 하지만 실천적인 상황에서는 이렇게 하기가 어렵다. 실상 개념적으로는 전도의 개념에 대해서 목표와 목적, 전도와 결과를 이야기하면서 사람들을 설득하고 그리스도에게 순종하도록 이끌며 회심한 사람들로 하여금 교회에 등록하여 세계 복음화에 헌신하도록 할 수 있다. 그러나 실제로 이러한 개념을 가지고 전도 사역에 임하게 되면 그 사역의 범위는 상당히 넓어지게 되고 이와 관련한 사역은 모두 전도라 불리게 된다.

하지만 여기서 전도에 대한 이러한 개념적 확장을 무시하거나 전도의 이론과 실제를 제대로 담을 수 있는 용어나 개념을 개발했다고 가정해 보자. 이러한 시도가 여전히 전통적인 전도의 개념에서 벗어나 있는가? 아니면 여전히 전도를 선포로 이해하고 만족할 수 있는가? 이 질문에 대해서 여전히 기존의 선포로서의 전도의 개념에 만족할 수 없는 세 가지 이유가 있다.

첫째, 선포로서 전도의 개념을 지속적으로 추구한다면 전도의 본질과 멀어지게 되고, 21세기 서구 개신교의 전도 사역은 극적인 상황 변화를 직면하게 될 것이다. 초대 교회에서는 복음을 구두로 선포하는 것이 초대 교회 공동체와 새신자의 중생 및 성장에 관련된 사역에

---

14 대중 전도의 효용성에 대해서는 James C. Stewart, "Evangelism: A Question of Method," *The Expository Times* 63(1951-1952): 353-54를 참조하라.

매우 밀접한 관계를 가졌을 것이다. 따라서 초대 교회는 공동체 없는 전도와 전도 없는 공동체를 상상하기는 어려웠을 것이다. 따라서 믿음 안에서의 가르침과 공동체와 함께하는 신앙의 여정은 복음의 선포를 들었던 이들에게는 자연스럽고 정상적이었을 것이다. 바로 이 부분이 오늘날 서구 교회들이 놓치고 있는 부분이다. 19세기 중반 대부분의 전도 사역은 지역 교회 공동체에서 멀어져 갔다. 자기를 위한 모험과 개인주의의 팽배, 의사소통의 극적인 변화와 기존의 공동체와 전통에 대한 혐오로 인해 전도를 그리스도의 유기적 공동체와 연계시키는 것이 불가능해졌다. 전도를 구두 선포로만 계속해서 추구하는 것은 우리가 사역해야 할 사회적, 교회적 상황이 극적으로 변화한 것을 무시하는 것이며 이는 과거에 얽매인 잘못된 구두 전도 전략을 계속해서 사용한다는 것을 의미한다.

전도를 선포로만 이해하는 것은 우리가 사역해야 할 상황이 극적으로 변해 있다는 것을 반영하지 못하는 것을 의미한다. 변화는 우선 교회 내에서 일어났다. 즉 신앙이 공동체에서 비롯되는 것이 아니라 개인의 사적인 것으로 변했다는 점이다. 전도는 교회 사역의 언저리에 있거나 아예 교회 사역에서 배제되어 왔었다. 이러한 과정은 18세기 웨슬리와 휫필드 시대에서 시작되어 19세기 초 찰스 피니와 그의 추종자들에 의해 심화되었다가 19세기 중반 무디와 빌리 선데이에 의해 완성되었다. 이후 빌리 그래함으로 인해 고착되어 20세기에는 텔레반젤리스트(televangelist)의 등장으로 새로운 국면을 맞이했다. 변화는 교회 밖에서도 일어났다. 라디오와 TV가 발달했고 광고와 마케팅 기술이 발달했으며 극단적인 개인주의가 팽배해졌다. 이러한 상황에서 전도는 일종의 복음의 메시지를 전달하는 커뮤니케이터 역할을 감당하는 것이 되었다. 이런 상황은 또한 전도를 교회와 연합하도록 했으며 회심자로 하여금 공동체에 속하도록 했다. 그러나 이러한 모습은 결코 초대 교회에서 이뤘던 전도의 모습과는 달랐다. 초대 교회의 심도 있는 전도를 회복하기 위해서 우리는 보다 극적인 시각의 전환을 필요로 한다. 이렇게 되면 단순히 선포로 국한되는 전도의 개념을 벗어나게 되며 전도가 교회 사역에서 중추적인 역할을 할 수 있도록 변화를 일으키는 획기적인 대안을 제시할 수 있게 된다.

둘째, 전도를 단순히 선포로만 이해하는 오늘날 관습의 저변에는 전도 역사에 대한 잘못된 추론이 깔려 있다. 지난 200년간의 서구 교회의 전도 설교는 종말론과 복음의 실제를 심도 있게 다루는 데 실패해 왔다. 특별히 전도 설교는 예수 그리스도 안에서 하나님의 통치에 초점을 맞추지 못했다. 성급한 일반화라는 위험을 감수하면서도 우리가 기억해야 할 것은 역사 가운데 중요한 변화가 18세기에 있었다는 점이다. 조나단 에드워즈와 존 웨슬리는 이 땅과 하늘나라에서의 하나님의 통치에 대해 깊이 헌신되어 있었다. 19세기에는 찰스 피니가 그러했다. 그러나 이들 가운데서 우리가 눈여겨봐야 할 전환점이 발생했다. 즉 그리스도 안에서 오시는 하나님 나라의 실재와 성령의 임재의 초점이 종교적인 감정과 개인적인 경험으로 이동했다는 점이다. 이러한 전환은 충분히 납득이 간다. 그 이유는 하나님 나라가 이 땅 가운데 임재하였을 때, 개인의 삶이 극적으로 변하게 되기 때문이다. 에드워드와 웨슬리, 그리고 그의 제자들은 이를 목격하고 삶의 변화에 대한 의미를 발전시켰다. 아름다움과 영광의 하나님에 대한 비전을 품었던 에드워드가 서구 신학의 발전을 대표하는 한 사람으로 회심의 형태론과 하나님의 임재로 인해 경험하는 진정한 감정들에 대해 깊은 연구를 했을 때, 전도 사역에 중요한 변화를 일으켰다. 즉 전도 사역의 초점이 인간 중심으로 변했다는 것을 의미한다. 이는 결과적으로 현대 전도를 혼돈의 길로 이끌었다. 예를 들어, 웨슬리의 설교에서도 볼 수 있듯이 인간 중심적인 전도 사역으로 인간적인 반응에 초점을 맞추었다. 찰스 피니의 경우 그가 비록 사회적인 변화를 위해 애썼지만, 그는 개인의 회심과 변화된 삶을 끌어내는 테크닉에 초점을 맞췄다. 결국 시대가 흐르면서 죄와 구원의 메시지만 남게 되고 그 결과 무디의 빈약한 신학에서 볼 수 있듯 심판의 날에 대한 종말론만 남게 되었다. 이로 인해 현대 전도자들은 대부분 인간 중심적인 전도 사역에 초점을 맞추고 있다. 이런 상황에서 복음 선포의 핵심인 그리스도와 하나님 나라로 전도의 원래의 초점을 맞추려 해도 구원론에 막히면서 그 노력이 무산되고 있다. 따라서 속죄를 위한 그리스도의 죽음은 전도 메시지에 핵심이 되었다. 또한 예수 그리스도의 탄생과 성육신과 그의 생애와 사역, 그의 십자가 사건과 부활, 그의 승천과 성령의 임재, 교회의 예배와 사역 가운데 예수님의 임재 안에서 다가올 하나님의 통치는 그저 죄인 구원을 위한 부수적 재료로 치부되었다.

신약의 전도는 이와는 많은 차이가 난다. 전도 메시지는 직접적으로 하나님 나라에 대한 좋은 소식으로 연결되어 있다. 이는 전도에 있어서 선포에 초점을 맞추는 근거를 그 자체에 포함하고 있다. 선포를 전도로 만드는 것은 선포 그 행위 자체가 아니라 선포되고 있는 메시지, 즉 다가올 하나님 나라에 대한 복음이다. 확언컨대, 하나님 나라에 대해 분명 선포하고 알릴 만한 가치가 있다. 다가올 하나님 나라에 대한 소식은 곧 예수 그리스도와 직결되고 논리적으로 하나님 나라에 대한 복음은 역사적 사건에 대한 알림 형식으로 나타나게 된다. 이러한 알림이 없다면 사람들은 하나님 나라의 도래를 알 수 없을 것이며, 현재의 하나님 나라와 다가올 하나님 나라에 대해 확실하게 이해할 수 없게 될 것이다. 신약에서 나타난 이러한 하나님 나라에 대한 복음을 전하지 않는 것이 바로 현대 전도의 가장 취약한 점이다. 아이러니한 것은 오늘날 전도 사역에서 구두 선포가 이러한 문제의 해결책이 되지 못하고 있다는 점이다.

셋째, 선포로서 전도를 반대하는 이유는 곧 전도의 개념과 깊은 관련이 있다. 현대의 대중 매체에 의해 이뤄진 커뮤니케이션과 기독교 강단의 선포 개념은 초대 교회에서 전달한 선포의 핵심적인 요소들을 전하지 못하고 있다. 여기서 말하고자 하는 것은 곧 성령의 실제적인 동행하심으로 삶의 변화를 일으킨 사람들이 증거한 다가올 하나님 나라이다. 이는 단순히 사람들에게 말로 피부에 와닿게 커뮤니케이션 기술을 사용해 전달하는 것이 중요한 것이 아니다. 복음이 삶에 녹아서 살아 계신 하나님의 능력을 듣는 자의 마음과 생각 속에 드러내는 것이 중요하다. 바울은 이를 고린도 교회 성도들에게 "다만 성령의 나타나심과 능력으로 하여"(고전 2:4)라고 말한다. 바울은 또한 로마서에 "표적과 기사의 능력으로"(롬 15:19)라고 기록한다. 이를 어떻게 해석하든지, 바울의 전도 사역은 성령의 능력 아래서 이뤄졌다. 여기서 문제가 될 수 있는 부분을 "현대 교회 성례전을 통한 그리스도를 고백하는 정교 협의체 보고서"에서 아래와 같이 잘 다루고 있다.

선포는 단순히 진리를 알려주는 차원에서 좁게 이해돼서는 안 되며 모든 협력하는 인류가 하나님과 신비롭게 하나가 되는 것으로 이해되어야 한다. 성례전의 모든 단계는 곧 하나님 말씀과의 조우를 의미한다. 하나님의 구원 사건은 비록 연대기적으로 과거에 속하나 성령의 시간을 초월하시는 능력으로 현재가 되며, 지금 현재의 삶에서 신실하게 살아가는 자들은 역사적으로 과거에 속하나 동시에 종말론적 미래에 속하기도 한다. 성례전을 통해 단순히 과거의 사건을 추모하는 것이 아니라 현재 성령의 실재를 경험하는 것이다. 이는 곧 현대적 제사이며 동시에 성별이라 할 수 있다. 지속적인 동행을 통해 그리스도의 임재가 성례전적으로 드러나는 것이다.[15]

여기서 핵심은 예배 가운데 그리스도인들이 하나님 나라의 임재의 역동성을 경험하는 것이며 이는 곧 아직 실제적으로 하나님 나라에 참여하지 못하는 사람들을 향해 하나님 나라를 선포하는 것을 의미한다. 따라서 단순히 복음의 메시지만을 전달하는 것은 위험하다. 그 이유는 신앙생활에서 가장 중요하고도 신비한 차원을 생략하기 때문이다.

4. 새로운 전도 패러다임

관습적인 전도 패러다임에 반대하는 여러 이유들을 제시했음에도 불구하고 이를 포기하기보다는 좀 더 개선하고 정제하려고 제안하는 사람들이 있을 것이다. 예를 들어, 전도의 초점을 하나님 나라에 둔다고 해보자. 또한 교회에서 설교의 초점을 하나님 나라에 둔다고 해보자. 이렇게 하면 앞서 언급한 선포로서의 전도의 문제를 충분히 해결할 수 있는 대안이 될 수도 있을 것이다. 데이비드 로우 왓슨(David Lowe Watson)이 이러한 근본적인 변화의 움직임을 자신의 전도 사역에서 시작했다. 선포로서의 전도에 대해 이 장을 마무리하기 전에 왓슨의 전도 패러다임에 대해 다룰 만한 충분한 가치가 있다고 본다.

어떤 면에서 왓슨은 전도에 있어서 전통주의자라고 할 수 있다. 따

---

[15] "Reports from the Orthodox Consultation on Confessing Christ through the Liturgical Life of the Church Today," *International Review of Missions* 75(1975): 418.

라서 그는 전도를 "선포와 간증으로 이뤄지는 구두적 표현"이라고 정의한다.[16] 왓슨의 정의는 다른 교회 사역과 구분은 되어도 분리되지 않는다는 것을 의미한다. 따라서 전도는 믿는 자들이 의무적으로 해야 할 사역과는 다르다.[17] 그렇다고 성도들에게 해야 할 사역들이 중요하지 않다거나 우선순위가 되지 않는다는 의미는 아니다. 믿음과 행위가 분명 둘 다 중요하지만 구분이 되듯이 교회 사역에 있어서 강조점을 다르게 두는 것이다. 이는 곧 "이 세상에서 메시아적 하나님의 선교를 추구하는 것"과 같다.[18] 이렇게 구분점을 두는 것은 선포로서의 전도가 얼마나 성공적인가라는 불가능한 기준을 제시하는 것을 막아주고 전도자로 하여금 세상의 변화를 완성시키려는 불가능한 시도를 하지 않게 해준다. 전도는 또한 교인을 모집하는 것이 아니다. "전도와 교인 모집은 서로가 다르다는 것을 인정하고 각각의 목적의 맞게 교회 사역과 교회 생활에 강조점을 둘 때 오히려 효과적으로 실천될 수 있다."[19] 이것이 바로 전형적인 전도의 정의에 따른 것이며 전도로 인한 자연적인 결과라 할 수 있다. 더욱이 이러한 전도의 정의는 왓슨으로 하여금 실천신학 분야에서 전도학을 연구할 수 있도록 해주었다.

그러나 왓슨은 전통적인 전도 패러다임에 만족하지 못했고 이에 대해 "오늘날의 전도는 신약의 메시지를 충분히 전달하지 못하고 있다."는 자조 섞인 목소리를 내었다.[20] 무엇보다도 "교회가 전도자로서

---

16 David Lowe Watson, "Towards a Social Evangelism," *Perkins Journal* 34(1981): 41.
17 David Lowe Watson, "Evangelism: A Disciplinary Approach," *International Bulletin of Missionary Research* 7(1983): 6.
18 Ibid.
19 David Lowes Watson, "The Church as Journalist: Evangelism in the Context of the Local Church in the United States," *International Review of Missions* 72(1983): 71.
20 Watson, "Evangelism: A Disciplinary Approach," p. 7.

인간의 파노라마적인 역사에 대해 더욱 핵심적인 메시지를 가지고 기독교 전통의 깊이를 알게 해줘야 한다."고 왓슨은 말한다.[21] 만일 교회가 이렇게 실천했다면, 전도의 양식은 선지적으로, 인격적으로 실천되어 하나님의 섭리에 대해 증거하고 회개와 회심으로 이어지는 부르심을 설파했을 것이다. 이러한 가운데 메시지는 곧 하나님 나라에 초점을 맞췄을 것이며, 사람들로 하여금 그리스도인으로 살겠다는 다짐을 할 수 있도록 성령의 선행적 은총의 역사가 임했을 것이다.

이미 알고 있듯이 개인 전도는 그리스도인들이 자신의 믿음을 다른 사람들과 나눌 때 일어나며 이때 대화를 통해 복음에 대해 알게 해준다. 인간관계와 만남을 통해 복음을 나누는 것은 근본적으로 오랜 역사가 있다. 복음을 나눌 때 핵심인 "예수 그리스도의 삶과 죽음, 그리고 부활 안에서 일어나는 하나님의 구원의 실재"에 대해 말하게 된다.[22] 복음을 실제적인 사건으로 보는 것이 중요하다. 그 이유는 복음의 능력이 실제적 역사성을 바탕으로 하기 때문이다. "총독 빌라도가 통치할 때에 죄로 인해 잃어버린 영혼들이 나사렛 그리스도의 십자가와 부활로 인해 회복되었다."[23] 또한 개인 전도자는 자신의 삶에서 어떤 일이 벌어졌는지를 나누며 이때 성령께서 듣는 자들을 구원으로 초대하신다. 이후로 성령께서는 듣는 자들을 회개와 제자도로 이끄신다. 이러한 과정은 반드시 자발적으로 일어나야 하며, 성령께서 전도의 기회와 반응의 수단을 주관하신다는 것을 신뢰해야 한다. 전도가 교회 내에서 일어나야 한다는 시각보다는 교회 건물 밖에서 일어나야 한다는 패러다임이 팽배해 있음에도 불구하고 여전히 초대 교회의 전

21　Ibid.
22　Ibid., p. 8.
23　Ibid.

도 전통을 회복할 수 있다. 공공장소나 교회에서 선포에 중점을 두고 전문적으로 사역하는 전도자들은 더욱 강한 윤리적 의무가 강조된다. 또한 왓슨의 분석에서 볼 수 있듯이 대부분의 경우 변증론에 집중한다. 변증론이 물론 기독교의 성장과 이해를 위해 중요하지만, 전도 자체를 위해서는 절대적으로 필요하다고는 할 수 없다.

선지자적 전도에 대한 왓슨의 접근은 보다 급진적이고 원론적이라고 할 수 있다. 즉 전도 메시지는 곧 예수님의 시대를 선포하는 것이라고 말한다. 교회는 성령의 능력으로 부활하신 예수 그리스도를 선포하고 다가올 하나님 나라의 약속을 확증하며, 모든 이에게 회개를 독촉하고 하나님과 화평하라고 선언하는 것이다. 특별히 선지자적인 전도를 수행하는 사람은 세속의 힘에 속한 모든 사람에게 하나님께서 창조하신 세계를 온전히 회복하실 것이라는 사실을 전하는 것이 임무다. 선지자적인 전도를 효과적으로 실천하기 위해서는 분별과 해석의 능력이 필요하다. 선지자적인 전도자는 인간의 역사와 실존 속에서 새 시대에 대한 증거를 발견할 줄 알아야 하며 다가올 하나님의 통치의 관점에서 해석할 줄 알아야 한다. 더불어 이를 복음으로 최대한 많은 불신자들과 회의론자들에게 증언할 줄 알아야 한다. 여기서 중요한 것은 하나님께서 사회에게 허락하신 은혜의 증거들을 해석할 줄 알아야 하는 것이다.

이 땅에 압제하는 시스템과 부와 가난의 불균형이 팽배하지만, 복음은 이 세상이 곧 심판을 받을 것이며, 이는 하나님께서 냉혹한 마음으로 가하시는 심판이 아닌 세상이 모르게 빛으로 임하시는 하나님의 긍휼에서 나오는 심판이다. 선지자적인 메시지는 모든 눈으로 하여금 이 빛을 보게 하는 것이다. 이는 일상과 삶의 현장에 새로운 의미를 부여하는 것이

다. 이는 반복적으로 세상 모든 곳에 하나님의 구원의 실재가 존재한다는 것을 알리는 것이다.[24]

선지자적인 전도를 시작할 곳은 먼저 교회 안이다. 선지자적인 전도를 실천하는 사람은 교회 공동체가 처한 사회적 환경에 이미 임하여 계신 하나님의 통치의 증거를 구하고 규명하며 교회 공동체에 알리는 역할을 해야 한다. 이 전도자들은 다가올 하나님 나라의 증거가 도처에 있으며 이는 인간의 반응과 상관없이 하나님께서 인간과 사회와 국가로 하여금 회개하고 회심할 것을 부르고 계시다는 것을 알게 하는 것이 임무다. 세상에 소망이 있음을 선언하고 하나님 나라가 하늘에서와같이 이 땅에 임할 것을 선언하는 것이 임무다. 따라서 회개로의 부름은 단순히 윤리적인 책임을 지라는 것이 아니다.

이는 곧 들을 귀 있는 자들을 향한 종말론적인 기대를 향한 부름이며 소망이 가득한 미래에 대한 적극적인 기다림을 의미하고 이는 곧 그 시간이 임박했다는 것을 알려주는 것이다. 불의와 압제와 고난과 증오와 무관심이 팽배한다는 것은 마지막 때가 다가왔다는 것을 의미한다.[25]

여기서 잠시 왓슨의 전도론에 대해 신학적으로 다룰 필요가 있다. 이는 확장적 개념에서 사회적 구원에 대해 논할 필요가 있기 때문이다. 전통적으로 전도 신학은 구원의 순서(*ordo salutis*)를 기반으로 개인의 구원 과정을 이해해 왔다. 따라서 개인 구원의 과정은 회개와 믿음, 중생과 칭의 그리고 성령의 내적 증거와 성화 및 영광으로 이어진

---

24   Ibid., p. 7.
25   Ibid.

다. 왓슨은 여기서 하나님의 은혜가 단순히 개인뿐만 아니라 사회에서도 작용한다고 생각한다. 즉 하나님의 구원의 증거가 모든 이가 보고 들을 수 있도록 드러나 있다고 본다. 즉 개인이 죄를 인식하고 회개하며 하나님과 화평을 이루고 영적으로 성장하듯 하나님이 창조하신 세계 또한 그렇다고 생각한다. 여기서 전도가 의미하는 바가 무엇인지를 왓슨은 명확하게 밝힌다.

> 하나님이 하나님의 은혜에 응답하도록 개인뿐만 아니라 사회와 시스템을 부르고 계신다. 하나님이 우리를 선지자로 부르시는 것은 단순히 불의와 압제 때문만이 아니며 이 땅에 이루실 하나님의 구원 때문이다. 이는 단순히 정사와 권세의 정체를 밝히는 것뿐만 아니라 새 시대를 위한 하나님의 구속을 의미한다. 이는 곧 하나님의 구속 사역이 실제로 일어날 때 이를 받아들일 준비를 하라는 의미다. 이는 전도적 비전의 범위가 단순히 개인뿐만 아니라 사회적 구원을 향한 온전한 메시지를 포함하고 있어야 한다는 의미다. 마을 공동체와 도시들, 국가들, 다국적 기업들을 향해 단순히 죄로 가득하다고만 볼 게 아니라 회개를 촉구하고 회개의 가능성이 있다고 봐야 한다. 개인의 구원과 더불어 이들의 구원이 하나님의 은혜와 사랑으로 성장하고 성취될 수 있도록 해야 한다.[26]

왓슨의 전도 신학적 견해의 마지막 포인트는 왓슨의 전도자에 대한 비유와 관련이 있다. 신앙을 갖도록 사람들을 설득하는 것에 대해 반대하면서 전도자는 마치 저널리스트와 같이 의사소통해야 한다고 생각한다. 이 세상은 곧 하나님 나라의 성취를 향해 가고 있으므로 그

---

26 David Lowes Watson, "Prophetic Evangelism: The Good News of Global Grace," in Theodore Runyon, ed., *Wesleyan Theology Today: A Bicentenial Theological Consultation* (Nashville:Kingswood Books, 1985), p. 222.

증거가 이미 우리 가운데 있다. 따라서 전도자의 역할은 저널리스트가 소식을 전하듯 복음을 증거하는 일이다. 이러한 전도자는 마치 저널리스트와 같이 기독교적 세계관을 가지고 하나님께서 이 땅에서 행하시는 일이 무엇인지를 분별하고 인간의 역사 가운데 이미 현존하고 있는 다가올 하나님 나라에 대한 복음을 해석하고 전달하는 일을 감당한다.[27] 전도자는 복음을 반복적으로 알리고 이 과정에서 최대한 많은 사람들에게 알릴 필요성이 있다. 이 과정에서 다양한 방법들을 구사할 수 있는데 소책자, 교회 소식지, 라디오, 전화, TV, 사진, 인터넷 등이다. 지역 사회에서 하나님의 구원 사역은 역사 가운데서 분별되어야 하며, 신실하게 복음이 증거되어야 하고, 지역 교회 공동체를 통해 지속적으로 진행되어야 한다. 이러한 모든 전도적 노력을 기존의 전통적인 전도의 이해에 덧붙이면, 실용적인 측면을 강조하면서도 여전히 전도의 원형에서는 벗어나지 않게 된다. 이는 초대 교회의 종말론적인 시각을 회복시키면서도 여전히 전도가 지역 교회 공동체에 뿌리를 두고 있다는 것을 말해 준다. 더욱이 흥미로운 점은 왓슨이 제자 양육의 중요성을 여전히 강조하고 있다는 점이다. 왓슨은 교인 등록에 있어서 보다 개방 정책을 추구한다. 분명 교회가 의구심을 가지고 볼 만한 사람들일지라도 교회에 등록하고자 하는 사람들에 대해서도 결코 편견을 갖지 않고 오픈하다는 점이다.[28] 하지만 왓슨의 초기 감리교 클래스 모임에 대한 연구에서 어떻게 하면 현대 교회에 적용하고 사용할 수 있을 것인가에 대해서는 분명하게 밝혔으나, 값싼 은혜와 피상적인 헌신에 대해서는 다루질 못하였다.[29] 더군다나, 이러한

---

27 Watson, "Church as Journalist," p. 64.
28 Ibid., p. 71.
29 David Lowes Watson, *Accountable Discipleship* (Nashville: Discipleship Resources,

모든 시도가 과연 현대 교회가 직면한 전도의 과제를 근본적으로 해결할 수 있을지에 대해 의문이 든다.

역사 가운데서 하나님 나라의 증거를 분별하는 데 있어 오류를 곧바로 지적할 수 있는 것은 분명 대단한 것이다. 무엇보다 왓슨은 그리스도와 교회를 통해서 하나님 나라의 증거가 확실히 드러나고 있으며 이러한 상황들을 보면서 하나님께서 이 땅 가운데서 역사하고 계심을 누군가는 분명 분별할 수 있음을 잘 알고 있다. 특별히 우리가 처한 정치, 사회적 상황에서 다가올 하나님 나라에 대한 성경적 증거를 알아내기가 쉬워질 가능성에 대해 말한다. 서구의 현대 교회는 하나님 통치의 관점에서 정치적 이데올로기의 좌우 진영이 자신의 목소리를 낼 수 있도록 하고 있다. 왓슨 또한 이러한 사실을 잘 알고 있다. 왓슨은 전천년설주의자들의 주장을 받아들이지 않는데, 이는 그들이 근본적으로 신약 해석의 오류와 과장으로 얼룩져 있다고 보기 때문이다. 전천년주의자들은 왓슨이 생각하는 것과는 전혀 다른 역사적 해석을 하고 있다. 왓슨은 적그리스도와 환난과 기근과 전쟁과 같은 현대의 시대를 표방하는 비관적 역사 읽기에 문을 열어놓았다고 생각하는 사람들과의 논쟁을 피할 수 없게 되었다. 왓슨은 전천년설적인 종말론을 받아들이지 않기 때문이다.

그러나 우리는 분명 벨파스트나 베이루트, 버밍햄, 보스톤과 같은 사건 등에서 다가올 하나님 나라에 대해 분별할 줄 알아야 한다. 이것이 중요한 이유가 두 가지 있다. 첫째, 역사의 과정에서 역사에 묻혀 가는 개인의 삶 속에 하나님의 역사를 분별하기가 어렵기 때문이다. 왓슨은 자신의 신학적 관점을 온전히 발달시키지는 않았다. 즉 칭의

1985; *The Early Methodist Class Meeting*(Nashville: Discipleship Resources, 1985).

에 대해서도 왓슨은 정확하게 말하지 못하고 있다. 더욱이 왓슨은 성령의 증거에 대한 개념을 어떻게 적용할지 분명히 하고 있지 않다. 또한 구원의 순서를 사회적 질서에 대해 어떻게 적용할지 밝히지 않고 있다. 만일 이러한 신학적 작업이 이뤄지지 않는다면, 왓슨의 신학적 견지는 완전히 무너질 가능성이 있다. 둘째, 왓슨은 하나님께서 역사 가운데 어떻게 역사하시는지에 대한 중요한 요소를 생략하였다. 즉 계시를 통한 하나님의 계획과 목적에 대한 선지자의 필요성을 다루지 않았다. 하나님이 말씀하시지 않으면, 하나님께서 역사 가운데서 무엇을 하고 계시는지 말하기가 극히 어려울 것이다. 인간의 능력과 영적인 통찰력, 성서를 해석할 수 있는 능력과 교회의 전통을 고찰할 수 있는 능력이 필요하지만, 왓슨의 신학에서 필수인 이 땅 가운데서 이뤄지는 하나님의 역사를 읽어내는 데는 충분하지 못하다. 이는 하나님이 인간의 역사 가운데 역사하시지 않는다는 의미가 아니며, 나사렛 예수 그리스도 시대에 이미 하나님 나라가 완성되었다는 것도 아니고, 하나님 나라의 관점에서 개인과 교회의 역사를 해석해서는 안 된다는 의미도 아니다. 이는 단순히 어둑한 유리잔을 투명하게 볼 수 없는 인간의 지적, 영적 한계를 경험하는 것일 뿐이다. 최소한 왓슨은 그리스도인들이 역사 가운데서 하나님의 손길을 어떻게 읽을 수 있고 이해할 수 있는지에 대해서 언급할 필요가 있었다. 이러한 신학적 언급 없이는 선지자적인 전도는 그 기반이 약할 수밖에 없다.

 설사 이에 대해 언급했다 할지라도, 왓슨의 전도 신학은 여전히 위험에 처할 수 있다. 예를 들어, 우리가 현대사에서 하나님의 손길을 분별할 수 있다고 가정해 보자. 이러한 부분이 과연 전도에 있어서 기독교의 메시지의 내용이 될 수 있는가? 물론 그렇지 않다. 우리가 가장 최선으로 할 수 있는 것은 하나님 나라가 역사 가운데서 다가오고 있는 것을 믿어야 할 이유를 전하는 것이지, 나사렛 예수 그리스도 안에서 다가올 하나님 나라에 대해 통합적으로 알려주는 일이 아니다. 초대 교회 성도들은 이 부분에 대해 흥미롭게 대처했다. 예를 들어, 누가는 세례 요한이 제자들을 보내 예수님이 오실 그분인지에 대해서 묻도록 했다(눅 7:18-19). 예수님의 대답은 – 눈먼 자가 눈을 뜨고, 저는 자가 걸으며, 나병 환자가 나음을 입고, 듣지 못하던 자가 들으며, 죽은 자가 일어나며, 가난한 자들에게 복음이 전파된다는 – 이 땅에 하나님 나라의 임재에 대한 증거들로 이뤄졌다. 그러나 예수님의 이 대답은 하나님 나라에 대한 선포 내용으로 이러한 증거들을 제시하지 않았다. 우리가 이미 살펴본 바울의 사역에서도 볼 수 있듯이 바울은 자신을 따르는 기사와 표적 그 자체를 복음의 메시지 내용으로 삼지 않았다(고전 1장). 바울의 메시지는 아주 구체적으로 십자가에 초점을 맞추었고 기적에 초점을 맞추라는 유대인들의 요구를 거부하였다. (여기서 하나님 나라를 선포하던 사람들이 선포자로서 어떻게 살아가게 되었는지 과정을 다룰 수 없는 점을 아쉽게 생각한다.) 복음서와 바울은 그 초점을 아주 정밀하게 그리스도에게 맞추고 있었다. 이것은 결코 우연이라 할 수 없다. 더욱이 이것은 그리스도 재림의 표적과는 분명 구분이 된다. 표적과 기사는 신유와 축사와 같은 기적에 속하는 것이지 개인의 삶과 역사하시는 하나님과 역사를 주관하시는 하나님의 일하심과는 구분된다. 만일 개인의 삶에 복음이 끼치는 역사에 대해 강조하게 되면 왓슨이 주장하는 개인 전도라 할 수 있으며, 역사 가운데 하나님의 은혜의 표식이 강조되면 이는 곧 왓슨의 선지자적 전도라 할 수 있다. 그리고 이는 근본주의자들과는 다른 하나님 나라에 초점을 맞춘 것이라 할 수 있다.

5. 결론

관습적인 전도의 정의 범주 내에서 전도론을 펼치려 했던 왓슨의 시도는 실패라는 것을 알 수 있다. 복음에서 종말론적인 차원을 추출하려는 노력을 했으나 결국 전도의 원래 모습을 회복하지 못한 것을 알 수 있다. 단순히 전도를 선포로만 초점을 맞추었을 때 발생할 수 있는 반대 의견들에 대해 왓슨은 충분히 다루지 않았다. 문제가 복잡한 만큼 그 문제에 대해 직접 다루지 않은 것이다. 뿐만 아니라 지상대명령에 담긴 전도의 함축성을 충분히 다루지 못했다. 또한 초대 교회에서 과연 전도의 의미가 무엇이었는지가 풀어야 할 숙제이다. 단순히 용어의 문제가 아니라 실제로 초대 교회 전도자들이 행한 것이 무엇인지를 풀어야 할 필요가 있다. 복음을 선포하는 것과 새로운 회심자를 하나님 나라에서 세우는 두 가지 측면에서 다룰 필요가 있다. 무엇보다 중요한 것은 교회의 전체 사역에서 전도 사역의 독특성을 구분하는 것이며 지난 200년간 인간과 개인 중심의 전도 패러다임에서 변화를 일으킬 것인가 하는 것이다. 그렇다고 전도에 있어서 선포 사역을 버려야 한다는 것이 아니라 하나님 나라에 들어갈 수 있도록 하는 선포 사역과 더불어 어떻게 하면 전도의 개념을 온전히 회복할 수 있느냐가 중요하다.

04
교회 성장

The Logic of Evangelism

전도학의 영역에서 전도학자는 마치 드넓은 들판에서 헤매는 토끼가 안전을 위하여 열심히 땅을 파헤치는 것처럼 연구할 필요가 있다. 우리가 깊이 연구할수록 누군가에게는 또 다른 연구의 장이 될 수 있을 것이다.

The Logic of Evangelism

04 교회 성장

선포의 행위로만 온전히 전도를 말할 수 없다면, 아마도 전도는 교회 개척이라는 분야를 통해 설명될 수 있을 것이다. 교회 개척은 20세기 말 전도와 교회 성장에 관심이 있는 저명한 신학자들로부터 주목을 받고 있다. 특별히 선교 전문 대학원을 세운 학자들은 교회 생명의 핵심인 교회 성장에 온전히 헌신하고 있다. 제4장에서는 전도학 분야에 이들의 공헌을 다루려 한다.

전체적인 설명을 하는 데는 분명 어려움이 따를 것이다. 그러나 전체적으로 이 분야의 자료와 논쟁들에 대해 살펴보고, 전체적인 평가를 하려고 한다. 따라서 여기에서 내린 평가는 정확하게 공식적이라고는 할 수 없을 것이다. 학문적인 기준을 넘어선 전도학 관련 의견들도 검증할 것이고, 일정하지 않은 확률적 통계도 다룰 것이며, 가장 중요한 것은 우리 생각 속에서 늘 고민되던 논쟁과 결론들에 대해 존 헨리 뉴만(John Henry Newman)이 정리한 자료에 근거를 둘 것이다.[1] 지금 우리가 해야 할 것은 전도학에 관련된 여러 신학 사상과 이와 관련해 내재하여 있는 위험성에 대해 다룰 필요가 있다. 전도학 분야를 위해 기초를 탄탄히 해야 하는 것처럼 교회 성장 이론과 관련하여 이러한 분석을 하는 것은 필수적이다.

1. 전도와 교회 성장

분명 전도와 교회 성장은 그 관계가 정확히 밝혀지지 않았다. 그러나 세 가지 부분에 있어서 아주 가깝게 연결되어 있다. 첫째, 전도는 교회의 숫자적 성장을 이끈다. 복음의 메시지에 긍정적으로 반응한 사람들이 교회 공동체에 참여하는 것은 자연스러운 일이다. 전도를 선포라고 주장하는 사람들도 교회 성장이 전도의 결과라고 생각한다. 따라서 전도와 교회 성장은 상호 유기적 관계가 있을 것으로 본다. 둘째, 오늘날 많은 이들이 전도를 근본적으로 교회 성장의 관점에서 이해하고 있다. 그 원인은 도널드 맥가브란(Donald McGavran)과 그의 제자들 때문이라고 생각한다. 많은 교회 성장학 이론들이 전도와 교회 성장을 구분하는 데 신중해야 함에도 불구하고 대부분의 목회자나 신학자들은 교회 성장과 전도를 거의 구분하지 않고 있다. 그 결과 많은 이들이 날카로운 평가 없이 전도를 교회 성장이라고 여기고 혼돈에 빠지게 된다. 따라서 교회 성장 세미나, 강의와 워크숍 등에 매진하는 것이 마치 전도학 분야에 공헌하는 것처럼 보인다. 교회 성장 옹호론자들은 전통적인 전도에 대한 이해를 거부하고 자신들만의 전도 이론을 개발한다. 이는 전통적인 전도 패러다임을 간접적으로 전환시키려

---

1   John Henry Newman, *An Essay in Aid of a Grammar of Assent*(Notre Dame: University of Notre Dam Press, 1979), p. 240.

는 것이다. 예를 들어, 피터 와그너(Peter Wagner)는 "전도는 반드시 그리스도인의 참여와 선포, 그리고 사람들로 하여금 교회에 등록하도록 하는 것이다."라고 강하게 주장해 왔다.[2] 존 윔버(John Wimber)는 성령을 통한 능력 전도를 진정한 전도라고 주장했다.[3] 따라서 20세기 말 교회 성장은 전도학 분야에 다양한 논쟁을 일으키는 주요한 역할을 했다.

이와 관련한 자료들은 주로 맥가브란에게서 영감을 얻은 것이다.[4] 그러나 교회 성장 이론들을 분석하기 전에 먼저 생각해 볼 문제들이 있다. 첫째, 교회 성장 이론은 통합 이론이 아니다. 뒤에서 다루겠지만, 전통적인 교회 성장 이론과 현재 개발 중인 이론 사이에는 내적 긴장이 존재한다. 여기서 우리가 관심을 갖는 것은 이러한 긴장이 신약의 종말론에 대해 다루고 있는 자료들과 관련이 있다는 점이다. 이것을 검증하기 전에 먼저 맥가브란의 연구와 그와 함께했던 학자들의 견해에 초점을 맞추면서 교회 성장 주류 이론들을 살펴보아야 할 것이다.

교회 성장 이론들은 주로 연구 프로그램에 초점을 맞추는 편이며 전도 사역에 대한 구체적인 실천에 대해서 제안하지는 않고 있다는 점을 주목할 필요가 있다. 맥가브란의 주요 관심사는 교회 성장을 위한 연구 개발이어서 교회의 숫자적 성장에 영향을 주는 분야에만 연구를 집중했다. 맥가브란은 또한 교회의 숫자적 성장을 일으킨 사례

---

2 C. Peter Wagner, *Strategies for Church Growth*(Ventura, Calif: Regal Books, 1987), pp. 113-31.

3 John Wimber with Kevin Springer, *Power Evangelism*(San Francisco: Harper and Row, 1986).

4 교회 성장에 대한 자료는 Charles Edward Van Engen, *The Growth of the True Church* (Amsterdam: Rodopi, 1981), pp. 518-37에 나와 있다.

연구를 통해 데이터를 수집하고 이에 대한 가설들을 세워나갔다. 이러한 연구에서는 이상적으로는 사회적 측면, 역사적 측면, 인류학적인 측면 등을 연구하면서 동시에 교회 성장 요인에 대한 구체적인 연구를 할 필요가 있다. 이러한 연구의 동력은 곧 장기적이면서도 전체를 아우르고 정확한 연구 데이터를 제시하면서 혼돈의 안개를 걷히게 하고 결과에 상관없이 교회의 성장과 퇴행의 원인에 대해 다룰 수 있다. 따라서 이러한 연구가 진 된 후에야 더 구체적인 연구 계획을 개발시킬 수 있다. 따라서 특별한 상황과 환경의 교회에 대한 사례 연구가 진행된 후에야 교회 성장을 극대화시킬 수 있는 전도 프로그램이 필요하게 된다.

이러한 과정이 북미 교회 성장학이 제시한 전략이다. 70년대 개인 전도는 그야말로 공격적이었다. 제임스 케네디(Jamnes Kennedy)와 그의 동역자들은 전도의 최선의 전략을 개인 전도로, 즉 개인의 죄를 직면하게 하고 죄와 구원에 대한 복음을 증거하고 나서 결신하도록 하는 것으로 여겼다.[5] 이 과정에 해야 할 핵심점인 질문이 두 가지가 있다. 하나는 "오늘 죽으면 천국에 갈 수 있는 확신이 있는가?"와 "만일 오늘 죽어 하나님 앞에 서서 하나님께서 왜 너를 천국에 보내야 하느냐는 질문을 받았다고 가정했을 때, 당신은 뭐라고 답할 것인가?"였다.[6] 이러한 두 가지 질문을 명목상 그리스도인들에게 했을 때 그 효과가 있었다 할지라도, 많은 그리스도인들은 이러한 접근 방식을 매우 공격적으로 여겼다. 케네디 역시 이러한 평가를 예측했으나 그의 보수적인 신학적 확신으로 인해 그는 이 방식을 고수했다. 또한 이런 방식이 통했다. 따라서 교회 성장학자들은 케네디의 방식을 완벽하게

---

5 D. James Kennedy, *Evangelism Explosion*(Wheaton: Tyndale, 1977).
6 Ibid., pp. 17-18.

수용했고 그 결과 전도의 관점이 뒤틀어졌다. 교회 성장학자들은 왜 지역 사람들이 교회에 오는가에 대한 질문을 하기 시작했다. 그들이 발견한 것은 TV나 라디오, 초청장 혹은 신문 광고를 통해서가 아니라 이미 교회를 다니라고 있는 사람들과의 인맥을 통해서 교회에 온다는 사실이었다. 약 80% 이상의 새신자가 이런 과정으로 교회에 오게 되었음을 알게 된다. 즉 인맥이 교회 성장의 핵심 키워드 중 하나였다. 이러한 관점에서 전도의 핵심 요소로 인맥을 개발하는 프로그램에 초점을 맞추었다.

그렇다고 교회 성장학이 어떠한 상황에서도 효과적일 수 있는 전략을 제시하지 못한 것은 아니다. 교회 성장학자들은 자신들의 연구에서 많은 교회 성장 원리를 발견하였다. 이러한 경험적 연구는 학술적 연구와 더불어 실행에 옮길 수 있는 전략들을 쏟아내기 시작했다. 따라서 실제적 교회 성장을 추구하는 사람은 반드시 수용적인 인구 현황에 집중하든지, 동질적 믿음 공동체를 형성해야 한다든지, 불신자들을 기초 양육 단계에 데려와야 한다든지, 그리스도인의 완전에 이르는 사역을 차별화해야 한다든지, 교회 성장을 이끌 수 있는 평신도 사역자를 훈련시켜야 한다는 등의 의견들을 제시했다. 즉 교회 성장의 전략은 곧 전도 전략과 밀접한 관련이 있었다. 이러한 상황에서 신학적 이론과 실제가 맞물려 전도의 미래에 대한 구체적인 전략을 제시했었다. 이에 대한 평가를 곧 다룰 것이다.

현대 교회 성장에 대한 평가를 할 때 교회 성장학이 현대 교회로 하여금 전도에 대해 다시금 고민할 수 있도록 했다는 것은 분명하다. 분명 맥가브란 학파에 대해 비판적인 목소리를 내면서 보수적인 입장을 취하는 동시에 교회 성장 이론을 달가워하지 않는 이들이 있다. 그러나 맥가브란 학파 이론은 교회론적으로는 상당히 거리가 있으면서도 정치적으로는 상당히 잘 짜인 이론이었다. 오랫동안 불안한 시작에도 불구하고 자신들의 이론을 지속적으로 전개하면서 많은 교회 혁신주의자들의 선망이 될 정도로 효과적인 사역을 수행했다. 이러한 가운데 교회 성장 전통에 대한 비판이 자체 내에서도 일어나지 않았다. 이러한 상황에서 오랫동안 전도는 마치 교회 안의 정치적인 미식축구처럼 되어갔고 자연스럽게 논쟁을 불러일으켰다. 이런 상황에서 누군가 불굴 의지와 용기를 가지고 담대하게 복음을 선포하고 주저함 없이 반대 의견을 처리하고 결신을 얻어내는 자는 존경을 받을 수밖에 없었다. 더욱이 상호 경쟁 관계에 있는 신학교들이 교회 성장의 이론과 실제에 대해 학술적 근거를 제시하고 분위기를 주도해 갔다. 전도학과 관련이 없더라도 현대의 전도와 교회 성장에 대해 논할 수 있도록 기여한 것에 대해 분명 우리는 교회 성장학자들에게 감사해야 할 것이다.

그러므로 우리는 교회 성장학이 공헌한 측면에 대해서 세 가지로 언급할 필요가 있다. 첫째, 공격적인 인습타파주의자들이 현실을 직면하게 되었다. 분명한 것은 성장하는 교회와 퇴보하는 교회가 있다는 것이고 그 이유를 알 필요가 있다. 또한 이를 밝히고자 하는 과정에서 경험적 데이터와 이론적 데이터를 근거로 평가할 필요가 있었다. 이에 인류학, 커뮤니케이션이론, 사회학, 심리학, 통계학, 역사학 등의 관련 분야를 참조할 필요가 있다. 이를 통해 각 분야에서의 연구 결과와 연구 방법론, 개념화 등을 참고할 수 있기 때문이다. 우리가 알고자 하는 정보를 위해서는 자연스럽게 각 분야를 탐구할 수 있다. 더욱이 이러한 과정은 과학적이라고 할 수 있다. 이는 진리를 알고자 하는 신학자는 반드시 다뤄야 할 문제에 고착되는 것이 아니라 가능하다면 다양한 학문적 도구를 사용할 수 있다는 것을 보여준다. 이러한 점에서 교회 성장 이론가들은 계몽주의적 접근을 할 수 있도록 기여했다고 볼 수 있다.

둘째, 교회 선교 사업에 선구자적인 전도를 시행하려는 시도를 긍정적으로 본다. 여기서 가장 중요한 이슈는 전도 대상자를 어떻게 정의하고 그 숫자를 어떻게 정하느냐가 아니다.[7] 이에 대해 랄프 윈터가 맞을 수도 있고 틀릴 수도 있다.[8] 문제는 가장 보수적인 사람들마저도 아직도 복음을 들어보지 못한 사람들이 많다고 생각하고 현대 교회는 반드시 이에 책임을 져야 한다고 평가한다. 따라서 교회 성장학자들이 이미 문화적, 도덕적, 영적인 측면에서 이 일이 이미 이뤄졌다고 주장하는 것에 대해 감사하게 여겨야 한다. 다시 말해 이 일이 어떻게 세세하게 이뤄졌는지를 살펴볼 필요가 없다. 그 이유는 기독교와 타 종교와의 관계는 단순히 펜으로 해결될 수 없기 때문이다. 중요한 것은 복음 속에 문화의 다양함의 중요성과 그 가치가 포함되어 있기 때문이며 여전히 복음이 증거되어야 한다는 시각을 가지고 있기 때문이다.

마지막으로, 교회 성장학자들이 다양하고도 복잡한 신학적 이슈들을 다룬 솔직한 의도를 가감 없이 받아들여야 한다. 그들은 다양한 측면에서 논쟁을 제기했는데, 예컨대 교회의 본질, 개인 전도와 사회적 행동, 지상대명령의 의미와 함축성, 전도와 하나님 나라 등을 다루었다. 이러한 이슈들은 분명 전도의 본질에 관련해 중요한 부분이다. 전도의 정의에 따라 교회의 실천이 이뤄져야 하는데 이러한 문제의식은

---

7 이 문제에 관해서는 *Reaching the Unreached: The Old-New Challenge*, ed. Harvie M. Conn(Phillipsburg, N.J.: Presbyterian and Reformed, 1984)를 참조하라.

8 랄프 윈터의 "Unreached Peoples: What are They and Where are They?," in ibid., pp. 44-60을 참조하라.

논쟁을 불러일으키면서도 장기적인 관점에서는 반드시 다뤄져야 할 부분이었다. 따라서 어떤 면에서는 교회 성장학자들이 이룬 부분에 대해 빚을 진 것은 사실이다.

2. 교회 성장학의 문제들

교회 성장학의 문헌들을 세밀하게 검토해 보면 전체적인 인상은 만족이라는 단어와는 거리가 있다는 것을 알게 된다. 그 이유는 교회의 시스템의 고립된 요소를 가지고 다른 문제와 어려움을 메꾸는 것보다 더 근본적이고 심각한 이슈가 저변에 깔렸기 때문이다. 어떤 이들은 우리가 규명하기 어려운 현실에 닥쳐 있다고 말할 수도 있겠지만, 그것보다 더 심각한 증후군들이 다양하게 퍼져가고 있다는 점이 명확하게 보인다. 처음에는 개인적인 현상이라고 설명하면서 곧 사라질 아픔이라고 단정했을 수 있다. 그러나 결국 전체에 영향을 끼치면서 처방을 받아야 할 정도로 심각한 증상으로 발전하여 생명을 위협하고 있는 지경까지 이르렀다고 본다.

여기서 근본적인 긴장을 밝히고자 하는 방식을 다음과 같이 표현할 수 있다. 즉 진정한 전도의 특성과 교회 성장 원리 및 정책에는 상당한 긴장이 있다는 점이다. 구체적으로 다루기 전에 먼저 살펴볼 것이 두 가지 있다.

첫째, 교회 성장 운동은 지나친 실용주의다. 구체적인 목표를 성취하기 위해서 전도의 정책과 실천을 개발하기 위한 건강한 헌신은 아무런 문제가 되지 않는다. 문제는 이러한 실용주의 정신이 전도의 다양한 측면을 부패시키고 있다는 점이다. 앞서 살펴본 바와 같이, 최근 교회 성장 연구는 미국의 대부분 사람들이 친인척 관계를 통해서 교회에 온다는 것을 밝혔다. 결과적으로 전도 전략은 전도 폭발과 같은 직면 전도에서 사회 관계망을 통한 전도로 패러다임이 전환하고 있다는 것을 보여주었다. 그러나 여기에 숨겨져 있는 위험성에 대해서는 충분히 다뤄지지 않고 있다. 즉 인간관계망을 통하여 교회의 숫자적 성장만을 추구할 수 있는 문제가 내포되어 있다는 점이다.[9] 성스러운 인간관계에 어떤 일이 일어나는지 알기도 전에 단순히 인간 그 자체를 전도의 목적으로 삼지 않고 수단으로 여겨 그리스도인의 사랑에 대한 진실함과 독특한 본질이 훼손될 수 있다는 점이다.

더욱이 교회 성장 저변에 깔린 실용주의가 교회 성장가들로 하여금 자신들이 이룬 성취에 대해 노골적으로 뽐내거나 혹은 잘못된 자신감으로 빠져들게 할 수 있다는 점이다. 따라서 교회를 향하여 맥가브란은 풀러의 선교대학원 출신들이 쓴 다양한 교회 성장학 책들이 교회 성장의 마법의 지팡이로 목회자들과 선교사들과 선교단체 리더들과 교회 지도자들, 선교학 교수들을 감동시켰다고 확언하였다.[10] 이러한 현상에 대해 두 가지 이유로 인해 성급한 결론이라고 말할 수 있다. 첫째, 전도와 현대 역사에서 명성이 자자한 슈퍼스타 목회자로 인하여 우리가 그 인기에 미혹되었을 가능성 때문이다. 많은 목회자들은 자신들만의 제국을 건설하려 했고 이에 건물과 교인 숫자 확장에 대한 치명적인 유혹에서 벗어나질 못했다. 그 결과 실용적인 프로그램에만 집중했다. 따라서 외적인 결과만을 나타낼 수 있는 사람들만이 성자가 되고 영웅이 되는 시대가 도래했다. 둘째, 북미와 유럽의 주류 교단이 불투명한 미래에 대한 패닉 상태에 빠져 교인 감소를 뒤

---

9   이는 영화 "Who Cares About Love?"에서 영감을 받았다.
10 "Church Growth Movement," in Walter A. Elwell, ed., *Evangelical Dictionary of Theology*(Grand Rapids: Baker, 1984), p. 202.

바꿀 수만 있다면 수단을 가리지 않게 되었다는 점이다. 여기서 더욱 위험하게 된 것은 전도에 관련한 심오한 신학적 연구와 영적 이슈들이 우선순위에서 밀려나게 되고 교회 숫자를 늘릴 수 있는 마술을 찾으려 한다는 점이다.

교회 성장 연구가 교회 성장에 대한 비법을 알게 해주는 새로운 과학이라고 믿는 사람들에게는 이러한 모든 현상들이 일어날 가능성이 크다. 이러한 원인을 제공한 사람들은 교회 성장 선전가들이다. 교회 성장 선전가들은 새로운 신조어를 만들어 내면서 우리로 새로운 학문의 영역에 관심을 갖도록 했다. 인류학과 커뮤니케이션이론 등을 배우도록 권하면서 교회 성장에 대한 비판을 하면 마르크스(Marx)나 프로이트(Freud)와 같은 혁명적 사상을 거부하는 것과 같다고 말한다. 분명 지적인 혁신을 좋아하지만, 교회 성장학이 새로운 과학 분야라고 말하기에는 비현실적이다.[11] 오히려 교회 성장학이 말하는 것은 다양한 학문이 느슨하게 연결되어 있을 뿐이다. 실용적 학문들이 각각의 목적을 위해서는 상당히 그 가치가 높을 수 있다. 하지만 다양성을 반영하면서 일관된 목소리를 낼 수는 없다. 실천신학 분야에서 새로운 학문 분야를 개척하려고 할 때, 그 분야가 신중하게 발전되어야 하는 것이 핵심이다. 따라서 성급하게 무엇인가를 성취했다는 것보다 학문적인 영역에서 점진적인 발달이 필요하다.

두 번째 증후군은 전도학의 신학적 바탕이 될 수 있는 요소들이 교회 성장학 구조에서 해체되었다는 점이다. 전도학에 관련된 이슈들에 대해 교회 성장학이 기여한 바를 이미 앞에서 인정한 바 있다. 그러나 여기서 요점은 교회 성장가들이 제시한 유사 이슈들과 관련하여 해결

---

11 Peter Wagner, *Church Growth and the Whole Gospel*(San Fransico: Harper and Row, 1981), pp. 75-77.

점을 보여주지 못하는 무능력을 보여줬다는 것이다. 그 대표적인 예로 맥가브란의 *Understanding Church Growth*(교회 성장 이해)라는 책이다.[12] 맥가브란은 이 책에서 정말 심각한 신학적 이슈들을 다루면서도 결국 맥가브란 자신의 교회 성장론을 강화시켰을 뿐이다. 맥가브란의 신학적 관심은 하나님께서 교회 성장을 원하시는가였다.[13] 따라서 맥가브란은 자신의 추수 신학(harvest theology)이라 불리는 신학적 입장을 뒷받침하기 위한 성경 구절들에 집중하였다. 따라서 맥가브란이 마태복음 28:18-20에 중점을 두는 것은 당연한 것이었다. 결과적으로 그의 모든 신학적 작업은 신학의 균형을 잃게 하고 전도의 본질과 실천을 극명하게 보여주는 통전적 성경 이해 안에서의 전도 신학에 이르지 못하게 하였다.

이러한 상황은 시간이 흘러도 개선되지 않았다. 다양한 전략과 문헌들, 논문들이 제시되었음에도 불구하고 근본적인 문제들은 여전히 해결되지 않은 채 남아 있다. 오히려 반 엥겐(Van Engen)의 교회학 분야에서 나온 *The Growth of the True Church*(참된 교회의 성장)에서 보다 심도 있게 근본적인 이슈들을 다루고 있다.[14] 하지만 이외에 전체적인 분위기는 첫째, 교회 성장에 대한 비판의 목소리를 무시하거나 혼돈 속에서 대응하기 급급하다.[15] 이에 대한 대표적인 예로 지상대명령의 해석을 바탕으로 한 교회 성장의 기준을 근거로 일어난 반대론

---

12 Donald McGavran, *Understanding Church Growth*(Grand Rapdis: Eerdmans, 1980).
13 Ibid., pp. 26ff. 이 책의 1부 전체는 신학적 담론들을 다루고 있다. 실제로는 그렇게 주목을 받지 못한 부분이다. 더욱이 맥가브란이 근본적으로 신학적 이슈들을 다루지 않았다. 오히려 제4부에서 사회적 이슈에 대해 관심을 보였다.
14 각주 4번 참조.
15 피터 와그너의 동질이론(Homogeneous Unit)에 대한 비판에 대한 대응인 후자의 사례를 *Church Growth and the Whole Gospel*, 9장에서 잘 보여주고 있다.

에 대해 교회 성장학은 정확하게 답변하지 못했다.[16] 지상대명령에 대해 정확한 해석 기준이 없이 제자 양육과 가르침을 인위적으로 분리하여 교회 성장학의 핵심 요소를 잃어버리는 결과를 낳았다.

둘째, 교리 전통의 경쟁적 관계나 갈등 관계와 상관없이 교회 성장 이론을 신학적 분열 없이 받아들이고 있는 현상이 두드러지고 있다. 따라서 교회 성장 이론은 신학적 논쟁주의자들이나, 맥가브란의 반 공회 복음의자들부터 금욕주의자들과 아서 글라서(Arthur Glasser)와 같은 극단적 칼빈주의자들에게까지 다양한 신학적 전통에서 수용되었다.[17] 교회 성장학을 조지 피터스의 제한적 세대주의에도 적용시킬 수 있다.[18] 아니면 극단적으로 수정된 존 윔버[19]나 조용기[20]의 오순절 주의에도 교회 성장 이론을 접합시킬 수도 있다. 또한 교회 성장학을 로버트 슐러의 심리학적 쾌락주의에도 통합시킬 수도 있다.[21] 또는 로버트 틸톤[22]의 번영과 성공의 측면에서도 교회 성장학을 다룰 수 있다. 사실상 아예 모든 신학을 잊어버리고 교회 성장학을 광고홍보나 생산관리로 연결해서 전형적인 신앙고백의 필수 요건과 교회 구조 안

---

16 이에 대한 분석은 데이비드 보쉬의 "The Structure of Mission: An Exposition of Matthew 28:16-21," in Wilbert R. Shenk, ed., *Exploring Church Growth*(Grand Rapids: Eerdmans, 1983), pp. 218-48에 잘 나타나 있다. 선교에 대한 해석학적 이론은 Donald Senior, C.P.와 Carol Stuhmueller, C.P., *The Biblical Foundations for Mission* (Maryknoll: Obris, 1983)에서 찾아볼 수 있다.

17 "Church Growth and Theology," in A. R. Tippet, ed., *God, Man, and Church Growth* (Grand Rapids: Eerdmans, 1973), pp. 52-68.

18 George Peters, *A Theology of Church Growth*(Grand Rapids: Zondervan, 1981).

19 Wimber and Springer, *Power Evangelism*.

20 Paul Cho, *More than Numbers* (Waco: Word, 1984).

21 반 엥겐은 슐러를 "미국 교회 성장 운동의 이론가이자 핵심 주자로 설명하고 있다." *Growth of the True Church*, p. 471.

22 Robert Tilton은 달라스의 the Word of the Faith 교회의 담임이며 건강과 부의 복음을 전파하는 리더 중 하나이다.

에 임하시도록 성령을 길들이고자 하는 사람들에게 팔 수 있다. 무엇보다 지난 20년간 교회 성장학은 선교의 비전을 새롭게 하지 못하였으며, 제자를 양산하지 못하도록 한 교회 안의 세속주의를 타파하지도 못했다. 게다가 선하신 목자의 통치 아래서 잃어버린 양들을 구하기 위해 헌신하는 성직자들도 양성하지 못하였다. 남은 것은 신학적 혼란과 얄팍함과 무관심으로 연구와 프로그램으로 얼룩진 거짓된 소망만을 추구하게 하였다. 또한 복음이 요구하는 급진적인 변화를 직면하도록 하지 못했다. 이러한 현상들이 결국에는 교회 성장학이 겪고 있는 중대한 질병이 무엇인지를 알게 한다. 이에 대해 조심스럽게 접근하고자 한다.

교회 성장에 관련된 이슈에 접근할 때, 개 교회의 성장과 관련된 전도의 관점에서 교회 성장에 대한 우려를 언급하고자 한다. 여기서 19세기 이후부터 만연되어 온 선포로서의 전도를 개념적으로나 실천적으로 교회 성장과 연결하기보다는, 믿지 않는 이들로 하여금 그리스도인이 될 것을 또는 그리스도와의 한 몸으로 책임 있는 지체가 될 것을 설득하는 전도 방법론에 대해 다루는 것이 훨씬 현명할 것으로 보인다.[23] 따라서 교회 성장은 전도학의 일부이다. 더욱이 교회 성장에 대해 분명히 하려 할 때 직면할 두 가지 문제를 구분할 필요가 있다. 첫째는 개념적 문제로 교회란 무엇이며, 성장이란 무엇인가라는 질문에 답할 필요가 있다. 둘째는 경험적이고도 실천적인 문제로 어

---

23 Donald McGavran 과 Winfred C. Arnd의 *Ten Steps for Church Growth*(San Francisco: Harper and Row, 1977), p. 51에서 발견한 정의를 따랐다. 맥가브란이 *Eye of the Storm: The Great Debate in Mission*(Waco: Word, 1972), pp. 56-66의 "Essential Evangelism"에서 보여준 전도에 대한 설명과 정의를 따로 분리할 필요가 있다. 여기서 맥가브란은 전도는 복음을 전하는 의도를 가지고 취하는 행위이다."라고 말한다(p. 64). 또한 전도는 죄인을 찾아 구원하는 것이며(p. 66) 전도는 야생의 감람나무 가지를 신성한 나무에 접붙이는 것이라고 말한다(p. 66).

떻게 교회 성장이 효과적으로 자연스럽게 일어날 수 있는가란 질문이다. 이 책의 목적을 위해서 외적 성장과 통계적 성장에 대해 기꺼이 다룰 의향이 있다. 즉 코스타스(Costas)가 말한 반응적이고 유기적이며 문화 지향적인 성장을 지양할 수도 있다는 의미이다.[24] 여기서 말하고자 하는 것은 숫자적 성장에 대한 개념과 이를 이루고자 추구하는 실천적 행위들은 교회 성장학에서 무시되거나 혹은 소망이 없이 희석되어가는 신학적인 개념에 의해 조정되어야 한다는 점이다.

3. 하나님 나라를 향한 동행의 실종

이 문제를 접근할 때 그리스도인이 되는 과정이 얼마나 복잡하고 급진적인 일인가라는 것을 기억할 필요가 있다. 이는 우리가 그리스도에게 갔을 때 어떤 일이 발생하는가에 대한 초대 교회 시절 이후로 전해져 온 근본적인 개념과 비유에 대해 강력하게 되새길 수 있도록 해준다. 따라서 중생했을 때, 하나님 앞에서 칭의를 받을 때, 그리고 우리가 죽음에서 생명으로 옮겨진 일들에 대해서 되새기게 해준다. 그리스도인이란 깊은 잠에서 깨어나 영적으로 각성하여 어둠에서 빛으로 회심하고 다가올 시대의 첫 열매를 경험하는 것이다. 따라서 그리스도인은 하나님의 자녀로 입양되었으며 새로운 언약 가운데 들어가 그리스도의 한 몸을 이루는 지체가 되는 것을 말한다. 그리스도인은 하나님 나라와 협력하는 사람이다. 그리스도인은 그리스도로 말미암아 칭의를 받고 하나님의 사역을 위해 구별된 사람이며 그리스도에 속한 종이다. 그리스도인은 죄로 인해 회개하며, 그리스도로 말미

---

24 Orlando Costas, *Christ Outside the Gate: Mission Beyond Christendom*(Maryknoll: Obris, 1982), p. 47.

암아 깨우치며 성령의 인침을 받는다. 그리스도인은 자신이나 자신의 능력을 믿지 않고 오직 하나님의 은혜와 자비하심을 따른다. 그리스도인은 죄에서 구원을 받으며 예수 그리스도의 죽음을 통해 하나님과 화평을 이룬 사람이다. 하나님을 사랑하도록 자유케 된 영혼이며 자신을 사랑하는 것과 같이 이웃을 사랑하도록 보냄을 받은 사람이다. 그리스도인은 죄의 족쇄를 차도록 하는 악의 세력에 대항하여 훈련되어가는 사람이다. 물 세례와 성령 세례를 받아 다가올 시대의 능력을 경험한다.

그리스도인에 대한 이러한 설명을 제시하면서 말하고자 하는 것은 그리스도의 몸으로서 얼마나 그리스도인이 된다는 것이 복잡한 과정에 있는지를 알리는 것이다. 따라서 그리스도인이 되고자 하는 모든 회심자들이 의식적으로나, 개념적으로 이 사실을 알고 있다고 생각하지 않는다. 또한 모든 전도자들이 이와 같은 사실을 전하고 있지 않다고 생각한다.[25] 여기서 핵심은 그리스도를 구주로 받아들이는 것이 어떤 의미인지를 밝히고 교회 공동체의 일원이 되기까지의 최초 단계에 어떤 요소들이 포함되어야 하는지를 밝히는 것이다. 이러한 정리 없이는 교회의 개념이 약화되고 불충분하게 될 것이며 결국에는 교회의 크기만 키우려 할 것이다. 결과적으로는 교회가 겉모양만 유지한 채 본질을 추구하지 못하게 된다. 즉 그리스도인이 되는 여정에는 믿음의 확신과 헌신, 언약과 하나님이 주시는 감동과 인간의 반응이 얽혀 있다는 것을 풀어내는 것이 중요하다.

교회 성장 이론에 있어서 당황스러운 것은 그리스도인이 되는 과정을 희석시키고 있다는 것이다. 따라서 교회 성장 이론가들은 그리

---

25 존 웨슬리는 의도적으로 칭의와 중생에 초점을 맞추었다. 이는 복잡한 신학적 빙산을 다루는 단서가 되었다.

스도인이 되는 과정이 하나님 나라와 어떠한 관련이 있는지에 대해서 약간의 관심이나 혹은 전혀 관심이 없다. 교회 성장가들의 강조점은 건전하고 바르지만, 실제적 관심은 교인 등록이다. 분명한 것은 그리스도인의 특권과 의무가 담긴 하나님의 통치의 역동성에 협력하지 않고는 진정한 교인이 될 수 없다는 데 있다. 하나님 나라에 속할 하나님의 사람들을 세우고 양성하는 것은 전도의 중요한 요소이다. 그리스도인으로서 영적 여정을 시작하는 데 피상적인 과정보다 진정한 순례의 길이 있다. 양육과 영성과 그리스도인의 완전 등을 말하기 전에 회심자가 그리스도인으로서 입문하기 위한 견고하고도 적절한 과정이 있어야 한다. 하지만 교회 성장가들은 이 일에 주의를 기울이지 않는다. 그 이유는 교회의 외형적인 성장에만 관심을 기울이기 때문이다.[26] 이러한 추세의 결과는 자명하다. 결국에는 파스칼이나 키에르케고르가 지적한 것처럼 거짓된 기독교라고 신성 로마 제국을 향해 가했던 비판을 동일하게 받게 될 것이다.[27]

여기서 교회 성장 이론가들의 주요 관심사를 기억할 필요가 있다. 교회 성장가들은 서구에서 회심이 상당히 개인적인 일임을 간과하고 있다. 회심에 있어서 그룹을 통한 회심이나 다양한 개인적인 결신에 대해서도 생각해 볼 필요가 있다. 따라서 회심은 그 본질에 있어서 분명 사회적이자 개인적이다.[28] 사실, 문제의 핵심은 회심 자체보다는

---

26 하나님 나라에 대한 생각은 피터 와그너의 *Church Growth and the Whole Gospel*을 평가하면서 굳혀졌다.
27 이는 단순한 추측이라고 볼 수 없다. C. René Padilla는 제3세계에서 교회 성장에 대해 계산하기 힘들 정도로 성장했다고 말하면서 숫자적 성장에 대해 강조하고 있다. C. René Padilla, *Mission Between the Times*(Grand Rapids: Eerdmans, 1985), p. 101.
28 이 문제에 대해 J. Wascom Pickett의 제안은 상당히 민감한 부분이다. 그의 책 *Christian Mass Movement in India*(New York: Abingdon, 1933)와 *Christ's Way to India's Heart*(New York: Friendship, 1938)를 참조하라. Pickett은 현대 교회 성장학 문헌에서 그룹

무엇이 진정한 그리스도에게로, 하나님 나라로, 교회로 향하는 길인 가이다. 회심은 그리스도인 되는 과정 중 하나일 뿐이다. 따라서 그리스도인이 되는 순례의 길을 단순히 개인적인 회심에서 그룹 회심으로 확장한다고 다 설명할 수는 없다.

그리스도인이 되는 과정에 대한 인지를 하지 못한 것은 전도학 분야에서 볼 때 교회 성장의 정책과 실천들이 악화일로를 걷게 하는 중요한 원인으로 본다. 숫자적 성장에 초점을 맞춘 교회 성장은 조직적으로 전도적 과업에 대한 노력을 왜곡하고 오늘날 맞닥뜨린 문제들에 대해 개념화하고 해결할 수 있는 대안을 잘못 제시하고 있다. 여기서 몇 가지 경우를 살펴보겠다. 첫째, 동질 이론을 통한 문화적 다양성의 통합과 특이성에 대해 대응하려는 것은 사회 구조적 죄에 대해 회개하라는 복음의 급진적인 명령에 불순종하는 것이라 할 수 있다. 복음은 하나님의 사람들이 급진적으로 모든 문화를 수용할 것을 말하고 있다. 교회 성장가들이 이 문제를 다룰 때, 북미 역사 속에 담긴 인종차별주의를 배경에 깔고 있다는 점이 놀라울 뿐이다. 교회 성장가들은 동질 이론 자체가 사회 계층 유지를 위해서 얼마나 필연적으로 쓰이는지 알아채지 못하고 있다. 또한 문화의 다양성과 인종차별주의에 동질 이론이 얼마나 관련이 있는지 깊이 이해하려고 시도하지 않고 있다. 교회 성장가들이 전적으로 잘못을 했다고는 볼 수 없다. 단지 어떤 부분을 보지 못하고, 무감각하며, 비현실적이라고 할 수 있다. 둘째, 교회 성장가들은 전도자와 교회 개척가를 한편에 두고 목회자와 성경 교사를 다른 한편으로 나누면서 제자 양육을 1단계와 2단계로 분리하여 신약에서 말하는 제자 양육의 풍성한 개념을 격하시키

회심에 대해 다루지 않은 것에 대해 우려를 나타낸다.

고 있다. 셋째, 갓 회심한 자에게 도덕적으로나 영적으로 훈련을 받을 기회를 제공하지 않는 것은 성령의 역사를 방해하는 것이며[29] 예수님과 세례 요한, 바울이 외쳤던 회개의 부르심을 잊게 만드는 요인이 된다.[30] 넷째, 전도가 교회의 의무이며 필수라고 주장하는 것은 전도적 명령과 문화적 명령이라는 개념을 놓고 어느 것이 더 우선이 되는지를 교회로 하여금 경쟁하게 만든다. 시대에 상관없이 약간의 신학적 논의를 봐도 전도는 교회 사역의 최우선순위에 있다는 것을 금방 알 수 있다.[31] 이러한 경향은 전도와 사회적 행동, 목회적 돌봄과 그 밖의 교회 사역 등이 모두 하나님 나라에 초점을 맞추어야 한다는 점을 간과하고 있다. 다섯째, 교회가 정치적인 이슈에 참여해야 하는지에 대한 문제는 개인이 변해야 사회가 변할 수 있다는 일반적 오류를 수용할 수 있도록 할 수 있다. 즉 이러한 경향은 부당과 압제의 문제에 대해 미온적인 태도를 보일 가능성을 높인다. 결국에는 시온에 결코 존재하지 말아야 할 나태함을 키우게 된다. 또한 교회의 양심에 말씀하시는 성령님의 음성을 완고하게 경시하게 된다. 예를 들어, 교회가 노예 제도 폐지에 침묵했었다. 마지막으로, 오순절 운동과 영향으로 생명 넘치는 삶과 신학적 통찰, 사역의 혁신을 향한 새로운 개방성은 표적과 기사 혹은 은혜로운 하나님의 역사를 전도의 도구로 혹은 더욱 강력한 영적인 도구로 생각하도록 하여 교회 성장 전문가들의 실제적인 전략 중의 하나로 치부되었다.[32]

---

29 와그너의 *Church Growth and the Whole Gospel*, pp. 142-43을 참조하라. 성령께서 듣는 자에게 역사하신다면, 분명 말하는 자에게도 역사하실 수 있다. 이런 식으로 성령의 역사를 추구하는 것은 분명 인위적인 것이다.
30 성경의 예를 위해 누가복음 3:10-14을 참조하라.
31 와그너의 *Church Growth and the Whole Gospel*, pp. 99-101을 참조하라.
32 이러한 표현은 존 윔버의 *Power Evangelism*의 서문에서 피터 와그너가 사용하였다.

4. 능력 전도

　오순절 운동은 분명 교회 성장에 대한 나의 비판에 대해 중요하고도 명백한 반증이라고 할 수 있다. 교회 성장에 대한 나의 비판의 근본적인 요소는 곧 교회 성장 운동의 종말론적인 내용의 부재와 전도의 상황적 부재이다. 이를 반영하듯 존 윔버(John Wimber)의 사역은 분명 복음적인 교회 성장의 전통에 바탕을 두고 있지만, 복음의 종말론적인 측면을 강조한 것이라고 본다. 실제로 피터 와그너와 존 윔버는 다가오는 하나님 나라 통치의 현재성에 대해 심각하게 다루려 했다. 이에 피터와 존은 이 문제에 대해 교회 성장학이 심혈을 기울였다고 말한다. 이 부분에 대해서 좀 더 자세히 다루겠다.

　전도에 대한 윔버의 저서와 논문들은 교회 성장학에 바탕을 두었다. 윔버는 학자처럼 보이지 않으려고 했음에도 그의 전도는 신약의 종말론적 가르침에 뿌리를 두었다. 윔버는 그의 전도 사역을 하나님 나라의 현재성과 미래성의 긴장 속에서 실시하였고 이는 현재의 하나님 나라의 능력의 현현을 추구하도록 교단을 이끌었다. 그 능력이란 예배와 신유와 축사, 말씀을 통해서 나타나며, 성령님의 인도하심과 복음을 담대히 선포하는 가운데 나타나며, 성령의 임재 가운데 나타나고, 친교 그룹에서 나타나며 효과적인 목양 소그룹에서 드러난다. 이러한 경향이 전도를 실천할 때 프로그램보다 계시 가운데 역사하시는 성령을 더욱 의지하게 만들었다. 윔버의 사역은 전형적인 교회 성장에 대해 조언을 하다가 개신교에서 자주 나타나는 자기 각성을 반복적으로 경험하는 것에 사역의 초점을 두게 된다. 이러한 가운데 윔버는 주류 개신교에서 중요한 인물로 두드러지게 된다. 그의 저서들은 오순절 운동과 신 오순절 운동에 걸쳐 나타나는 기본적인 자료의 재생산과 개정판이라고 할 수 있다. 윔버의 사역에서 신선했던 점은 윔버의 사역을 회의적으로 바라보았던 사람들에게 오히려 솔직 담백하게 접근했다는 것이다. 이러한 그의 자세가 현대 오순절 운동의 선정주의자 혹은 분파주의자라는 비판을 피할 수 있도록 해주었다. 그 결과 많은 교회에서 존경을 받을 수 있었다.

아직은 윔버가 현대 전도에 얼마나 기여했는지를 평가하기에는 이르다.[33] 평가를 위한 자료가 충분하지 않고 공개된 자료들도 부분적이기 때문이다.[34] 게다가 윔버의 저서는 여기서 다루기에는 좀 더 깊은 신학적 의문들을 갖게 한다. 그러나 중요한 점은 윔버의 저서와 사역에 대한 조사가 교회 성장학에 대한 의문을 제기할 수 있어도 정작 이에 대해 교회 성장가들은 내부적으로 이 문제들을 직면하기를 주저하고 있다는 점이다. 어떤 교회 성장가들은 윔버의 연구를 온전히 무시한다. 또한 어떤 교회 성장가들은 윔버의 연구는 관습적으로 발전해 온 교회 성장 이론들을 완전히 붕괴시킬 수 있다는 두려움을 비공식적으로 표출하기도 했다.

분명 교회 성장과 윔버의 사역과 연구에는 연결점이 있다. 예를 들어, 교회 성장과 현상적인 일들 즉 제3세계에서 벌어지는 신유와 축사에 직접적인 연관이 있다고 윔버는 생각했다. 윔버는 이러한 일들이 서구 세계에서의 전도에 대한 아주 깊은 함축성이 있을 것이라고 보았다. 만일 오순절적인 전도 방식이 통한다면, 하나님의 실존을 알 수 있는 표적과 기사가 서구의 세속주의에서 왜 나타나지 않는가에 대한 질문을 했다. 따라서 현실적으로 윔버는 교회 성장학적인 질문을 하

---

33 윔버는 1997년 소천하였고 이 책은 1989년에 출판되었다: 역자 주.
34 현재로서는 *Power Evangelism*과 John Wimber, Kevin Springer가 쓴 *Power Healing* (London: Hodder and Stoughton, 1987)이 전부이다.

고 교회 성장학적인 답을 구했다. 그러나 강조할 점은 윔버의 혼란스러운 결론이 교회 성장주의와 맞물리게 되었다는 점이다. 결국 윔버의 결론은 다음과 같은 점을 간과했다고 볼 수 있다.

첫째, 윔버의 경험과 연구는 아주 강한 종말론을 강조했지만, 윔버의 종말론은 교회 성장학을 일으키는 촉매제 역할을 한 것이 아니라 오히려 교회 성장학과 반대되는 입장을 드러냈다는 점이다. 따라서 맥가브란이나 헌터와 같은 사람들은 이 점에 대해서 전혀 관심을 가지지 못했다. 하지만 와그너 같은 경우 자신의 신학을 정립하면서 하나님 나라에 대해 다루었다. 와그너가 하나님 나라에 대해 다룬 이유는 와그너를 비판하던 사람들이 하나님 나라를 강조하라고 해서가 아니라 와그너의 연구 가운데서 자연스럽게 드러나게 된 것이다. 윔버의 경우 하나님 나라는 전도에 대한 연구 속에서 구성되어 갔다. 하나님 나라는 윔버의 사역에 있어서 근본이 되는 것이고 하나님 나라에 대한 개념이 없었다면 그의 사역은 의미가 없었을 것이다.

둘째, 윔버의 연구는 교회 성장보다는 오히려 더욱 강력한 제자 양육에 초점을 두었다는 점이다. 윔버는 맥가브란이 말한 제자 양육 개념에서 보다 다양한 단계의 제자 양육을 말한다. 윔버의 소망은 전도가 거룩한 사람을 양성하여 사역에 왕성하게 참여하도록 하고 이 세상의 정사와 권세와 맞서게 하는 것이었다. 이 임무를 단순히 그리스도의 완전이나 양육의 개념 속에 넘겨서는 안 된다고 윔버는 생각했다. 윔버의 전체적인 제자 양육 개념은 단순히 교회 성장의 차원을 넘는 것이었다.

셋째, 앞서 언급했듯이 윔버의 전략은 모든 계획과 프로그램들이 오직 성령의 직접적인 인도하심에 순종하는 것이었다. 이는 사역의 우선순위에 대한 급진적인 전환을 말하는 것이었다. 물론 전도에 있어서 치밀한 계획과 연구를 반대하는 것은 아니었다. 강조하고자 하는 것은 인간적인 노력과 더불어 우선적으로 성령님의 인도하심이 있어야 한다는 것이다. 교회 성장의 기본적인 접근은 숫자적 성장을 이끌 수 있는 요소들이 무엇인지에 대해 초점을 맞추고 있다. 하나님께서 직접적으로 역사하신다는 윔버의 가르침과 비전에 대해 많은 이들이 침묵하였다. 분명한 것은 성령님의 임재가 교회의 전통적인 사역 가운데서 드러날 것이지만, 성령의 역사하시는 방식은 전통적이면서도 비오순절적인 형태로도 나타날 것이다는 점이다. 윔버는 전도에 있어서 성령의 역사를 절대적으로 강조했다. 교회 성장가들은 이 부분에 대해서 신학적으로 침묵하거나 상당히 조심스러워했다는 것을 알 수 있다. 그 이유는 만일 교회 성장가들이 윔버와 같은 급진적인 신학을 받아들일 경우 전도에 도움이 되고자 하는 교회 성장 이론들을 더 이상 서구 교회에 말할 수 없게 되기 때문이다. 이 부분은 분명 논쟁이 될 수 있다. 윔버가 강조하는 표적과 기사는 전도에 있어서 하나의 특별한 조건이 될 뿐, 언제든지 차선책이 될 수 있다는 점이 핵심이다. 이러한 신학을 받아들이게 되면 균형을 이룰 수 있다. 하지만 성령의 역사를 제외한 신학을 강조하게 되면, 인간적인 방법과 연구 자료를 이용하여 오직 교인 숫자만 늘리는 데 초점을 맞추게 된다. 즉 표적과 기사와 계시의 말씀 등은 우선순위에서 밀리게 된다. 그러나 윔버는 성령의 역사가 효과적이고 적절한 전도를 이룬다고 생각했다. 이러한 신학적 차이가 윔버의 사역과 교회 성장가들 사이에서 깊은 차이를 나타내었다. 따라서 윔버의 신학적인 입장을 가지고 교회 성장 이론에 반대하는 나의 이론을 반대하기는 상당히 어려운 것이다. 윔버의 사역은 맥가브란과 그의 제자들의 근본적인 교회 성장 이론에 대해 심각한 도전을 초래하고 있다.

어떤 경우에도 윔버의 논리로 나의 주장을 반박할 수 없을 것이다. 윔버의 신학적 입장은 교회 성장학의 내용적 측면에서 논쟁을 제기하는 최선의 수단이 된다. 최악의 경우로 윔버의 신학은 교회 성장학에 담긴 함축적 의미를 오늘날 다루지 못할 정도로 만들 것이다. 누군가에게는 윔버의 전도에 대한 접근이 너무도 당황스러워서 말하기조차 꺼리고 분석하지 않으려 할 수 있다. 그러나 좋고 나쁘고의 문제보다 윔버와 윔버의 사역과 연구가 오순절 운동이 시작된 이래로 현대 전도에 상당한 기여를 한 것은 사실이다. 전도의 다양한 입장에 대해 객관적이고도 납득할 만한 평가를 하고자 하는 사람들은 윔버를 반드시 인용하게 될 것이다. 윔버와 그의 동료들이 복음의 종말론적인 차원을 최선을 다해 다뤘다는 점을 충분히 정리했다. 분명 교회 성장학 안에서도 이러한 움직임이 있다.[35] 그러나 여전히 교회 성장가들은 전도를 위해 복음의 종말론적인 측면을 충분히 개념화하지 못했다.

5. 결론

그렇다면 결론적 입장은 무엇인가? 초반에 지적한 바와 같이 전도와 교회 성장학의 상호 논의를 통해서 상당한 유익을 얻었다. 전도 이론과 실제에 있어서 중요한 질문들을 끌어낼 수 있는 중요한 근거들을 담고 있다. 단순히 이것들을 간과해 왔을 뿐이다. 분명한 것은 출판물에서도, 공적 시각에서도, 교회에서도 전도학과 교회 성장학이 결코 같을 수 없다. 여기에 교회 성장 이론들의 근본적인 구조 자체도 무시할 수 없다. 전도에 신실하게 헌신된 사람들은 다양한 접근들에

---

35 Eddie Gibbs, *I believe in Church Growth* (Grand Rapids: Eerdmands, 1981, 43-70)를 참조하라.

대해서 분명 신중하고도 혹독하게 검증할 필요가 있다. 또한 교회 성장 이론에서 제기된 심각한 문제를 반드시 해결할 필요가 있다. 분명 누군가는 교회 성장학의 범주 안에서 이를 해결할 방안을 찾아낼 것이고 최대한 할 수 있는 대로 수정을 가할 수도 있을 것이다. 교회 성장 아이디어 그 자체는 논쟁이 되는 의견들과 이론들을 넘나들며 덮을 수 있는 역할을 할 수 있을 정도로 유연성이 있다. 나의 관점에서 봤을 때, 누군가 이러한 전체를 아우르는 안목이 필요하다고 본다. 그 이유는 이러한 안목이야말로 전체적인 통찰력을 얻을 수 있고 근본적인 문제를 발견할 수 있기 때문이다. 다른 이론들과 통찰력들을 통해 인내와 희생과 오류와 심지어 한계와 장애를 통한 논쟁을 반드시 거쳐야 할 것이다.

나의 영역에서는 보다 조심스럽고 겸손하게 연구하려고 한다. 그러나 우리가 정의하는 전도는 드넓은 자료 수집과 사용이 필요하며, 이러한 자료들이 적절하게 표현되고 있는지 검증할 필요가 있다. 전도학의 영역에서 전도학자는 마치 드넓은 들판에서 헤매는 토끼가 안전을 위하여 열심히 땅을 파헤치는 것처럼 연구할 필요가 있다. 우리가 깊이 연구할수록 누군가에게는 또 다른 연구의 장이 될 수 있을 것이다. 만일 우리가 우리에게 던져진 난관을 피해가고자 한다면 결국 우리가 그 덫에 걸리게 될 것이다. 여기서 강조하고자 하는 것은 바로 전도 과정의 복잡성에 대해 분명히 할 필요가 있다는 점이다. 즉 그리스도에게로, 하나님 나라로, 그리고 하나님의 교회로 향하는 그 영적 여정을 분명히 할 필요가 있다. 이러한 과정을 이해함으로써 전도의 이론과 실제를 분명히 알 수 있다.

05
그리스도인이 되는 과정

The Logic of Evangelism

그리스도인이 되는 과정을 전도로 보자는 시각은 공동체의 위탁과 책임을 강조하고 있다. 전도에 있어서 선포를 강조할 필요성을 인정하면서도 복음의 본질이 무엇인지를 모든 민족과 세계에 정확히 알려줄 수 있다. 무엇보다 하나님 나라의 논리적 중요성을 강조하면서 전도를 지적이면서도 영적으로 성령께서 역사하시는 상황에서 이뤄지는 것으로 보는 것이다.

The Logic of Evangelism

05 그리스도인이 되는 과정

초대 교회의 전도는 하나님의 종말론적인 역사에 뿌리를 두고 있다. 이는 나사렛 예수 그리스도의 삶과 죽음, 그리고 부활 속에서 시작되었으며 성령님을 통해 지속된다. 그리스도와 성령님 안에서 또한 그리스도와 성령님을 통해서 하나님의 역사가 이뤄졌을 때, 구원과 자유함 속에서 하나님의 전능하심을 선포하는 것은 자연스러운 일이며, 하나님이 행하신 모든 일을 송축하는 공동체가 세워진다. 이 공동체는 저항할 수 없는 사랑과 기쁨이 넘쳤고 모든 이에게 그 사랑과 기쁨이 흘러갔다.

1. 다양한 전도 정의론

전도에 대해서 다양하게 정의를 내리는 것은 그리 놀랄 만한 일은 아니다. 선포를 강조한다든지 교회 개척을 전도의 핵심이라고 생각하는 사람들이 있다. 분명한 것은 이러한 전도 패러다임은 과거 교회사에 영향을 받은 것이라고 할 수 있다. 16세기 종교 개혁자들은 말씀 선포를 강조하면서 교회로 하여금 전도를 선포의 행위로만 국한시켰다.[1] 전도의 정의를 성서의 원어 연구에서 끌어내는 경향은 종교 개혁자들의 주요 전통이었다. 마찬가지로 단순히 선포라는 전도의 정의를 넘어 교회 개척을 전도라고 보는 시각이 19세기의 지상대명령 운동과 발을 맞추었다. 이 운동의 주요 목표는 온 땅에 교회를 세우는 것이었다. 따라서 세계 복음화를 위해 전도하는 목표를 성취하는 일환으로 오늘날 현대 교회 성장을 자연스럽게 추구하게 된다. 이는 맥가브란 학파에서 나온 학생 자원 운동(Student Volunteer Movement)의 핵심 가치였다.

그러나 전도의 핵심을 특정화하려는 이러한 시도들은 분명 그리스도 안에서 이뤄지는 다가올 하나님의 통치를 내포하고 있다. 그리스도 안에서 하나님의 역사는 기쁨과 찬송 속에 하나님의 온전한 창조를 선포하는 것이라 할 수 있다. 만일 교회가 하나님 나라에 대한 복음을 선포하지 않는다면, 돌들이 그 일을 할 것이다(눅 19:40). 마찬가지로 하나님 나라는 하나님이 생명과 세상을 통치하시도록 헌신하는 교회가 세워질 것에 대해 강력하게 말하고 있다. 메시아 공동체는 메시아의 통치를 기대하며 이는 곧 하나님이 통치하시는 이스라엘이어야 한다고 생각한다. 이는 단순히 선포의 행위 자체가 정당화되었다는 고정 관념에 대해 재고해야 한다는 것을 넘어서 이 땅에 하나님의 통치가 다가오고 있다는 사실 자체가 핵심이라는 점을 강조해야 한다는 것이다. 따라서 학자들과 전도자들이 복음의 선포와 교회 개척을

---

1   이는 Henry Snyder Gehman의 의견이다. "You are an Evangelist," *The Princeton Seminary Bulletin* 52(1958): 10-16.

동시에 전도의 핵심으로 보고 있다는 것은 당연한 일일지도 모른다.

그러나 전도의 다른 세 가지 개념이 있다. 올바른 전도의 이해를 위해 이를 다룰 필요가 있다. 첫째, 전도는 흔히 사람들을 기독교로 회심시키는 것이라는 개념을 가지고 있다. 전통적으로 이를 영혼 획득(soul-winning)이라는 개념으로 이해한다. 믿지 않는 자에게 복음을 증거하고 회개와 믿음을 가지고 그리스도에게로 개인적인 헌신하게 하는 것을 말한다. 이는 성령이 확증해 주는 것이다. 이러한 전도 패러다임에 대한 성경 본문은 전통적으로 요한복음에 나오는 예수님과 니고데모와의 대화에서 반드시 거듭나야 하나님 나라를 볼 수 있다는 부분을 사용한다(요 3장). 19세기 북미 개신교가 조직한 부흥회에서 이러한 전통이 강조되었다. 둘째, 전도의 개념을 증언으로 이해하는 것이다. 이 개념의 핵심은 일대일로 자신의 신앙을 나누고 간증을 하는 것이다. 이는 선포의 한 측면이라고 할 수 있다. 다만 신앙을 나누는 일에 초점을 맞춘 것이다. 그러나 두 가지 측면에서 다른 점이 있다. 하나는 나누는 내용이 대부분 주관적인 경험에 초점이 맞추어져 있다. 따라서 이러한 상황에서 전도의 성패는 간증의 질에 달려 있게 된다. 또 하나는 증언한다는 개념을 갈수록 확장하려는 유혹이 있다. 따라서 전도가 교회와 개인이 행하는 사랑과 자비, 공의로까지 확장될 수 있다는 점이다. 이러한 관점에서 개인 전도를 강조하는 사람들과 교회의 긍휼 사역을 강조하는 사람들 사이에서 격렬한 논쟁이 있을 수밖에 없다. 결국 한 뿌리에서 출발하면서 다른 두 가지가 존재하는 것이다. 흥미로운 것은 이 두 주장이 함께 예루살렘과 유대와 사마리아와 땅끝까지 복음을 증거하라는 말씀(행 1:8)에 기초하고 있다는 점이다. 전도의 세 번째 개념은 제자 양육이다. 단순한 결신만 있고 양육과 가르침이 없는 상황에 대한 깊은 우려의 목소리가 있었다. 이에 전도의 핵심은 제자 양육이라고 강조하면서 단순히 결신만이 아니라 제자가 되도록 가르쳐야 한다는 주장이 있는 것이다. 초급 단계의 제자는 믿음과 경건에 대한 기초적인 훈련을 하고 다른 사람을 제자로 만들 수 있도록 훈련을 받는 과정을 거쳐야 한다고 말한다. 이러한 형태의 전도는 학생들을 중심으로 하는 파라 처치에서 주로 행해졌다.[2]

이러한 세 가지 전도 개념은 이 땅에 도래할 하나님의 통치에 대한 개념에서 나온 것이다. 다가올 하나님의 통치는 급진적이면서도 변화하는 개인의 삶을 강조한다. 회심과 거듭남은 이러한 삶의 변화를 말하는 것이다. 그러나 회심한 사람들이 하나님의 사랑을 증거하고 하나님 나라에 들어가면서 경험한 은혜를 나누려 하는 것은 자연스러운 일이다. 또한 하나님께서 행하신 일을 간증을 통해서, 자비의 행위를 통해서, 긍휼과 공의를 통해서 나타내려 하는 것도 자연스러운 것이다. 마지막으로 분명 하나님 나라에 들어가는 것은 제자가 된다는 것을 의미하고 평생에 걸쳐 그리스도인의 삶과 증인 삶을 배워야 한다는 것을 의미한다.

전도의 다섯 가치 측면을 다루었다. 각각의 측면들은 다가올 하나님 나라에 대한 소망을 담고 있다. 이 소망이 전도의 핵심축이라고 할 수 있다. 다가올 하나님 나라에 대한 소망을 품고 복음을 증거하려는 사람들은 반드시 이 다섯 가지 요소 중 하나라도 반드시 추구해야 하며 복음의 핵심으로 이해하고 있어야 한다. 개념의 단순화와 행위의 간결성에 대해 인간적인 열망은 하나님의 통치에 대해 초점을 맞추도록 해줄 것이다.

---

2   이러한 전도에 대해 로버트 콜만의 *The Master Plan of Evangelism*(Old Tappan, N.J.: Revell, 1964)를 참조하라.

2. 새로운 전도의 정의

오늘날 전도의 정의에 대한 혼돈과 앞서 언급한 전도에 대한 축소주의 경향에도 불구하고 이를 극복할 수 있는 즉각적인 대안이 있다. 그 해결점은 간단하다. 전도를 하나님 나라에 들어가는 새로운 과정으로 인식하고 의도적인 행위로 간주하는 것이다. 따라서 이 주장에 대해 근본적으로 다루고 이에 대해 제기할 수 있는 몇 가지 반대 의견에 대해 다룰 것이다.

먼저, 정의에 대해서 생각해 보자. 옥스퍼드 영어사전에서 그리스도인이 되는 과정(initiate)을 다음과 같이 정의하고 있다.

> 과정이란 한 사람을 일련의 의식이나 형식을 거쳐 어떤 사회나 단체로 받아들이는 것을 말한다. 혹은 일련의 원리에 대해 인지하거나 참여하는 것을 말한다. 특별히 어떤 비밀스럽거나 신비한 성격으로 이뤄진 의례를 말한다. 따라서 기초단계에서 진보하는 것을 말하며 주제나 실천의 요소들을 훈육하는 것을 의미한다.

여기서 그리스도인이 되는 과정에 대한 좁은 의미와 넓은 의미를 동시에 포착할 수 있다. 좁은 의미로서 그리스도인이 되는 과정은 비밀스러운 단체에 들어가기 위해 인정받는 단계라고 할 수 있다.[3] 물론 하나님 나라에 들어가는 과정에 미스터리는 없다. 비밀스러운 것도

---

[3] C. J. Bleeker는 비밀성은 그리스도인이 되는 과정의 요소라고 제안하지만 이는 과장이라고 할 수 있다. "Introductory Remarks on the Significance of Initiation," in C. J. Bleeker, ed., *Initiation*(Leiden: E. J. Brill, 1965), p. 16. 종교사에서 그리스도인이 되는 과정에 대한 분석은 Mircea Eliade, *Rites and Symbols of Initiation*(New York: Harper and Row, 1958)을 참조하라.

없다. 하나님 나라는 잠겨 있어 그 열쇠가 비밀에 숨겨진 것이 아니라 모두에게 알려져 있고 모두에게 열려져 있다. 넓은 의미로서 그리스도인이 되는 과정은 한 사람이 어느 단체나 원리, 혹은 지식, 삶의 방식과 같은 것에 참여하는 것이라고 할 수 있다. 이러한 측면은 전도에서 다룰 수 있는 부분이다. 어떤 사람이 하나님 나라로 들어가기 위해서 그리스도인이 되는 과정을 거친다는 것은 곧 적절한 양육과 경험, 의례와 형식을 통해서 종말론적인 하나님의 통치에 참여한다는 것을 의미한다.

새롭게 시작하려는 행위나 경험 혹은 단체에 있어 그리스도인이 되는 과정이 무엇을 담으려 하는지에 대해서 결정하는 것은 매우 중요한 일이다. 예를 들어, 누군가 학문의 길을 걸으려 할 때, 비밀 단체에 들어가려는 과정과 외과의가 되려는 과정은 전혀 다를 것이다. 각각의 상황의 일정 부분 공통되는 점이 있을지 몰라도 특정 전통이 다를 것이고, 배우는 원리가 다를 것이며, 각기 다른 능력과 경험을 요구할 것이다. 치러야 하는 과정이나 의식도 다를 것이다. 따라서 그리스도인이 되는 과정을 위해 무엇을 어떻게 행하느냐에 따라 그리스도인이 되는 과정의 내용이 달라진다. 그 내용은 극적으로 서로 다르기에 하나님 나라를 향한 그리스도인이 되는 과정 또한 다른 규율과 구조와 제약과 논리가 있다. 이러한 그리스도인이 되는 과정의 논리에 대해 인정할 필요가 있다. 그렇지 않으면 그 결과는 혼란스럽고 오해를 낳을 수 있다. 다른 말로 하면, 다가올 하나님 나라 통치의 본질은 하나님 나라에 들어가는 그리스도인이 되는 과정의 내용이 무엇이냐에 따라 결정된다는 말이다. 따라서 그리스도인이 되는 과정의 내용이 하나님 나라의 본질과 다르다면 당연히 영혼을 잘못 인도하는 결과를 낳게 된다. 더욱이 하나님의 통치에 대한 독특성과 그것이 어떻게 실제적인 역사 속에서 실현되는지, 처음과 끝에서 어떻게 작용하는지를 알려줄 필요가 있다.

따라서 여기서 말하는 그리스도인이 되는 과정은 단순히 대형교회에서 행하는 새신자 교육과 차원이 다른 것이다. 또한 예배학에서 논의되고 있는 일련의 과정과 다른 것이다. 많이 겹치는 것을 보게 되겠지만 두 가지 경우에 있어서 다르다. 최근에 많은 신학자들이 시공간을 넘어 그리스도인이 되는 과정에 대한 자료들을 제시했다. 통시적인 연구는 600년 동안에 걸친 그리스도인이 되는 과정에 대해 다루면서 교부 시대의 그리스도인이 되는 과정, 세례 자체와 세례 이전과 이후의 과정, 견신례, 성찬의 허락 등이 현대 시대에 오면서 독립적으로 나뉘거나 고립되고 해체되었다는 것을 보여주었다. 게다가 동시적 연구에서는 현대 교회의 그리스도인이 되는 과정이 다양하게 산재되어 있다는 것을 보여주었다.[4] 그리스도인이 되는 과정은 교파별로 다음과 같다. 동방 정교의 경우 교부 시대의 의례와 실천으로 이론적으로 유지하고 있다. 로마 가톨릭교회, 개혁주의 교회 즉 루터교, 장로교, 앵글리칸 교회는 두 가지 단계, 즉 유아세례와 성만찬에 참여할 수 있는 견신례에 초점을 맞춘다. 아나밥티스트(재세례파)의 경우 근본적으로 한 가지 단계, 즉 회심과 세례에 초점을 맞춘다. 마지막으로 오순절 전통에서는 회심과 성령 세례를 중심으로 두 단계가 있는데 하나는 물로 세례를 주는 것과 다른 하나는 성령 세례를 위해 안수하는 것

---

4 그리스도인이 되는 과정에 대한 역사적 연구를 위해 다음 목록을 참조하기 바란다. Aidan Kavanagh, et al, *Made, Not Born*(Notre Dame: University of Notre Dame Press, 1976); Hugh M. Riley, *Christian Initiation*(Washington, D.C.: The Catholic University of America Press, 1974); Geoffrey Wainright, "The Baptismal Eucharist before Nicea: An Essay in Liturgical History," *Studia Liturgica* 4 (1965): 9-36; idem, "The Rites and Ceremonies of Christian Initiain," *Studia Liturgica* 10 (1974): 2-24: idem, *Christian Initiation*(London: Lutterworth, 1970).

이다. 이러한 연구들은 전도를 위해 중요한 자료가 된다. 그러나 나의 소견으로는 이러한 과정들은 처음부터 잘못되었다고 생각한다. 그리스도인이 되는 과정을 교회에 등록하는 과정으로 여기면서, 이보다 선행되어야 하는 것이 무엇인지를, 즉 하나님 나라의 그리스도인이 되는 과정을 간과했다는 것이다. 이에 많은 교회들이 외적인 의식에만 집중하고 교인이 되는 과정에 초점을 맞추게 되었다. 그 결과 그리스도인이 되는 과정을 위해 인간이 행하는 다양한 행위들 가운데 하나님께서 어디서 어떻게 역사하셔야 하는지에 대한 신학적인 문제들이 발생하게 시작했다. 즉 성령께서 세례 가운데 임하시는지, 견신례에서 임하시는지에 대한 논쟁이 한 예라고 할 수 있다.

3. 초점의 변화

여기서 제안하고자 하는 것은 그리스도인이 되는 과정에 대한 패러다임 자체에 변화가 있어야 한다는 것이다. 처음에 제기한 질문은 나사렛 예수 그리스도와 오순절 이후로 성령님의 역사 가운데서 일어난 하나님의 통치에 들어가기 위해서 거쳐야 하는 과정이 무엇인가였다. 이러한 출발점에서 과연 하나님 나라의 공동체, 즉 교회 공동체의 일원이 되기 위한 과정이 무엇인지를 밝힐 필요가 있다. 논리적으로 말하면, 그리스도인이 되는 과정은 외적인 조건보다는 그리스도와 성령 안에서 하나님께서 행하시는 역사에 초점을 맞춰야 한다. 따라서 그리스도인이 되는 과정은 단순히 개인에게 초점을 맞추기보다는 교회 공동체에 초점을 맞추고 해야 할 의무에 시선을 집중하는 것이다. 이는 그리스도의 몸의 지체로서 참여하는 것이다. 교회 공동체는 하나님께서 그리스도 안에서 행하신 일에 집중하고 성령께서 지속적으로 행하시는 일에 관심을 둔다. 이는 의식과 예식, 교리문답 등에 초점을 두면서 우리가 무엇을 행했고 우리 자신에게 어떤 일이 일어났는지에 대한 인본주의적인 관점의 전환을 의미한다. 인본주의적인 관점에서 신본주의적인 관점으로 전환하며 우리의 상상력을 뛰어넘는 일과 신비한 일을 행하신 삼위일체 하나님의 경이롭고도 위엄 있는 역사에 초점을 둔다. 이러한 사실을 개념화하기란 상당히 어려울 뿐만 아니라 다음 세대에 이르기까지 이를 인정하라고 요구하는 일은 더욱 어려울 것이다. 그런데도 인본주의적 관점에서 신본주의적 관점으로 전환하는 일은 오늘날 전도 사역의 본질과 윤리 강령을 급진적으로 변화시키게 될 것이다. 이러한 변화를 통해 건강한 전도 사역이 일어나길 간절히 소원할 뿐이다.

하나님 나라로 들어가는 그리스도인의 되는 과정에 대해 그 과정을 지나는 사람 입장에서 다룰 것이다. 단순히 세례에 참여하는 것뿐만 아니라 세례 참여 이외의 다섯 가치 측면에서 강조되어야 할 요소들을 다룰 것이다. 이를 다루기 전에 교회사에서 다가올 하나님의 통치가 어떤 의미였는지를 살펴보는 것이 도움이 될 것이다. 이를 위해 오순절 사건에서 시작한 기독교 운동에 대해 다룰 수 있지만, 좀 더 현대적인 사건에서 다루려고 한다. 복음 전도에 대한 필요성을 강조하고 지속해 온 오순절주의 갱신과 각성의 사건들이 각인되어 있다.

1914년과 1925년 사이에 수마트라 서부 해안에 있는 니아스(Nias)섬에서 그리스도인들이 일만 팔천 명에서 육만 오천 명으로 증가하였는데 이 중에 양육을 통해 이만 삼천 명이 그리스도인이 되었다.[5] 이러한 놀라울 만한 성장은 수십 년이 걸린 것이 아니다. 그 이유는 전

---

5   이 사건에 대한 자세한 내용은 E. Kriele, "The Nias Revival, the Story of a Spiritual Awakening," *International Review of Missions* 16(1927): 91-102를 참조하라.

도 전략의 변화 때문이다. 니아스 부흥은 처음에 조용하게 시작되었다. 라인 선교회(Rheinische Missionsgesellschaft)에서 니아스 지역의 교회 지도자들을 모아 지난 50년간 사역에 대해 평가하였다. 평가와 감사로 이뤄진 다양한 모임들 속에서 무엇이 잘못되고 수정해야 하는지를 알 수 있도록 하나님께 구하였다. 이 모임 중에서는 성만찬을 준비하기도 하였다. 이에 많은 사람들이 참여하였고 그들이 성령의 역사의 촉매제 역할을 하였다.

사람들은 하나님에 대해 깊이 알게 되었고 하나님의 위대하심과 자신들의 범죄함에 대해 알게 되었다. 그들은 복음에 대해 갈급하였고 자신들의 죄를 목회자에게 고백하는 일에 시간을 아끼지 않았다. 그들은 기쁨에 차서 자신의 믿음을 다른 사람에게 전하기 시작했다. 자신들이 저지른 잘못된 일들을 뉘우치기 시작했다. 예배 때마다 두 배, 세 배로 불어났다. 금요일마다 만나서 교리문답 교육을 받았으며 자신들이 찾을 수 있는 기독교 경건 서적은 모조리 읽어댔다. 자신들을 그리스도 공동체에 헌신하면서 1916년에는 6명이었던 전도자가 1925년에는 100명이 되었다.

이러한 간단한 설명으로 니아스 부흥에 대해 다 말할 수 없지만, 하나님의 임재 가운데 진정한 각성이 무엇인지를 알려주는 하나의 지표가 된다. 이 사건을 언급한 목적은 전도 모델을 제시하려는 것도 아니고 각성과 교회 성장의 연관 관계를 말하려는 것도 아니다. 다만 다가올 하나님 나라는 추상적인 것이 아니라 고대 역사에서 나온 신학적 사건이며 미래 전도 사역의 견인차라는 것을 말하는 것이다. 이 부분에 관해서 다양한 문제들과 해석에 대한 유사 과학적인 접근을 할 수 있을 것이다.⁶ 그러나 이러한 접근을 지양하고 우리가 초점을 맞춰야 할 것은 성령의 역사를 통한 다가올 하나님의 통치는 단순히 오순절이나 초대 교회에만 국한되지 않고 역동적이면서도 경이롭고 신비하면서도 능동적 현실로 역사 가운데 반복적으로 개입하고 있다는 점이다. 이 사실이 때로는 홍수와 같이 사람들을 하나님께 몰아갈 수 있고, 아침 이슬처럼 잔잔하게 영혼들을 이끌 수도 있다는 점이다. 어느 쪽이든 인간의 삶을 변화시키며 용서와 긍휼의 공동체를 생성하고 새로운 소망과 희락을 세상에 전한다는 사실이다. 이는 그리스도의 몸된 교회를 향한 온전한 헌신을 이끈다. 교회는 이러한 능력으로 살고 성장하게 된다.

전도는 역사 가운데서 하나님의 역사의 흐름과 관련이 있다. 이 땅에서의 하나님의 통치가 임하면서 전도가 시작되었다. 그 중심의 목적은 화평과 긍휼과 평강의 사도로 사람들을 새 생명으로 이끄는 것이다. 교회의 본질에서 이러한 점은 독특하고도 대체할 수 없는 것으로서, 바로 사람들로 하여금 존재론적으로 이스라엘 가운데 역사하신 그리스도를 통하여 하나님의 통치의 역동성 가운데 들어가게 하는 것이다. 이는 또한 성령의 역사로 인하여 지속되고 유지된다. 이러한 그리스도인이 되는 과정은 그 자체에 독특성을 가지고 있다. 단순히 교회에 외적으로 참석한다고 해서 이뤄지는 것이 아니다. 한 사람의 세계관이 바뀔 때 심리적 상태와 사회적 상태를 분별하는 것은 논리적으로 자연스러운 일이라고 할 수 있다. 단순히 지적으로 아는 신조나

---

6 이 부분에 대해서 고전인 Jonathan Edwards, *The Great Awakening*(New Haven: Yale University Press, 1972), *Religious Affections*(New Haven: Yale University Press, 1959)를 참조하라. 전혀 다른 분석을 위해 William Walters Sargant, *Battle for the Mind*(Garden City, N.Y.: Doubleday, 1957)를 참조하라.

지식으로 축소될 수 있는 것이 아니다. 오히려 특정한 도덕적 비전을 품는 것 이상이라고 할 수 있다. 그리스도인이 되는 과정은 단순히 의식과 성례전에 참여하는 것 그 이상의 의미가 있다. 비록 긍정적인 측면이 있다 할지라도 영적인 경험이나 감정적 경험 이상을 말하며 보다 나은 세상을 추구하며 열정적인 행동주의를 의미하는 것도 아니다. 하나님의 통치 가운데 들어가는 과정에 참여한다는 것은 역사 가운데 진입한다는 투명한 현실을 직면하는 것이며 역사와 창조를 위한 하나님의 궁극적인 목적을 향해 나간다는 것을 의미한다. 그리스도인이 되는 과정에 대해 명확하게 밝히지 않으면 결국 그 과정을 축소하거나 전체를 잃게 될 수 있다. 그렇게 되면, 결국 신학적으로 무지하게 되고 영적으로 혼란을 겪을 수 있다.

4. 그리스도인이 되는 과정과 전도적 함의

하나님의 통치에 들어가는 그리스도인이 되는 과정의 독특함을 말하면서, 그리스도인이 되는 과정이 오늘날 우리의 삶에 직접적으로 적용되고 있지 않지만, 역사적 바탕을 두고 있다는 점을 강조하려 한다. 신학자들은 그리스도인이 되는 과정에 대해 교회 공동체의 허입(許入)에만 초점을 맞춰왔다. 신학자들이 우리의 존재의 사회적 성격에 초점을 맞추고 하나님의 통치에 들어가는 과정에 대해서 바르게 말하고 있는 것은 사실이다. 누구도 하나님의 통치에 들어가는 과정을 완벽하게 해낼 수도 없으며 홀로 영적인 존재로 남을 수도 없다. 하나님 나라는 하나님의 통치와 함께 하나님의 이스라엘에 임하게 된다. 그것이 바로 하나님이 통치하시는 공동체이다. 따라서 온전한 그리스도인이 되는 과정에서 반드시 공동체에 참여하게 되어 있다. 따라서 그리스도인이 되는 과정은 공동체적인 측면이 반드시 강조되어야 한다.

하나님 나라를 구성하는 다른 측면 또한 그 복잡성과 풍성함에 동일하게 적용된다. 따라서 그리스도인이 되는 과정에 있어 하나님 나라에 대한 지식이 없이 참여한다는 것은 불가능하며 공허하게 될 것이다. 그리스도인이 되는 과정은 전도를 통한 각성과 그리스도와 하나님과 하나님 나라 등의 요소들이 없이는 불가능하다. 여기서 핵심은 그리스도인이 되기 위해서 무엇을 믿어야 하는가가 아니라 그리스도인의 되는 과정에 대한 최소한의 인지적 차원이 교회에 존재하고 있는가이다. 교회는 인지적 차원을 피할 수 없다. 그리스도인이 되는 과정이 무엇이며 그 내용에 어떤 것들이 포함되어야 하는지를 교회가 알고 있어야 한다. 따라서 교회는 전도자들의 사역을 통해서 회심한 자들을 향해 올바른 그리스도인이 되는 과정이 무엇인지를 알고 믿을 수 있는 지적인 비전과 신학적인 비전을 공유할 필요가 있다. 이러한 일들이 의도적으로든 비의도적으로든, 혹은 형식적으로든 비형식적으로든 이뤄졌는지 상관이 없다. 어떤 쪽이든 가능하며 이에 대해 온전히 열어놓을 필요가 있다.

그리스도인이 되는 과정은 그리스도 공동체와 세상에서 도덕적 행위의 기반이 될 수 있는 매우 특별한 도덕적 비전을 요구한다. 이 도덕적 비전에는 하나님을 사랑하고 이웃을 사랑하라는 예수님의 대명령이 그 중심에 있다. 더욱이 그리스도인이 되는 과정은 어떤 경험과 성향과 감정들이 예수 그리스도 안에서 살아 계신 하나님을 만날 때 일어나고 성령을 통해 인격적으로 알게 된다. 따라서 전도된 자들은 반드시 성령이 주시는 확신을 자신의 내적인 삶에서 경험해야 하며 이는 곧 18세기 웨슬리와 휫필드의 부흥 운동에서 강조되었던 점이다. 더욱이 그리스도인이 되는 과정은 하나님의 사람으로서 섬길 수 있도록 특별한 은사와 능력을 받는 과정이었다. 따라서 그리스도인이 되는 과정은 단순히 받는 것이 아니라 자신을 하나님 나라를 위해 드리는 과정이었다. 하나님께서 교회가 하나님의 사역을 이 땅에서 감당할 수 있도록 은사를 주셨다. 만일 이러한 것을 그리스도인이 되는 과정에서 무시하거나 간과하게 된다면 그 과정은 심각한 문제를 안게 될 것이다. 마지막으로 그리스도인이 되는 과정은 하나님 나라의 기쁨을 누리기 위한 절대적 필수 요소로서 영적인 훈련이 포함되어 있다. 가장 기본적인 요소로 금식과 기도, 매일 말씀 읽기와 성만찬 참여가 있다.

따라서 그리스도인이 되는 과정은 거미줄과 같은 복잡한 구조를 가지고 있다. 즉 공동체성과 인지성, 도덕성과 경험성, 참여성과 영성 훈련이 포함되어 있다. 하나님 나라에 들어가는 그리스도인이 되는 과정은 단순히 세상적 기준과 열정으로 인간이 갖추어야 할 기본 요소가 아니다. 오히려 이러한 요소들은 그리스도 안에서 드러나고 성령에 의해서 주도되는 하나님의 극적인 역사와 함께하는 것이다.

만일 전도를 하나님 나라에 들어가는 과정으로 여긴다면 매우 중요한 결과들이 나타나게 될 것이다. 첫째, 전도의 과정 가운데 단순히 전도자가 하나가 아니라 넷이 될 것이다. 즉 첫째 전도자는 우리를 하나님의 형상대로 지으시고, 나사렛 예수 그리스도 안에서 우주의 자유를 주신 삼위일체 하나님이다. 이 삼위일체 하나님은 성령을 통해서 세상을 향해 그리스도를 알게 하시고 하나님의 사람들에게 예수 그리스도의 제자로 살게 하시며 세상 가운데서 역동적으로 사역하게 하시기 때문이다. 둘째 전도자는 교회다. 교회는 하나님의 통치 아래 예배와 삶, 사역을 하도록 부르심을 입었다. 특별히 교회는 전도 사역에 부르심을 입은 사람들을 파악하고 양육하며, 그들과 전도자 사역과 삶을 함께 나누는 일을 하는 것이다. 세 번째 전도자는 복음과 하나님 나라를 증거하는 전도 사역자라고 할 수 있다. 네 번째 전도자는 전도된 사람들이다. 진리의 말씀을 듣고 믿음으로 반응하고 회개하며 자신을 성령님의 역사에 내어드리며 기쁨으로 하나님 나라의 책임과 특권을 소유하는 것이다. 따라서 전도는 다양한 요소를 필요로 하고 단순히 하나의 행위로 간주될 수 없다. 전도자가 홀로 사역하는 것처럼 보여도 성령의 역사가 동시에 진행되고 있는 것이다.

둘째, 전도에 그리스인이 되는 과정을 포함한다면, 교회의 역할과 전도자의 역할의 관점에서 볼 때, 전도는 다면성을 가지고 있다. 이는 마치 농사를 짓는 것이나 교육을 하는 것과 같다고 할 수 있다. 따라서 전도 사역은 구체적인 상황과 맞물려 다양하게 일어날 수 있다. 전도는 선포와 새신자 교육, 기도, 세례와 견신례까지도 포함할 수 있다. 이에 전도는 긍휼과 인내가 담긴 대화와 강력한 권고와 대형 집회도 포함할 수 있다. 전도는 영적인 여정에 대한 간증과 공감을 위한 침묵과 축사를 위한 성례전과 교리문답이나 안수나, 대중 매체를 이용하거나, 소그룹을 통해서 가능하다. 전도자에게 전도를 위한 경계선은 없다. 어떤 행위가 전도라 할 수 있느냐에 대한 답은 과연 하나님 나라에 들어가게 하기 위한 과정으로 인도하고 있느냐이다.

물론 전도 사역에서 핵심적인 부분에 대해서 반복적으로 다루게 될 것이다. 분명 전도는 복음 선포를 의미하고 거기에는 회개와 믿음으로 그리스도에게 돌아오라는 요구가 포함되어 있다. 또한 기독교로 회심한 영혼이 그리스도인이 되는 과정에 참여하게 되는 경륜이 신학적으로나 도덕적으로나 기독교 공동체의 전통 속에 깔려 있게 될 것이다. 또한 교회 공동체의 일원이 되게 하며 교회에서 하나님의 사람으로서 섬길 수 있도록 훈련하는 과정도 포함될 것이다. 이러한 요소들이 전도의 전체적인 개념을 형성한다. 진정한 전도자는 다양한 비책을 이용하여 전도 사역을 해낼 것으로 보인다.

반대로, 한 가지 측면만을 강조한 전도의 행위를 전도라고 말하기에는 어렵다. TV에 나오는 전도 설교 자체를 전도라 할 수 없다. 또한 교회에서 20명에게 세례를 주는 행위를 전도라 할 수 없다. 성경을 본 적이 없는 부족에게 성경 요약본을 보내는 행위를 전도라고 할 수 없다. 기독교의 기본 교리를 가르치거나, 산책하고 있는 사람에게 회개하라고 권하는 것이나, 누군가를 기도실에 넣어 헌신을 요구하는 것도 전도라고 할 수 없다. 만일 의도적으로 사람들을 하나님 나라로 인도하는 과정이 없다면, 전도라기보다는 그 어느 것이라고밖에 할 수 없다. 전도 사역이 되기 위해서는 하나님의 통치 아래로 들어가는 과정을 반드시 포함해야 한다. 이를 이루기 위하여 전도 전략이 세워져야 한다.

전도 역사도 이 점을 강조하고 있다. 남아공 아이보리 해안의 선지자로 알려진 해리의 열정적인 전도 사역을 생각해 보라. 하나님의 부르심을 따라 조국인 라이베리아를 떠나 서부 아프리카 해안을 따라 사역하면서 복음을 증거하고 사람들로 하여금 헌신하게 하였다. 네일(Neil)은 그의 사역에 대해 다음과 같이 정리한다.

> 해리가 전하는 복음의 핵심은 하나님에 대한 믿음이었다. 우상을 버리고 매일 주일과 같이 사는 것을 강조하며 간음에 대한 금지를 말했다. 그의 영향을 받은 사람들은 그의 가르침을 받아들이고 세례를 받았다. 해리는 그들에게 마을에 교회를 짓도록 하고 하나님 말씀의 중요성을 강조했다. 사람들에게 자신이 시간이 없어서 다 가르쳐주지 못한 것을 가르치기 위

해 앞으로 올 선생들을 기다리라고 했다.[7]

위의 사례는 하나님의 통치에 들어가는 과정이 포함되지 않은 전도의 극명한 예를 보여주고 있다. 그리스도인이 되는 과정이 전도에 포함되어야 하는 이유가 두 가지 있다. 첫째, 위의 전도 사례들은 변칙적인 전도라 할 수 있다. 변칙적인 전도는 전도의 근본적인 원리로 사용할 수가 없다. 하나님께서 하나님의 사람들을 통해 특별한 일을 행하실 때가 있다. 평범한 사역을 통해서도 하나님은 역사하신다. 하나님 나라에 속한 일들이 이러한 순간들에 일어나게 된다. 그러나 근본적인 이론과 실제는 이러한 일들을 기반으로 세워질 수 없다. 둘째, 더욱 중요한 것은 오늘날 우리가 처한 현실의 어려움과 위기 속에서 전도의 정도를 어떻게 걸을 것인가에 대한 고민이다. 이 부분은 반드시 핵심적으로 다뤄야 할 부분이다. 물론 여기서 제안하는 모든 것이 완전하다고는 할 수 없다. 다만 자주 범하는 실수에서 벗어나고자 하는 노력일 뿐이다. 오늘날 전도 사역에 수정이 가해져야 한다는 것을 말하는 것이다. 전도를 수행하는 데 있어서 실패한 부분이 있기에 이 과정이 반드시 있어야 한다.

전도에 대한 이러한 제안을 몇 가지 비유로 정리할 수 있다. 전도 사역을 무엇과 비유할 수 있을 것인가? 웨슬리는 그리스도인의 삶을 집에 들어가는 과정으로 설명할 때 전도에 대한 흥미로운 이미지를 언급했다. 집 자체는 성결을 의미하고 전심으로 하나님을 사랑하는 것이며, 이웃을 내 몸과 같이 사랑하기 위해 오는 곳이다. 집에 들어가기 위해서는 회개와 믿음이라는 현관을 지나야 한다. 전도에서 내

---

[7] Stephen Neil, *A History of Christian Mission* (New York: Penguin, 1964), p. 493.

가 제시하고자 하는 것은 바로 이 현관을 재건해야 한다는 것이고 이를 견고하게 하여 앞서 언급한 그리스도인이 되는 과정의 기본적인 측면들을 포함해야 한다고 보는 것이다.

그렇다면 전도자는 무엇에 비유할 수 있을까? 목자는 양들이 어디에 있고 계곡에 빠지기 전에 그들을 구할 수 있어야 한다. 전도자는 복음을 정확하게 전달하고 온 누리에 가감 없이 전할 수 있어야 한다. 때로는 변호사와 같이 복음을 재치와 성실과 담대함으로 전할 수 있어야 한다. 때로는 어머니와 같이 하나님의 자녀들이 회개와 믿음의 기쁨을 통해 거듭날 수 있도록 돕는 역할을 해야 한다. 때로는 의사와 같이 잃어버린 자와 연약한 자들에게 하나님 나라의 신유의 능력을 경험하도록 연결해야 줘야 한다. 목욕을 시켜주듯 물로 세례를 받게 하며 말씀으로 먹이고 어머니의 품에서 사도 신경으로 모유 먹이듯이 부모의 역할을 감당해야 한다. 이렇게 생명의 빵과 하늘의 포도주로 양육하고 성령의 은사로 충만하여 기도와 금식으로 무장되어야 한다.

여기에 분석과 변증과 주석적 작업도 필요할 것이다. 하지만 이로써 처음에 제기될 수 있는 반대 의견에 대한 충분한 답변이 이루어지리라 본다. 그러나 분명 여기서 정리되지 않은 부분에 대해서 미래의 전도 사역에 대한 부분을 연구하는 것도 충분히 필요하리라고 본다. 이후에 나오는 장들에서 이 부분에 대해 언급할 것이다. 이 시점에서 우리가 예상할 수 있는 다섯 가지 반대 의견에 대해 다뤄보고자 한다.

5. 반대 의견에 대한 소고

이러한 전도 사역에 대한 접근에서 나올 수 있는 첫째 반대 의견은 바로 교회가 전도의 양적 사역을 희생하고 전도 사역의 질적인 측면만을 강조해야 한다는 것이냐이다. 물론 균형을 이뤄야 할 것이다. 더군다나 이러한 전도 사역은 너무도 전도의 과정을 중시하여 질적인 측면을 강조하고 있다고 말할 것이다. 이는 전도 대상자에게 너무도 과한 것을 요구하는 것이고 따라서 더 많은 대중을 위해선 간단한 입문과정이 필요하다고 여길 것이다.

　이러한 반대 의견에 우리는 긍정할 수밖에 없음에도 여러 부분에서 실패할 가능성이 농후해진다. 또한 이러한 전도 사역에 있어서 양과 질의 갈등이 있을 필요는 없다. 단순히 기우일 뿐이다. 진정한 전도자는 가능한 한 많은 영혼을 구원하려고 애쓸 것이다. 단순히 결신만 시키는 것이 아니라 전도 대상자들에게 아주 현실적이고도 솔직한 하나님의 다스리심에 대해서 말할 것이다. 더욱이 하나님 나라는 내적인 자격을 요구하고 그것을 우리 마음대로 바꿀 수는 없다. 또한 선전을 위해서 사람들이 혹할 부분을 굵은 글씨로 처리하고 나중에 감당해야 할 부분을 작은 글씨로 숨겨 놓는 일을 하지 않는다. 전도에서 그리스도인이 되는 과정을 강조하는 면을 보고 마치 반드시 넘어야 할 장애물을 설치해 놓고 다른 더 좋은 그리스도인이 되는 과정이 올 때까지는 견뎌야 하는 것처럼 여길 수 있다. 이러한 반대 의견은 그리스도인이 되는 과정을 너무도 과장되게 보기 때문이다. 그리스도인이 되는 과정은 은혜를 받고 헌신하는 과정이며, 배움과 갱신의 과정이며, 헌신의 지경을 넓히고 그 깊이를 더하는 과정이다. 개인이나 소그룹에서 이것을 강조하지 않을 이유가 없다.

　나의 전도학적인 측면에 대해 나올 수 있는 두 번째 반론은, 전도를 기독교 교육이나 양육으로 혼동할 수 있다는 점일 것이다. 혹은 교회의 본질이나 사역에 속하지 않은 부분에 전도를 끼워 넣으려고 한다고 생각할 것이다. 이에 대한 대답은 바로 기능론이다. 즉 사람들을 하나님 나라에 들어가게 하기 위한 과정과 이들을 지속적으로 양육하고 가르치는 제자 훈련의 구분을 말한다. 분명 그리스도인의 삶은 평생 개발하고 배워야 하는 과정이다. 그리스도인의 삶은 은혜 안에서 성장하기 위하여, 자신의 은사와 능력을 계발하기 위하여 더 깊고도 넓은 기독교 전통에 대한 이해가 필요하다. 그러나 이러한 과정은 내가 전도에 포함되어야 한다고 제안하는 그리스도인이 되는 과정이 없이는 불가능하다.[8] 오늘날의 상황은 그리 만족스럽지 못하다. 한편에서는 전도의 현재 형식이 복음을 축소하여 전하고 아주 값싼 헌신을 요구하고 있다. 다른 한편에서는 기독교 교육가들이 전도를 경시하면서 가족과 사회적 환경들이 그리스도인이 되는 과정에서 필요한 모든 것을 공급해 줄 것이라고 여긴다.[9] 이에 대한 결과는 뻔하다. 중생한 그리스도인은 무기력해질 것이고 그 삶은 생기를 잃게 될 것이다. 결국 로마 가톨릭교회와 같이 교인들은 명목상 신자로 남고 하나님 나라에 대한 특권과 책임에 대해 알지 못하게 될 것이다. 전도로써 그리스도인이 되는 과정이 실현된다면 다른 교회 사역의 기반이 되어 귀한 열매를 맺게 될 것이다.

세 번째 반론은, 자연스럽게 새신자에게 너무 과도한 훈련을 시키는 것이 아니냐는 이야기가 나올 수 있다. 앞으로 더 다루겠지만, 복음을 전하고 사람들에게 회개와 믿음을 통해서 그리스도에게로 돌아올 수 있도록 초대한 다음, 그들에게 헌신의 의미를 생각해 볼 수 있

---

8   이 책이 쓰일 당시는 1989년으로, 전도는 단순히 전도 폭발이나 사영리를 사용하는 것이라는 의식이 팽배했던 시대이다. 21세기에는 이미 전도가 영적 각성, 회심, 성화에까지 감당해야 한다는 의식이 널리 알려져 있다: 역자 주.
9   양육의 한계성에 대한 언급은 John Westerfhoff III, "A Necessary Paradox: Catechesis and Evangelism, Nurture and Conversion," *Religious Education* 73 (1978): 409-16을 참조하라.

는 시간과 공간을 줘야 한다고 생각한다. 여기서 제안한 전도를 실천하기 위해서는 더욱 성숙하고 영적인 발돋움을 하는 사람에게만 적용될 수 있다.

폴 히버트는 이 문제에 대해 아주 날카롭고도 강력한 방식으로 다루고 있다.[10] 그는 "온종일 배고프고 지쳐 있는, 글을 모르는 농부가 복음을 단 한 번만 듣고 그리스도인이 될 수 있는가?"라고 질문한다. 현대 수학의 개념을 바탕으로 이 질문에 대한 답은 자신이 속한 그리스도인 집합의 범주에 대한 개념에 따라 달라질 것이다. 어떤 이들은 그리스도인의 범주를 결속력이 있는 모임으로 간주하고 그 안에 있는 사람과 밖에 있는 사람으로 그리스도인을 정의하기도 한다. 이런 식으로 그리스도인을 규정하게 되면 성장과 변화는 없게 될 것이다. 이런 개념의 기독교를 소유하게 되면 결코 앞서 말한 농부는 결코 그리스도인이 될 수 없을 것이다. 반면에 어떤 사람들은 그리스도인의 개념을 중심화된 모임으로 간주하여 그 중심에 관련된 모든 사람들을 찾아내는 것을 추구한다. 이는 그 중심과 연관된 다양성을 포용하고 벽을 허물며 교인과 그 중심과의 연관성을 재정립하는 것을 말한다. 이는 변화와 성장의 잠재력을 높이는 결과를 얻게 한다. 이러한 개념에서는 단 한 번만 복음을 들었던 농부는 충분히 그리스도인이 될 가능성이 높아진다. 히버트는 이러한 전도 방향을 지향했다.[11] 히버트는 누군가 예수님을 자신의 삶의 그리스도로 구주로 받아들이고 그리스도인이 되고 그 이후로 양육과 성장의 단계로 옮겨 간다고 말한다.

---

10 Paul Hiebert, "The Catergory 'Christian' in the Mission Task," *International Review of Missions* 72(1983): 421-27.
11 히버트는 세 번째 가능성, 즉 fuzzy set(범주에 들지 않은 불특정한 가능성)을 이야기했지만 여기서 중점적으로 다룰 사항은 아니다.

히버트의 분석을 나의 제안에 적용하면 분명 초신자들에게 너무도 과하고 자생적 성장과 양육의 가능성을 무시한 것이 아니냐는 비판을 할 수 있다. 이에 대해 여러 답변을 할 수 있다. 첫째, 히버트가 제안한 것처럼 모든 경우에 적용할 수 있는지는 아직 분명하지 않다. 분명 히버트의 제안은 필요한 것이다. 히버트 자신도 이러한 부분을 염두에 두고 전도에 대한 접근을 분명히 하기 위해 충분히 연구했다. 그러나 여기에 몇 가지 걸리는 부분이 있다. 먼저, 헌신적이고도 결속력이 강한 그리스도인이라 할지라도 여전히 성장이 필요하다는 것을 부인할 수는 없을 것이다. 즉 그리스도인이 되는 데 있어서 최소한, 그리고 본질적인 헌신이 필요하다는 것을 인정하는 것이다. 다른 한 편에서는 예수 그리스도를 구주로 받아들이는 것이 그리스도인이 된다는 히버트의 기준은 단순히 관계의 변화만을 의미하는 것이 아니라는 것이다.[12] 그리스도인이 된다는 것은 특별한 신학적 세계관을 갖는 것뿐만 아니라 도덕관을 갖는 것을 의미한다. 히버트는 이 부분을 놓치고 있다. 그 이유는 그리스도를 구주로 영접하는 행위의 의미에 대해 생각하지 못했다. 또한 믿음의 본질이라고 할 수 있는 순종을 거스르는 것에 대한 혐오를 가지고 있다. 따라서 히버트의 비유는 매우 제한된 가치를 가지고 있다고 할 수 있다.

더군다나 이러한 반론은 그리스도인이 되는 과정엔 시간이 필요하다는 것을 간과하고 있다는 점이다. 교리교육을 위한 여유와 믿음의 삶으로의 진정한 참여를 위한 인내까지도 점진적 개념으로 전도에 포함되어야 한다는 것이다. 마지막으로 이러한 반론은 그리스도인의 실존이 내용과 형식이 있다는 사실에 인지하는 데 실패하고 있다는 점

---

12   Ibid., p. 424.

이다. 또한 심리학적으로 그리스도인이 되는 과정을 초반에 실시하는 것이 좀 더 나은 때를 찾아 실시하는 것보다 훨씬 건강하다는 것이다. 이 점에 대해 찰스 피니는 확고하게 다음과 같이 말한다.

> 회심자의 그리스도인적 성품이 평생에 걸쳐 형성되고 발전할 것인지는 처음 회심할 때 어떻게 훈련받느냐에 달려 있다. 많은 그리스도인이 이 부분에 있어서 매우 빈약하게 훈련을 받는 것을 볼 수 있다. 그러나 다시금 회심할 기회가 주어지고 적절하게 훈련을 받을 수 있다면 달라질 수 있을 것이다. 하지만 가장 적절한 시기는 바로 처음 그리스도인이 되는 시점이다. 그때가 바로 진리를 받아들이기에 마음 밭이 온유하고 부드러울 때이기 때문이다. 그런 다음에 그들이 하나님의 진리에 대해 깊이 생각하게 되면, 쉽게 성장하게 될 것이다.[13]

여기서 무엇을 어떻게 훈련해야 하느냐에 대해 논할 수 있지만, 이 과정이 반드시 필요하고 이를 위해선 형식과 내용이 필요하다는 점에 대해서는 논쟁의 여지가 없다. 그리스도인이 되는 과정을 풍성하게 할 필요가 있다는 자체가 우리가 풀어야 할 숙제가 있다는 것을 의미한다.

전도로 그리스도인이 되는 과정에 대한 네 번째 반론은, 마치 그리스도인이 되는 과정이 훈육이나 인지적 교육, 학교 교육과 같은 방향으로 잘못 이끌 수 있다는 의견일 것이다. 물론 어떤 이는 그리스도인이 되는 과정을 이렇게 진행할 수도 있을 것이다. 그러나 이러한 반론은 논리가 약하다. 앞서 보았듯이 입문과정은 목적이 결정한다. 하나님 나라에 들어가는 것은 그 형태에 있어서 독특함을 가진다. 이 과정

---

[13] Charles, G, Finney, *Revival Lectures* (Old Tappan, N.J.: Revell, n.d.), p. 448.

을 하나의 지식의 과정으로 축소해서는 안 된다. 이 과정을 풍성하게 하기 위해서는 지식의 과정으로만 머물러서는 안 된다.

마지막으로, 전도에 대한 나의 해석에 대한 우려는 교회에서 사역으로 실시하기에는 전도가 너무도 복잡하다는 것이다. 그들이 말하는 것은 결과적으로 교회가 전도 사역에 있어 타성에 젖을 수 있다는 말이다. 따라서 전도의 개념에 대해서 교회가 새롭게 하면 교회 전체의 사역에 있어서 활력을 불어넣게 되고 결과적으로 교회에 유익이 된다는 것을 알게 된다. 여기서 제기되는 반론은 누군가는 분명 이러한 전도의 과정을 축소하고 교회의 다양한 사역에 귀속시키고자 하는 유혹에 빠질 수 있다는 경고를 해주고 있다. 사실상 어떤 면에서는 나의 제안에 반대한다고 볼 수도 없다. 엄밀하게 실천적인 측면에서 본다면, 사역의 분배를 어떻게 할 것인지 볼 수 있다. 전도 사역을 나누어 진행하면서도 결과적으로는 통합적인 사역을 하는 것이며 이는 좋은 성과를 낼 방법이기도 하다. 즉 장미가 이름은 달라도 같은 향을 내는 원리와 같다.

그러나 위와 같은 방법을 추천하지는 않는다. 그 이유는 다음과 같다. 첫째, 전통적인 전도의 경계 선상에서 전도 사역의 일치성과 연계성이 하나님 나라에 입문하는 과정 없이 안정되기는 어렵다고 보기 때문이다. 따라서 전통적인 전도 사역, 예컨대 대중 전도의 경우 반드시 집회 후 개인 상담이나 다른 형태의 후속 전도가 필요하다. 즉 하나를 강조하면 다른 하나를 놓치게 될 수 있기 때문이다. 전도의 정의적인 측면에서 후속 조치를 강조하면 딜레마를 해결할 수 있다. 이것은 단순히 궤변이 아니다. 우리가 하는 행동은 우리의 의도가 담겨 있는 것이고 이러한 원리는 내가 제안한 전도를 뒷받침하고 있다. 내가 제안하는 전도는 우리가 과거에 알고 있는 전도와는 훨씬 다양한 과정을 담고 있고 이를 실천할 필요를 말하는 것이다. 너무도 오랫동안 교회는 이 영역에서 너무도 얄팍한 해결책을 제시하곤 했다. 다양한 기획과 캠페인과 프로그램들과 노력을 통해 애써왔다. 여기에 우리가 강조한 거짓된 소망 속에서 연약하게 성장해왔다. 이제는 하나님이 이 땅 가운데 베푸신 사랑의 인내를 본받아 진정한 전도를 실천함으로 추수할 때가 된 것이다.

6. 결론

지금까지 제안한 것을 실행하기 위해서는 필연적으로 초대 교회의 전도에서 핵심적인 요소들을 돌출해 낼 필요가 있다.[14] 또한 과거의 위대한 전도자들의 발자취를 찾아 다시금 그 비전을 회복할 필요가 있다. 이 점에서 있어서 시공을 초월해 사도 바울과 성 패트릭, 시릴과 메소디우스, 프란시스 자비어, 존 웨슬리, 그리고 캐서린 부스 등이 내가 제시하는 전도의 원리를 역사적으로 증명했다고 볼 수 있다. 우리는 이 부분에 대해 천국에서 열릴 세미나를 소망할 수 있다. 그 전에는 현재 우리가 누릴 수 있는 유익에 대해서 간단하게 다뤄보려고 한다.

전도에 대한 나의 접근은 전도를 어떻게 이해할 것인가에 대한 반복적인 논쟁 속에서 피어난 것이라고 할 수 있다. 전도자나 전도학 분야의 학생들이 선포나 회심, 교회 개척으로 전도를 이해하는 것은 당

---

[14] 이 부분에 대한 역사적 연구를 위해서 E. Glenn Hinson, *The Evangelization of the Roman Empire*(Macon, GA: Mercer University Press, 1981); Ramsay McMullen, *The Christianizing of the Roman Empire*(New Haven: Yale University Press, 1984); Robin Lane Fox, *Pagan and Christians*(London: Viking, Penguin, 1986)를 참조하라.

연하다. 이 중에 하나만 이해하고 실천한다면 심각한 문제를 초래할 것은 자명하다. 하지만 이러한 각각의 요소들은 하나님 나라에 입문하는 그리스도인에게는 중요한 면이고 행해야 할 사역들이기도 하다. 따라서 여기서 제안하는 전도는 흩어져 있는 전도에 대한 통찰을 하나로 통합하여 널리 퍼져 있는 축소주의를 지양하는 것이다.

더욱이 현재 진행하고 있는 전도와 관련 없는 사역들을 하나로 통합하고 전도를 지향하는 것은 교회로 하여금 새로운 가능성을 가지고 그리스도인들로 하여금 부르심을 새롭게 하고 그들로 하여금 전도의 본질과 구조를 알게 함으로 전도 사역을 개발할 수 있다. 오늘날 교회 생활에서 가장 놀라울 만한 특징 중 하나는 너무도 많은 교인들이 전도를 받아야 할 상황에 놓여 있다는 점이다. 이것은 단순히 좌절이나 분노를 나타내는 것이 아니라 우리가 뒤돌아봐야 할 사실이다. 갱신은 단순히 비판을 통해서 일어나는 것이 아니라 그리스도인이 되는 과정이 부분적으로 시행되거나 완성되지 못한 채 있다는 것을 이해할 때 갱신이 일어난다. 서구 기독교에 속해 있는 사람들이 전도의 반절을 이루었다고 여길 수도 있다. 그들은 그리스도인이 되는 조각난 과정을 지났을 수도 있고 이 땅에서 하나님 통치의 영향력을 쥐꼬리만큼 받고 있을 수도 있다. 전도에서 핵심은 앞서 언급했듯이 그리스도인이 되는 과정을 마치는 것이며 이를 위해서는 근본적인 전도의 원리로의 회귀가 필수다. 따라서 현재의 전도 사역을 평가하고 원리대로 전도의 과업을 마치는 것이 중요하다.

그리스도인이 되는 과정을 보다 심각하게 고려하면, 새로운 세대를 향한 전도의 필요성을 생각해 볼 수 있다. 특별히 그리스도인 가정이나 사회적 환경에서 자란 세대들을 향한 전도의 필요성이 있다. 하나님에게는 손주가 없다는 사실을 알아야 한다. 새로운 세대마다 반드시 하나님 나라에 들어가는 과정을 알아야 하고 새로운 세대마다 이를 인지하고 단순히 기독교를 탄생과 결혼, 장례식을 치르는 데 있어 좋은 예식을 가진 종교로만 여기는 국가적 신앙의 피상적인 고정관념에서 벗어나도록 해야 한다. 이러한 명목상 신앙과 그리스도인이 되는 과정을 혼동하는 것은 어리석은 일이며 자기만족일 뿐이다. 토속 종교를 전부 무시할 일은 아니다. 토속 신앙은 그리스도인이 되는 과정의 취약한 부분을 보여주고 있기 때문이다. 즉 토착 문화를 반영하지 않은 그리스도인이 되는 과정이 어떨지에 대해 보여주는 것이다. 전도의 과정이 올바르면 무엇이 수정되고 새롭게 될 수 있는지를 보여준다.

게다가 그리스도인이 되는 과정을 전도로 보자는 시각은 공동체의 위탁과 책임을 강조하고 있다. 전도에 있어서 선포를 강조할 필요성을 인정하면서도 복음의 본질이 무엇인지를 모든 민족과 세계에 정확히 알려줄 수 있다. 무엇보다 하나님 나라의 논리적 중요성을 강조하면서 전도를 지적이면서도 영적으로 성령께서 역사하시는 상황에서 이뤄지는 것으로 보는 것이다.

이 점을 강조하는 이유는 전도의 방향과 패러다임의 급진적 변화를 일으키고자 함이다. 전도에 있어서 중요한 것은 중요한 프로그램이나 전도 행위의 획기적 변화보다는 전도에 대한 신학적 패러다임의 전환과 개념에 대해 재작업이 필요하다는 점이다.[15] 물론 모든 면에서 그렇지 않을 수도 있다. 이러한 비전은 온 누리에서 전도 사역이 성경적으로 효과적으로 행해질 수 있도록 해석될 필요가 있다. 그러나 대부분의 전도 사역이 단순히 실용주의를 따랐다고 해서 문제가 되는

15　이 점에 있어서 전혀 새로운 것을 의미하는 것은 아니다. 여기서 제안하는 것은 지상대명령의 성취를 의미한다.

것은 아니다. 더욱 중요한 것은 사도적 가르침과 영성을 회복하는 것이다. 전도를 다가올 하나님 나라와 연계시켜서 이해하는 것은 이러한 성서적 전도의 전통을 회복하는 데 기여하게 될 것이다. 이것이 유일한 방법이라고는 생각하지 않는다. 그리스도인이 되는 과정이 전도와 하나님 나라를 잇는 유일한 기회라고도 여기진 않는다. 단지 그리스도인이 되는 과정이 하나의 대안이 될 수 있으며 더 나은 대안이 나올 때까지 차용할 수 있을 것으로 생각한다.

찰스 웨슬리는 이러한 전도의 비전의 핵심과 전도에 적용하고자 하는 나의 의도를 다음과 같이 표현했다.

하늘에 계신 하나님께 모든 영광을
이 땅에 평화가 회복되기를!
예수여 홀로 높임 받으소서
주의 전능하심을 보이소서!
겸손히 베들레헴에서 나신 주여
잃어버린 영혼을 구속하시고
주의 피조물들을 돌이키시며
은혜의 왕국에서 다스리소서.

우리의 육신으로 오실 때
모든 피조물이 찬미하고
구원의 날들을 여시고
이 땅에 천국을 여시니
위로부터 구원을 받으니
온 누리에 축복이 넘치나이다

은혜와 신실의 주여
평강의 왕 주여.

오 주여 주를 알게 하소서!
성령 안에서 임재 안에서
주의 권능 안에 있게 하시고
주의 나라는 영원하오니
오직 주만이 축복하시니
모든 민족이 순종하게 하소서
모든 미움이 사라지게 하사
모든 열방이 경배하게 하소서.

주의 종에게 임하사
주의 재림을 갈망하나이다
주의 평강의 통치가
자비 가운데 이뤄지리니
모든 슬픔이 사라지리이다
모든 분노와 미움이 사라지고
시기와 증오가 사라지리니
죄성이 온전히 사라지리이다.

06
회심, 세례, 도덕

The Logic of Evangelism

전도는 회심을 통해 이 땅 가운데서 하나님의 새로운 시대에 들어가기 위해 거듭나는 것이다. 또한 물로 세례를 받고 이스라엘 하나님과 동역하고 부활하신 주님과 연합하는 죽음에 참예하는 것이다. 마지막으로 하나님을 사랑하고 이웃을 사랑하라는 근본적인 윤리적 전통에 참여하는 것이다.

The Logic of Evangelism

06 | 회심, 세례, 도덕

1849년 토마스 카일리는 아일랜드를 방문했다. 그는 그곳에서 예배를 드릴 때의 인상을 기록해 놓았다. 카일리는 자신이 목격한 예배에 대해 좋은 인상을 받지 못했다. 약 사십 명 정도 되는 회중이 있었고 붉은 머리의 한 사람이 품위 있는 예배를 그야말로 '보여'주고 있었다. 뭔가 부족했다. 이 일에 대해 카일리는 다음과 같이 기록했다.

영국의 개신교가 정말 품위가 넘쳐서 일주일에 한 번은 꼭 오고 싶다는 생각을 했다. 더군다나 마치 바벨 신앙의 흐름이 히브리인들 곁에 흐를 때처럼, 미신적인 바벨 신앙의 어둠 속에서 영국 신앙의 순수성과 고귀함과 복음을 일깨워 주었다. 그러나 구원을 받든지 아니면 심판을 받아야 하는 이질적인 아담의 후손들에게는 불가능하다는 것을 알았다. 이질적인 아담의 후손은 우주의 수수께끼를 풀지 못하면 영원한 지옥으로 갈 것이다. 만일 교회에서 행해지는 미스테리하면서도 '보여'주는 예배의 의미를 알지 못하면 결코 천국은 그에게 없는 것이다. 고귀하고 정결한 영국 교회라는 바벨탑 옆에서 슬피 우는 영혼이여! 슬퍼하는 일 외에 다른 뭔가를 더 잘할 수 있을 때까지는 슬피 울리라. 어떤 바벨론 사람들이나 다른 사람들도 이에 대해 고민조차 안 하고 있으니![1]

카일리는 현대 전도 역사에 많은 이들이 경험하고 있는 부분을 지적하고 있다. 경건주의자, 메소디스트, 전도자들은 오랫동안 전도의 본질은 성례전과는 전혀 상관이 없다는 인식을 해왔다. 그들에게 있어서 전도는 단지 중생과 회심만을 담당하는 것으로 여겨졌다. 즉 한 개인이 중생을 위해 하나님 앞에 서는 것이지 교회가 담당할 일은 없다고 여긴 것이다. 오직 성령의 역사를 통해 하나님께서 그 영적인 필요를 채우실 것이라고 여겼다. 교회는 이 부분에 있어서 돕기보다는 오히려 무관심했으며 최악의 경우는 적대시하기까지 했다. 이것이 바로 현대 전도 역사에서 나오는 인상이다. 앞선 세대에서 단순하게 여겼던 전도에 대한 인상이 이제는 고착되어 텔레반젤리스트의 방식이 하나의 원리처럼 여겨지게 되었다. 양극화 현상이 심해지고 있다. 한쪽에서는 교회가 형식주의를 추구하면서 지루한 예배를 드리고 도덕적 설교를 하면서 누구도 회심시키지 못하고 있다. 다른 한편에서는 죄에 대한 양심의 가책으로 인해 복음 속에서 회개와 믿음을 말할 때 절박하게 구제를 받고 싶어 한다. 이는 양쪽 진영이 모두 상호 적대적 관계 속에서 대치하고 있는 양상이다.

이번 장에서 이러한 양극화 현상이 성서적이지도 않으면서 받아들일 수도 없다는 점을 설명하려고 한다. 즉 만일 교회가 하나님 나라에

---

[1] Thomas Carlye, *Reminiscences of my Irish Journey in 1849*(New York: Harper and Brothers, 1882), p. 141.

들어가는 과정을 심각하게 받아들인다면, 하나님과 이웃을 사랑하기 위한 입문의 요소로 회심과 세례, 헌신에 대한 전도의 과정을 생각해 볼 수 있을 것이다. 다음 장에서는 사도 신경을 고백하고 성령의 은사를 받으며 성만찬과 기도, 금식을 하는 그리스도인으로 성장시키기 위한 전도의 과정에 대해 다룰 것이다.

이러한 방향으로 전개하면서 앞서 언급한 전도에 대해 폭넓은 이해를 구하고 전도가 반드시 그리스도인이 되는 과정과 연계되어야 한다는 점을 강조하고자 한다. 전도는 하나님 나라에 들어가는 그리스도인의 과정을 추구하며 행해져 왔다고 말했다. 따라서 전체적인 목적은 전도와 그리스도인 과정을 연계시키고 이를 받아들이는 것을 반대하는 의견에 답을 제시하였다. 이 과정에서 그리스도인이 되는 과정의 아웃라인을 제시하였다. 분명히 이 부분을 명확하게 하여 전체적인 그림을 볼 수 있도록 했다.

우리에게 닥친 어려움을 회피해서는 안 된다. 누군가는 비록 나의 제안에 대해 완전히 동의하지 않더라도 형식적으로 내가 제시한 제안을 따라 전도가 그리스도인이 되는 과정과 연결되어야 한다고 생각할 것이다. 내가 제시한 여섯 가지 그리스도인이 되는 과정에 대해 불신을 가질 수도 있다. 따라서 이 부분에 대해 솔직하게 다룰 필요가 있다고 생각하고 그리스도인이 되는 과정에 어떠한 절차와 요소들이 포함되어야 할지에 대해 다룰 필요가 있다고 생각한다. 이것을 진행하면서 전도가 하나님 나라에 들어가는 과정과 반드시 연결되어야 한다는 점을 강조해 줄 수 있는 근거들을 세우려고 한다.

이 과정에서 반드시 기억해야 할 것은 그리스도인이 되는 과정이 어떠한 의식이나 성례전을 의미하는 것이 아니라는 점이다. 여기서 말하는 과정은 이 땅에서 하나님의 통치에 들어가는 기본적인 경험과 과정을 의미한다. 따라서 교회에 등록하여 교인 교육을 받는 것으로 그리스도인이 되는 과정을 이해하는 것은 상당한 오해이다.[2] 이러한 사역은 내가 말하는 전도의 특성과는 상당한 거리가 있다. 특별히 전도를 선포로 이해하는 통념의 결과라고 본다.

이 점에 있어서 하나님의 은혜를 갈망하는 사람들에게 복음을 전하지 못한다면 교회는 그 사역을 충실히 이행하지 못한다는 카일리의 지적이 옳다고 할 수 있다. 교회는 문화에 귀속되기 쉽다. 해외 사역을 하면서 율법의 부담감 때문에 도덕적 가르침을 주며, 자기 국가의 정체성과 우월감을 보여주고, 척박한 땅에서 미학적인 풍미를 보여줄 수 있다. 이러한 일들이 교회사에서 반복적으로 일어났다. 루터와 웨슬리는 살아 계신 하나님을 만나고자 하는 자기 몸부림 속에서 이러한 상황들을 직면하곤 하였다. 자신들이 찾고 있던 것을 발견했을 때, 그 결과는 흔히 개인적인 부흥과 신학의 격변이었다. 종교 개혁과 18세기 복음 대각성은 모두 각자의 방법대로 하나님에 대한 개인적인 경험을 자신들의 신학적인 강조와 개발로 그 영향을 분명하게 했다. 현대 전도의 형식은 놀라울 정도로 만연되어 있다. 현대 전도 형식은 그 방점을 회심과 중생에 두고 있다.

1. 회심

회심은 전도 영역을 어디까지 두어야 하는지에 대한 질문을 하게 한다. 회심이 하나님 나라에 들어가는 그리스도인의 과정 중 하나인지, 아니면 서구 기독교에서 치르는 하나의 과정인지, 아니면 어거스

---

2 로버트 웨버는 초대 교회의 그리스도인 과정을 복원하려 시도했었다. 그의 책 *Celebrating Our Faith: Evangelism through Worship*(San Fransico: Harper and Row, 1986)을 참조하라.

틴 이후로 서구 사회에서 이어져 내려오는 내적 양심의 유산인지, 아니면 전도와 관련하여 유용한 요소이기 때문에 다뤄야 할 주제인지에 대해 의문을 가질 수 있다. 이에 대답하기 위해서는 회심이 하나님 나라와 어떠한 연관이 있는지에 대한 보다 거시적인 관점을 취할 필요가 있다.

회심과 중생은 기독교의 독특한 개념이다. 회심이라는 개념은 초대 교회에서의 개념으로 오늘날 현대에 이해하는 개념과는 차이가 있다. 중생에 있어서도 신약에서는 그렇게 주목을 받지 못하는 부분이다.[3] 웨슬리에 의해 강조되었듯이, 중생은 이신칭의와 관련이 있으며 성령의 증거와 처음 성화와 관련이 있다. 거시적 관점에서 웨슬리와 다른 이들의 이러한 용어 사용은 개인적이고도 실존적인 측면에서 사람들이 예수 그리스도의 복음을 직면할 때 일어나는 일들을 서술해 놓은 것이다.[4] 성령의 역사를 통해 자신의 죄를 알고 거룩하신 하나님의 긍휼을 깨달으며 빛과 어둠, 삶과 죽음을 택할지 결정하게 된다. 여기서 결신한다는 것은 단순히 아침 식사를 위한 토스트에 잼을 바를 건지, 치즈를 바를 건지를 결정하는 것이 아니다. 결신이란 과거의 자신의 삶에서 현실적인 확신으로 새로운 하나님과의 관계를 세우는 자신을 발견하는 것이다. 이러한 상황에서 중생이란 용어는 자연스럽고도 적절한 것이다. 그 이유는 중생이 새롭게 회심한 사람에게 자연스럽게 일어나는 핵심적인 요소이기 때문이다.

하나님의 통치에 들어가는 과정과 중생을 따로 떼어 놓고 말할 수

---

3 이와 관련한 내용은 Julius Schneiwind, "The Biblical Doctrine of Conversion," *Scottish Journal of Theology* 5(1952): 267-81을 참조하라.
4 중생에 대해서 웨슬리의 설교를 참고할 필요가 있다. Albert Outler, ed., *The Works of John Wesley, vol. 2. Sermons II*(Nashville: Abingdon, 1984), pp. 186-201.

는 없다. 또한 그렇게 할 필요도 없다. 중생은 성경에 뿌리를 두고 있으며 명목상 그리스도인과 화려한 교회 장식 아래 묻힐 때마다 표면으로 자꾸만 드러나는 문제이다. 더욱이 이 중생이라는 용어는 교회의 세례식 안에서도 여전히 현재 진행형이라고 할 수 있다. 중생은 우연히 얻어지는 것이 아니며 그리스도인이 되는 과정에서 일어나는 필수 과정이라고 할 수 있다. 더욱이 중생은 사회적 위치와 교육의 정도와 상관없이 많은 회심자들이 경험하는 것이다.[5] 때로는 이러한 경험들이 기독교를 단순히 신비적이거나 난해하게 여기게 할 소지가 있다. 따라서 사람들에게 복음의 중요성을 좀 더 도전적으로 강조하려고 한다. 하나님 나라에 들어가는 것은 그리 쉽지 않은 일이다. 하나님과의 급진적인 직면이 있어야 하며 엄격한 자기 검증과 자기 인식이 필요하다. 하나님이 누구시며 인간의 존재는 무엇인지 알아야 할 필요가 있으며 이러한 상태에서 하나님의 통치를 직면할 필요가 있다. 그렇지 않으면 삶은 그저 흘러갈 뿐이다. 중생, 죄사함, 회심 등이 무엇을 의미하는지 정확히 알아야 하며 역사 속에서 이러한 종교적인 경험 등이 어떤 의미였는지를 알 필요가 있다.

그러나 이러한 용어들은 기독교 안에서만 통용되는 은어가 되었다. 회의적인 구름 아래 놓여 있으며 교회 예배자의 삶과는 거리가 생기게 되었다.[6] 그 원인을 우리는 금방 알아챌 수가 있다. 더욱이 만일 우리가 그리스도인이 되는 과정의 중요성을 다시금 회복하려고 한다

---

5 이와 관련해서 Hugh T. Kerr and John Mulder, eds., *Conversion: The Christian Experience*(Grand Rapids: Eerdmans, 1983)를 참조하라.
6 슈니빈트는 다음과 같이 말한다.
   우리는 개임의 체험과 다른 사람들의 체험에 대해 말을 하면서 우리를 회심시키려 한다는 것을 안다. 우리는 이러한 상황을 피하고 싶어 한다. 그 이유는 회심을 시키려 한다는 것을 느끼기 때문이다. 이러한 느낌은 하나님께 회심한다는 것에 오해를 하는 것이다. 하나님께 회심은 곧 기쁨이라는 사실을 전도할 때 말하는 것을 간과하고 있다(Biblical Doctrine, p. 267).

면 역사에서 어떻게 이를 다루었는지를 살피는 것은 필수다.

첫째, 회심과 중생은 신학계에서만 다루는 한계성을 보여왔다. 영혼 안에 있는 은혜에 대한 조직신학적인 열매 없는 논쟁이 중생의 의미를 너무 단순화시켰다. 또한 회심에 대한 용어를 명확히 하려는 시도는 전도신학의 분야가 되었고 회심은 결국 인간의 내면세계로 집중하게 하여 기독 신학의 풍성한 영역을 제한시키고 오히려 좁고도 부적절한 경건을 추구하도록 하였다. 결국 하나님 나라의 사회적인 측면과 자유케 하시는 측면을 고립시키는 부작용을 일으킬 수 있는 위험성을 가중시킨다. 또한 회심한 상태에서의 타락이나 세속화에 대한 어떠한 여지도 허락하지 않는다. 이러한 경향은 인간이 예정된 자로서 구원을 받으려면 모든 사람이 일련의 동일한 회심의 과정을 겪어야 한다고 생각하게 한다. 따라서 생각이 있는 그리스도인들은 이러한 짜인 회심, 중생, 칭의라는 언어에 갇혀 있지 않다.

둘째, 중생은 다가올 하나님의 시대에 관련해서 그 본질에서 점차 멀어져 가고 있다.[7] 따라서 회심자 스스로를 하나님 나라의 사람으로 볼 필요성, 새로운 창조에 참여하기 위하여 거듭남으로의 부르심을 입었다는 사실과 성령으로 감화를 받는다는 연결성을 잃어버리고 있다. 오히려 율법의 무게를 경시하는 도덕성의 패턴과 개인의 사소한 실수와 인간의 행위에 대해 초점을 맞추게 되었다. 때로 어떤 측면에서는 이러한 경향이 자유 시장 경제의 활성화를 돕고 국가의 부와 보수 정치인들의 당선을 돕는 데 일조하기도 하였다. 거듭나겠다는 정치는 결국 궁극의 세속화를 보여주었고 시온의 개념의 해체로 맺어진 매춘이며, 거듭남이라는 개념 해체의 완벽한 예를 보여준다.

---

7   요한복음 3장은 중생과 하나님 나라에 들어가는 것의 연관성에 대해 설명하고 있다.

셋째, 거듭남이라는 개념이 세례와 분리되어 이해되어 오면서 사회적 상황과 교회적 상황이 상관없게 되어 마치 고아와 같이 도덕적, 신학적 담론의 기아에 소망 없이 허덕이게 되었다. 이 원인에 대해서는 누차 말했기 때문에 여기서 다시 언급할 필요는 없다고 생각한다. 분명한 것은 성인 세례와 유아세례를 분리함으로써 결과적으로는 거듭남(신생)과 세례를 분리하게 되었다. 성인의 세례를 통하여 사람들은 자연스럽게 거듭남과 연결지었다. 반면 유아세례는 흠이 있고 뭔가 부족해 보인다는 인상을 주었다. 이를 수정하기 위해서 많은 시도가 있었다. 즉 세례적인 중생(ex opere operato)에서 은혜의 언약 신학으로, 선행 은총론으로, 교회의 성례전에서의 신성한 하나님의 역사로, 새로운 성례전의 발견으로, 혹은 견신례의 유사 성례전으로 변화하였다. 이 모든 것과 이 이상의 것도 시도되었다. 이러한 모든 시도 가운데서 동일하게 한 가지 부족한 것이 있었는데 그것은 바로 그리스도인이 되는 과정이 상실되었다는 점이다. 이러한 해체는 원죄와 자범죄의 교리의 발달과 콘스탄틴 이후 심도 있는 과정의 실패와 오늘날의 무분별한 세례의 행위와 성령의 역사에 대한 절대론자와 배제론자들로 인함이다.[8] 이러한 현상은 기독교의 경건주의 형식들이 축출되고, 교회와 대학과 국가가 매우 합리적으로 연합하여 회심과 거듭남에 대해 일어나는 새로운 갱신 운동 등을 붕괴시켰을 때 더욱 심각해졌다.

세례와 견신례, 성령의 역사와 같은 주제에 대한 논쟁에 새롭게 제시할 만한 것은 없다. 각자의 입장에서 이러한 논쟁들은 지속될 것이다. 우리에게 필요한 것은 그리스도인이 되는 과정에 대한 새로운 시

---

8 성령의 풍성한 역사를 무시하기 위하여 회심의 체험을 배제한 회심을 강조하던 사람들이 있었다.

각이다. 하나님을 만날 필요가 있으며 죄 용서와 거듭남을 경험해야 하며 이는 비로소 세례가 의미하는 것처럼 탄탄한 신앙생활을 이끌게 된다.

회심과 거듭남의 언어의 지향점은 정해져 있다. 이를 배제하고 만일 교회의 성례전의 형식만 추구할 경우, 제자를 만들 수 있는 첫째 기회를 잃어버리고 뒷문으로 영혼을 잃게 될 것이다. 동방 정교 전통의 보석 중에 하나라고 할 수 있는 신학자 시므온을 생각해 볼 필요가 있다.[9] 유아세례에 대해 시므온은 많은 반대에도 불구하고 모든 그리스도인은 세례를 통해 성령 세례를 경험하며 이는 성령에 대한 인식적 경험이며 곧 말로 표현할 수 없는 기쁨과 확신을 준다고 주장한다. 시므온의 전반적인 신학적 주장은 결국 회심과 중생의 메소디스트들과 경건주의 신학을 반영하고 있다. 이는 다른 측면으로는 천주교가 제시하는 유아세례에서 인격적인 성령 체험의 약점을 극복하게 해준다는 데 있다. 따라서 세례는 영생의 씨앗을 심는 과정이며 신앙생활 가운데 성령에 의해서 자란다고 볼 수 있다.[10] 회심이라는 개념이 자연스럽게 적용되지 않을 때 그저 형식으로만 보존되는 것은 당연한 일이다. 따라서 회심과 거듭남에 대한 개념을 설명하는 데는 반드시 신학적인 고찰이 병행되어야 한다는 증거를 보여주고 있다. 하나님의 역동적인 통치에 들어간다는 것은 핵심적이고도, 개인적이며, 경험적 차원이다. 이 과정을 경험한 사람들은 교회의 보물을 여전히 생동감

---

9   이 부분에 있어서 Bsil Krivocheine의 *In the Light of Christ, Saint Symeon The New Theologian (949-1022): Life-Spirituality-Doctrine*(Crestwood, N.Y.: St. Vladmir's Seminary Press, 1986)을 참조할 필요가 있다. 성 시므온에 대한 기초자료는 9장을 참조하라.

10 이러한 영감을 Austin Farrer의 설교문에서 받았지만, 원자료 출처는 기억할 수가 없다. Bushnell은 이러한 비유를 유아세례를 방어하는 데 사용하였다. Horace Bushnell, *Christian Nurture*(New Haven: Yale University Press, 1888), p. 30.

있게 경험한다. 동시에 전도를 여전히 이해하고 고귀하게 실천한다. 많은 교단과 전도 운동들이 이러한 개념을 바탕으로 전도를 시작하고 유지하고 있다.

그러나 그 내용을 근본적으로 수정하지 않는 한 전도의 개념을 바꾸기란 어렵다. 호세 미구에즈 보니노(Jose Míguez Bonino)는 회심의 개념을 다시금 정립해야 한다고 말한다.[11] 그는 웨슬리 시대의 회심은 신학적인 측면과 비유적인 측면에서 오늘날에는 적용할 수 없는 부분이 있다고 지적한다. 웨슬리 시대의 회심은 하나님과 인간 사이에서 함께함과 행함이 구체적으로 연결되어 있었다고 본다. 따라서 웨슬리는 함께함이 먼저이고 행함이 그 결과로 나타난다고 보았다. 이러한 상황에서 회심은 영적 혹은 형이상학적인 차원으로 보일 수 있다는 것이다. 이는 후에 역사에서 우선순위에서 밀려나게 된다. 결과적으로 이러한 경향은 하나님과 인간의 함께함과 행함이 연합성을 파괴하였다고 본다. 이러한 경향을 선호하는 사람들은 전도된 사람을 마치 개인적이면서도 자기만의 현실관을 가지고 있으며 하나님 앞에서 홀로 모든 것이 드러난 사람으로 여기게 된다. 그런 다음 사회를 개인이 종말에 이르기까지 안전하게 성장할 수 있는 하나의 편의를 제공하는 수단으로 여기게 된다. 미구에즈 보니노에 따르면, 이건 허구에 불과하다는 것이다. 자기 인식과 양심은 단단한 역사적 관계 속에 내재된 복잡한 과정의 핵심이라고 할 수 있다. 따라서 회심은 공허한 상태에서 일어나지 않는다. 회심은 이미 존재하고 있는 자기 인식과 실제에서 일어난 도전에 대해 응답하는 것이다.[12]

---

11 Jose Míguez Bonino, "Conversion, New Creature and Commitment," *International Review of Missions* 72(1983): 324-32.
12 이 부분에 대해서는 웨슬리 학자들이 웨슬리의 입장을 정리할 수 있도록 여지를 남겨 놓으려 한다.

이를 설명하기 위해서 웨슬리가 말한 회심의 이해를 살펴볼 필요가 있다. 성령론적인 관점에서 웨슬리는 회심을 부르심의 형태를 취한 기독교의 메시지의 결정체와 개인적이고도 의식적인, 그리고 헌신된 반응 사이에서의 조우라고 정의한다. 따라서 회심은 인식에 의해 특성화되고 (마치 메소디스트의 전통이 주장하듯) 메시지의 내용과 새로운 자기 이해, 즉 새로운 관계와 새로운 헌신과 관련이 있다. 존재론적으로(이렇게 표현할 수 있다면) 회심은 하나님께서 인간으로서, 인간이 인류와의 언약에 의식적으로 참여할 수 있도록 하시고, 하나님께서 입증하시고 새롭게 하시며 그리스도 안에서 확증하시는 과정이라고 할 수 있다.[13]

따라서 회심은 전도된 자들에게 매우 구체적으로 그 목적과 조건들에 대한 헌신에 부르심을 요구한다. 신약에서 다양한 저자들이 강조하는 것처럼 믿음으로 향한 부르심은 매우 다르고 심지어는 모순적인 방식도 볼 수 있다(예를 들어, 기독론). 따라서 현대 전도자들은 반드시 성령을 신뢰하여 자신들로 하여금 현대 사회에서 동일한 목적을 이루어야 한다. 그러한 과정에서 그리스도는 진정한 인간의 삶을 지닌 매개자로서 인간적이면서도 사회적이며 전도의 목적이 단순히 형식적인 메시지나 교리의 수용이 아닌 새로운 피조물로 구성된 새로운 창조여야 한다.

초기 메소디스트들은 전도를 위해 이 부분의 중요성을 깨닫고 자신들의 일반규정에 그리스도의 필요성에 대해 다음과 같이 정리하였다.

대조적으로, 우리의 전도에 대한 문제 제기가 거의 없었다. 그 내용이 무엇인지 알 수 없다. 그래서인지 사람들은 무의식적으로 종교적인 사람이

---

13 Míguez Bonino, "Conversion," p. 330. 원문에 있는 대로 강조하였다.

어떤 것인지로 채우려 하는 고정관념에서 벗어나지 못하고 있다. 따라서 마치 경건의 의미가 무엇인지를 보여주려는 듯이 용서받고 그리스도인의 기준이 무엇이며 교리적인 이미지가 무엇인지를 보여주려 한다. 만일 전도하는 공동체가 그 시대가 요구하는 구체적인 증거를 제시하지 않는다면, 전도는 단순히 오늘날 사는 현대인들을 비인간화시키는 상황들을 신성시하고 유지하는 도구로 전락시킬 뿐이다. 간단히 말하면, 전도는 반드시 다음과 같은 질문을 다뤄야 한다. "오늘날 그리스도를 따른다는 것은 구체적으로 생각과 행동에 있어서 무엇을 의미하는가?"[14]

미구에즈 보니노는 회심에 대한 불충분한 신학적, 철학적 가정이 수정될 수 있도록 올바르게 지적하고 있다. 그러나 중요한 것은 수정 그 자체도 우리가 이미 실수한 것처럼 오류가 있을 수 있다는 점이다. 이 부분에 대해서 두 가지 작은 오류와 한 가지 큰 오류에 대해서 살펴볼 필요가 있다.

첫째, 신약에서의 기독론의 다양성에 대한 문제 제기는 집약적이고도 구체적인 용어로 회심으로의 부르심의 중요성을 표현하는 데 있어 최선이 아닐 수 있다는 점이다. 그리스도에 대해 정경적으로 증언하는 방식으로 읽는 것에 대해 문제를 제기할 수 있고 이러한 방식은 최선이라고 할 수 없다. 더욱이 이러한 식의 읽기가 그리스도 안에서의 하나님의 통치를 가장 잘 나타내주는 기독론을 약화하고 결국에는 붕괴시킬 수 있다는 견해에 대해 의구심이 든다.[15] 분명한 것은 신약에 대해 미구에즈 보니노가 제시한 민감하고도 계속 연구해야 할 분

---

14 Ibid., pp. 331-32.
15 이 문제에 대해 다음 장에서 다룰 예정이다. 특별히 그리스도인이 되는 과정 중 인지 과정을 다룰 때 설명할 것이다.

석에 대해서 우리가 주목할 필요가 있다는 것과 단순히 신약에 대한 그의 견해에 집중하기보다는 성령께서 전도자를 선지자와 같이, 예컨대 세례 요한이나 마틴 루터 킹과 같은 사람이 되도록 이끄실 것을 신뢰하는 것이다. 물론 현실에서 어렵다는 것을 알고 있다. 전도 역사에서 많은 전도자들이 회심자들에게 도덕적인 측면만을 강조해 왔기 때문이다. 이 부분에 대해서도 후에 다룰 것이다.

둘째, 소모적이고도 문제가 많음에도 불구하고 이러한 재구성을 자신들이 대체하고자 하는 추론이나 제안을 담은 특별한 철학적, 정치적 프로그램으로 전환시키는 것이 쉽다는 점이다. 미구에즈 보니노는 이러한 덫에 걸리지 않았다. 그러나 회심으로의 부르심을 단순히 도덕적인 진리나 철학적인 진리로의 편승으로 오해하게 하는 성급한 생각은 이러한 덫에 걸리기 쉽다.[16] 여기서 이러한 복잡한 문제를 해결할 수는 없지만, 이에 대해 관심을 쏟을 필요는 있다. 여기서 필요한 것은 우리가 역사 속에서 살아가면서 하나님 나라에 맞는 전도에 대한 헌신과 동시에 이를 실천하는 과정에서 정치적 압제와 폭력을 반드시 구분해야 한다는 점이다. 이러한 헌신과 분별은 유럽의 계몽주의 정치적 성향의 잔재를 사회적으로나 정치적으로 수용해서 되는 것도 아니며, 내적 경건의 세계로의 도피로 이뤄지는 것도 아니다. 아마도 이 부분이 성령의 역사 가운데서 전도자와 교회가 직면하는 가장 깊은 믿음의 시험일 것이다.

셋째, 미구에즈 보니노가 제기하는 문제는 전도의 함축성에서 극히 중요한 부분이지만 이 부분을 충분히 논의하지 않았다. 인간은 사회적인 존재로서 인간관계로 인해서 존재의 가치가 형성되고 규정된

---

16 박형규는 그의 논문 "Conversion as Pilgrimage to Liberation," *International Review of Mission* 72(1983): 380-84에서 이 문제를 다루고 있다.

다고 미구에즈 보니노는 지적한다. 만일 이 점을 받아들일 필요가 없다고 해도 여전히 인간의 존재에 있어서 사회적 특성은 인정할 필요가 있다. 이 시점에 운명론에 대해 다루면서 이러한 점을 강조할 필요는 없지만, 적어도 인간의 존재에 대한 사회적 특성에 대해서만큼은 인정할 필요가 있다. 그렇다면 이것이 전도와 어떤 관련이 있는가? 개인적인 죄와 사회적인 죄까지 다루면서 회심으로의 부르심에 대한 내용을 바꿔야 하는가? 그렇게 하면 다 되는가? 아마 그 이상일 것이다. 전도자는 예수 그리스도의 피와 살로 이뤄진 공동체에 참여하는 수단으로 현재 수준보다 세례에 더 관심을 둘 필요가 있다. 즉 회심과 세례의 단일성에 대해 밝혀지지 않은 부분을 드러낼 필요가 있다.

만일 우리가 속한 공동체로 인해 우리의 신앙이 갖춰지고 형성되었다면, 깊은 돌봄과 영적 건강을 공급하는 공동체의 지원과 지지 없이 새롭게 될 수 있다고 생각하는 것은 비현실적이다. 공동체 없이 고립되어 홀로 새로운 회심자가 하나님 나라에 들어가는 변화를 이루며 교회와는 교류가 없는 상태로 머물 수 있다고 생각하는 것은 적절하지 못하다. 미구에즈가 말한 급진적이고도 구체적인 헌신에 이르기 위해서는 교회 공동체가 더욱 필요하게 된다. 따라서 한 가지 원리가 도출된다. 즉 과정이 어려울수록 더 많은 공동체의 지원이 필요하게 된다. 즉 제자도의 대가를 치르는 헌신을 요구하면서 그들을 위험 속에 남겨두고 떠나며 자기들이 알아서 감당하라고 하는 것은 말이 안 되는 것이다.

이는 곧 역사 가운데서 소그룹의 역할이 전도에 있어서 얼마나 중요한 역할을 해주었는가를 설명해 주고 있다. 소그룹은 그리스도인으로 동화되며 믿음의 특권과 책임을 다할 수 있도록 해주었다. 예를 들어, 교회 안에 교회라는 개념을 경건주의는 확산시켰다. 웨슬리의 전도는 클래스 미팅과 다른 소그룹을 통해 이뤄졌다.[17] 가정 교회는 초대 교회와 현대 오순절주의에서 중요한 역할을 감당했다.[18] 교회의 소그룹(comunidad eclesial de base)은 라틴 아메리카의 로마 가톨릭교회의 전도 전략에서 중요한 역할을 했다.[19] 이러한 소그룹들은 계획적으로 만들어지지 않았다. 그들은 인간 존재의 사회적 특성에 대해 말했고 이러한 소그룹들은 한 인간이 그리스인으로서 믿음을 가지게 되는 변화의 과정에서 매우 중요한 역할을 감당하기에 주목을 받았다. 전도자들과 목회자들이 소그룹을 시작하고 지원했던 이유는 그것이 깊이 있는 헌신에 있어서 필수적이었기 때문이다.

그러나 이 문제를 이 정도 수준에서 남겨두는 것은 부적절하며 오해를 일으킬 수 있다. 명확하게 할 필요가 있다. 또한 그리스도인이 되는 과정을 구성하는 논리의 관점에서 문제를 볼 필요도 있다. 그리스도 공동체 일원은 아무나 되는 것이 아니다. 반드시 과정을 거쳐야 한다. 하나님은 그의 통치 안에 종말론적 공동체를 세우셨다. 따라서 교회 밖에 있으면서 하나님의 통치 아래 있다고 말하는 것은 모순이다. 이 점을 이해하는 사람은 세례가 반드시 거쳐야 하는 과정이며 필수라는 것을 알게 된다. 그 이유는 하나님 나라에 들어가는 것은 바로 세례를 통해서이며 경배와 찬양 가운데서 하나님이 온전히 통치하시기 때문이다. 어떤 이유로든 이를 거부하는 것은 그리스도인이 되는 과정을 거부하고 자기 스스로 그리스도인이 될 수 있다고 여기는

---

17 웨슬리 소그룹에 대한 분석은 David Lowe Watson, *The Early Methodist Class Meeting* (Nashville: TN, Discipleship Resources, 1985)을 참조하라.

18 이에 대해 조용기, *Successful Home Cell Groups*(South Plainfield, N.J.: Bridge, 1981)를 참조하라.

19 Leonardo Boff, *Ecclesiogenesis: The Base Communities Reinvent the Church* (Maryknoll, N.Y.: Orbis, 1986).

것이다. 이는 하나님의 통치에 있어서 자신이 원하지 않는 것과 원하는 것을 구분하려는 교만한 자세를 갖는 것을 의미한다. 이러한 자세는 하나님 나라에 대해 온전히 알지 못하는 것을 말하며 이는 곧 하나님 나라에 대한 하나님의 통치를 따르려는 의지가 없는 것으로 보아야 한다.

2. 세례

이 문제에 대해 접근하는 다른 방법은 그리스도인의 삶을 이끄는 은혜의 수단의 중요성에 대해 생각해 보는 것이다. 그리스도인의 존재는 은혜로 시작되었고 은혜로 지속된다. 그리스도인은 하나님의 역사로 구원을 받았고 영적 순례의 처음과 끝까지 은혜에 의존하고 있다. 그러나 은혜는 아무것도 없는 상태에서 작동하지 않는다. 하나님께서는 그분의 의지에 따라 역사하시고 그가 기뻐하시는 대로 행하신다. 그러나 일정한 수단을 통해 그분의 언약에 따라 행하신다. 하나님은 하나님의 말씀 안에서, 그리고 말씀과 세례와 성만찬과 교제와 성경과 기도 등을 통해서 역사하신다. 그리스도인이 되는 과정에서 이러한 요소들을 생략하는 것은 은혜를 인간의 실존과는 전혀 관련이 없는 것으로 만들어 버린다. 반대로 말하면, 그리스도인이 되는 과정은 본질적으로 세례를 통해서 육적으로 교회와 연합하는 것과 깊은 관련이 있다. 세례 없는 그리스도인이 되는 과정은 소망이 없는 불완전함이다. 세례 없이 그리스도인이 되는 과정을 진행하는 것은 전도된 그리스도인들에게 은혜의 수단을 박탈하는 것이다.

지난 3세기 동안 개신교 전도 사역에서 세례가 무시되고 대체되어 왔다는 점은 우연이 아니다. 그 예로 대중 앞에서 결신을 선언하거나 제단 앞에 나가는 것으로 대체되었고 어떤 교단에서는 이러한 형태들이 정형화되었다. 이를 강력히 지지하는 사람들은 성례전을 지켜야 한다고 말하는 사람들의 열정만큼이나 자신들의 양식을 지키려 한다.[20] 역사적으로 회중 앞에서 결신하는 것이나 제단 앞에 나아가는 것은 상황적으로 어쩔 수 없는 경우가 많았다. 하지만 이러한 방식은 19세기 찰스 피니의 부흥회 성공의 기준이 되었다. 당연히 피니의 관심은 회심의 증거와 세례와의 연관성이었다. 피니는 자리에서 일어나는 사람들을 볼 때, 부흥사 입장에서는 그들의 교만이 깨지는 것으로 보았고 자리에서 일어나는 사람들은 자리에서 일어나는 행위 자체를 헌신의 표현으로 여겼다.

> 교회는 항상 이렇게 하는 목적이 무엇인지에 대한 답을 가져야 한다고 여겼다. 사도 시대의 세례는 이 목적에 대해서 답을 해주었다. 복음이 사람들에게 선포되었고 이 복음을 듣고 그리스도에게 오고자 하는 자는 세례를 받아야 했다. 이제는 자리에서 일어나는 것이 그리스도인이 되겠다는 결신의 의미로 오늘날 대체되었다.[21]

피니는 여기서 세례에 대해 매우 빈약하면서도 실용주의적인 개념을 가지고 있지만, 그가 말하는 요점은 중요한 면이 있다. 현재 어떤 일이 벌어지고 있는지를 알지 못한 채 세례를 무시하던 사람들은 세

---

20 Ian Murray, *The Invitation System*(Edinburgh: The Banner of Truth Trust, 1967); R. Alan Streett, *The Effect Invitation*(Old Tappan, N.J.: Revell, 1984); R. T. Kendall, *Stand Up and Be Counted*(Grand Rapids: Zondervan, 1984); Erroll Hulse, *The Great Invitation: Examing the Use of the Invitation System in Evangelism*(Welwyn, Hertfordshire: Evangelical Press, 1986).
21 Charles G. Finney, *Revivals of Religion* (Old Tappan, N.J.: Revell, n.d.), p. 305. 강조는 저자가 한 것임.

례를 대체할 뭔가가 있어야 하다는 심리적 혹은 다른 이유로 압박을 받아왔다. 이러한 과정에서 세례를 무시했던 전도자들은 교회의 성례전이 주는 은혜의 풍성함을 잃어버렸다.

성령이 임하실 때 드러나는 성례전의 종말론적인 특성에 대해서 다루면서 이 부분에 대해서 다룰 것이다. 그리스도인들이 예배를 위해서 모였을 때, 혹은 세례를 위해서 모였을 때, 이것은 단순히 인간적인 연습이나 의식이 아니다. 단순히 말로 표현할 수 없는 신비한 실제가 존재하는 것이며 참여하는 사람들의 믿음이 증거되는 기사가 실현되는 것이다. 성령의 간구는 예수 그리스도의 삶과 죽음, 그리고 부활이 오늘날에도 여전히 현재화할 수 있도록 하신다. 즉 그리스도의 임재가 오늘날 그래도 성례전에서 이뤄지도록 성령의 역사가 있다고 말할 수 있다.[22] 바울의 표현을 이용하자면, 하나님 나라는 말에 있지 아니하고 능력에 있으며(고전 4:20), 그 능력은 교회의 성례전 행위에서 드러나는 은혜로 말미암은 것이다. 세례 안에서 이러한 신비하고도 역동적이며 생명력 있는 조우를 경험하게 되는 것이다. 이것을 우리가 간과하면, 우리는 은혜의 중요한 수단을 경시하게 되는 것이며 동시에 우리가 하나님 나라에 들어가는 풍성함을 놓치는 것이다.[23]

여기서 중요한 점은 전체적인 것을 바로 이해해야 한다는 점이다. 핵심적으로 세례는 그리스도인이 되는 과정에서 매우 중요하며 세 가지를 반드시 명심해야 한다. 첫째, 다가오는 하나님의 통치는 하나님의 이스라엘을 세우신다는 점이다. 하나님 나라는 공동체 안에 담겨 있고 이는 결정적이고도 중요한 특성이 있다. 세례를 통해서 공동체

---

22 여기서 성례전은 단순히 형식과 장식, 성문화된 예식만을 의미하지는 않는다. 성례전은 부정형적이고도 구술적이며 관습과 말로 전달될 수 있다.
23 찰스 웨슬리의 Come, Father, Son and Holy Ghost 찬송을 참조하라.

에 들어가며 이를 대체하거나 삭제해서는 안 된다. 따라서 현대 전도에서 종종 일어나는 세례와 회심을 분리하는 일은 신학적인 오류라고 할 수 있다. 둘째, 인간의 존재, 특히나 그리스도인의 존재는 그 특성에 따라 사회적인 측면을 반드시 고려해야 한다. 우리는 전통과 예식, 윤리와 비전, 그리고 공동체의 개념에 따라 그리스도인의 도덕적, 영적 공동체를 형성하고 유지한다. 따라서 이 땅을 향한 하나님 나라의 도전에 대해 직면하고 이해한다면 그리스도인이 되는 과정을 거치는 것은 반드시 필요하다고 볼 수 있다. 셋째, 만일 세례가 은혜의 수단이라면, 전도에서 이것을 무시한다는 것은 회심자와 교회가 영적 갱신의 중요성 원천을 잃어버리게 하는 것이다. 따라서 교회가 그리스도인이 되는 과정 안에 세례와 회심을 하나로 일치시킬 방안을 반드시 찾아야 한다.[24]

그러나 개인의 영성과 하나님과의 조우, 하나님의 임재 가운데 홀로 자신을 드러내는 것도 중요하다. 즉 교회 기관주의를 강조한다든지, 그리스도인의 존재에 대한 사회적인 책임을 너무 강조한다든지, 혹은 교회의 예식 밖에서 역사하시는 하나님의 능력을 제한한다면, 너무나도 소중한 경험적 증거를 무시하게 되는 것이다.

알렉산더 베로니스(Alexander Veronis)는 이 경험적 증거를 수동적 선교로서의 전도 형식을 말하면서 강조한다.[25] 이는 곧 쉬지 않는 기도와 간구로 한 영혼이 다른 사람에게 빛을 비추도록 헌신하는 것을 의미한다. 이는 한 장소에서 기도와 거룩한 삶을 통해서 제자도와 영

---

24 여기서 그리스도 공동체의 일원이 되게 하기 위한 적절한 세례의 시점을 정하기는 어렵다는 것을 밝힌다. 다만 이 문제를 다룸으로써 하나님 나라의 통치에 들어가는 비전을 공유하고자 한다.
25 Alexander Veronis, "Orthodox Concepts of Evangelism and Mission," *The Greek Orthodox Theological Review* 27(1982): 44-57.

성을 이루려 했던 영혼들의 삶에서 잘 나타나고 있다. "거룩하고 성령에 충만한 삶을 사는 이는 많은 사람들의 관심을 받을 뿐만 아니라 직접 복음을 삶으로 실천함으로 이를 지켜본 많은 이들이 그리스도를 영접하게 한다."[26] 이러한 전도를 보여준 세 사람은 안소니 대제(Anthony the Great), 사로프의 세라핌(Seraphim of Sarov), 알라스카의 허먼(Herman of Alaska)이다. 예를 들어, 세라핌은 홀로 수년을 보내면서 침묵 수행을 약 13년간(1807-1820) 했다. 1825년에는 66세의 나이에 영적 가이드가 되었고, 하루에 수천 명씩 신앙 상담과 신유, 예언과 복음에 대해 알기 위해 그를 만나러 왔다.[27] 세라핌은 이러한 전도의 방식을 다음과 같이 정리했다. "내면의 평안을 얻으면 수천 명의 사람의 구원을 당신이 발견하게 될 것이다."[28] 물론 이러한 사례들이 그리스도의 사회적 책임을 격감시킬 수는 없다. 그 이유는 언제나 그리스도인이 존재하는 공동체의 특성에는 사회적 책임이 있으며 이러한 것이 결코 개인의 영성이나 하나님과 직면하는 영성을 훼손할 수 없기 때문이다. 또한 정치와 역사에 있어서 하나님 통치의 사회적 요구에 대해 그리스도인들이 올바르게 주장할 때 영혼이 쉽게 실족할 수 있다는 점도 간과하지 않게 해주기 때문이다.

3. 그리스도인의 의무

그리스도인이 되는 과정에서 반드시 지녀야 할 의무에 대해서 말

---

26   Ibid., p. 54.
27   세라핌에 대한 이야기는 Valentine Zander, *St.Seraphim of Sarov*(Crestwood, N.Y.: St. Vladmir's Seminary Press, 1975)를 참조하라.
28   Veronis, "Orthodox Concepts," p. 54에서 인용하였다.

할 때 생각해 봐야 할 부분은 바로 하나님을 전심으로 사랑하고 이웃을 내 몸과 같이 사랑하라는 명령이다. 이 부분이 그리스도인이 되는 과정에서 다뤄야 할 세 번째 요소라고 할 수 있다. 이 시점에서 제안하는 바는 하나님과 이웃을 사랑하라는 명령이 새로운 그리스도인으로서 받아들이고 수행해야 할 도덕적 전통의 핵심이라고 할 수 있다.

이 문제는 마가복음에서 아주 명료하게 정리되었다. 반대자들과 여러 번의 논쟁 후 서기관이 예수께 지켜야 할 최상의 명령이 무엇인지를 물었을 때 이에 대한 예수님의 답은 잘 알려져 있다.

> 예수께서 대답하시되 첫째는 이것이니 이스라엘아 들으라 주 곧 우리 하나님은 유일한 주시라 네 마음을 다하고 목숨을 다하고 뜻을 다하고 힘을 다하여 주 너의 하나님을 사랑하라 하신 것이요 둘째는 이것이니 네 이웃을 네 자신과 같이 사랑하라 하신 것이라 이보다 더 큰 계명이 없느니라(막 12:29-31).

예수님은 그 서기관의 통찰력을 칭찬하신 후에 위와 같은 답변을 하시고 하나님 나라에 멀지 않았다고 말씀하셨다.

예수님의 위대한 계명과 하나님 나라가 가까웠다는 말의 연관성은 필연적이다. 신약의 다른 부분에서도 도덕적 덕목에 대한 헌신과 하나님 나라에 들어가는 일의 연관성에 대해서 잘 설명되어 있다.[29] 하나님의 종말론적인 통치는 의와 특징적 도덕적 구조가 있는 사랑의

---

29 베드로후서 1:11을 참조하라. 존 웨슬리는 설교에서 하나님 나라에 들어가는 부분에 강조하였고 이는 곧 믿는 자의 삶에서 하나님과 이웃에 대한 사랑에 대한 실제적 발돋움과 연결하였다. Albert C. Outler, ed., "The Way into the Kingdom," *The Works of John Wesley*, vol. 1, *Sermons I*(Nashville: Abingdon, 1984), pp. 217-32. 이 설교에서 그리스도인이 되는 과정의 다양한 측면을 담고 있다.

통치이다. 그 도덕적 구조를 바탕으로 하나님을 온 맘으로 사랑하고 이웃을 내 몸과 같이 사랑하는 것이 핵심이다. 오늘날 현대 미국인의 정체성이 삶과 자유, 행복의 추구로 결정되는 것과 같이 하나님의 이스라엘에 들어가는 사람들은 하나님과 이웃에 대한 사랑을 추구하는 것으로 그 정체성이 결정된다. 따라서 하나님 나라에 들어가는 것은 곧 이러한 도덕적 전통을 소유하는 것을 말하며 이 전통에 온전히 헌신하는 것을 의미한다.

물론 이러한 도덕적 전통을 소유하고 있어서 하나님 나라에 들어갈 수 있는 자격이 있다고 말할 사람은 없다. 하나님 나라에 들어가는 것은 기쁨의 특권이지 종교적 우월성을 나타내는 완장이 아니다. 또한 하나님을 사랑하고 이웃을 사랑하는 것이 자발적으로 생겨서 자발적으로 행하는, 마치 하나님 나라에 자기 능력으로 들어가는 것처럼 여길 수도 없다. 반대로, 하나님 나라를 향하고 들어가는 사람은 지적으로 영적으로 저항할 수 없는 신학적 아름다움과 보물로 말미암아 구원을 받은 것이다. 하나님 나라에 들어가게 되면 성령의 감동을 받아 하나님을 사랑하고 이웃을 사랑하려고 하지만 부족하게 된다. 여기서 문제는 단순히 그리스도인의 삶의 교리적 문제가 아니라 논리적으로 하나님 나라에 들어가는 사람은 반드시 그 도덕적 규율을 지켜야만 한다는 우선순위의 문제다.

마가는 위대한 계명과 하나님 나라에 들어가는 것의 연결성이 하나님 나라의 도덕적 규율과 단순히 다양한 종교적 의식에 외적으로 고착된 사람들을 대조시키며 강조하고 있다. 마가복음 12:33을 보면 사랑이 희생과 번제보다 앞서 있다. 앞서 언급했듯이 전도의 역사에서 많은 이들이 사랑보다는 종교의식을 더 중요하게 여긴 것을 보게 된다. 여기서 두 가지 기준이 서로 대조되는 것을 볼 수 있다. 즉 도덕적 규율과 외식적인 종교, 하나님과의 인격적인 만남과 수동적인 종교 예식이다. 하지만 이러한 대조를 상호 간의 대안으로 제시하는 것은 무의미하다. 그리스도인이 되는 과정에는 하나님과 인격적인 만남, 즉 회심과 중생이 있어야 하며 외적인 의식으로는 세례가 있어야 하고 도덕적 전통에 대한 헌신이 있어야 한다. 즉 하나님을 사랑하고 이웃을 사랑하는 것으로 정리될 수 있다. 여기서 예식을 의존하는 것과 성례전을 행하는 것에 있어서 한편으로는 마치 기계적으로 은혜의 수단으로 하나님께서 자동적으로 임재하시고 능력을 주시는 것으로 여기는 것과 그 반대로 여기는 것을 구분할 필요가 있다. 후자의 경우에는 진행되는 세례와 그리스도인의 도덕적 유산을 이어받는 것 사이에 긴장이 없다. 많은 사람들이 지적하듯, 세례는 옛 삶의 죽음에서 부활하신 사랑의 그리스도를 따라 새로운 삶으로 바뀌는 것이며 곧 사랑의 율법 아래 있게 된 것을 상징한다.[30] 후자는 반드시 교회와 전도자에 의해 행해져야 하며 동시에 세례받는 자도 자신의 윤리적인 삶의 변화에 대한 확증이 있어야 한다.

앞서 다뤘던 미구에즈 보니노는 이러한 것 이상을 원했다는 것을 말한 바 있다. 보니노는 감리교에 정회원이 되기를 원하는 후보들에게 감리교 장정에 동의해야만 승인을 해줬다는 사실에 주목할 필요가 있다고 말한다. 감리교 장정은 간단히 말하면 그리스도인의 제자로서 해야 할 것과 하지 말아야 할 것을 담고 있다. 보니노는 이것이 시간이 지남에 따라 현대 교회에 적용하기에 진부하거나 낡았다고 말하지는 않았다. 오히려 우리만의 규율을 정하고 성령 충만하여 오늘날 상황에 맞도록 해야 한다고 강조한다. 실제로 웨슬리의 사역을 볼 때,

---

30   이 부분에 대해서는 로마서 6, 7장에 잘 나타난다.

웨슬리는 장황하게 말하지 않고 감리교 장정을 그리스도인의 도덕적 유산으로 간단하게 말한다. 예배에 참석하는 것 이외에 악을 행하지 않고 모두에게 가능한 한 선한 일을 하도록 요구하고 있다.[31] 이에 대한 자세한 상황의 다양한 사례들을 적시하고 있다. 또한 장정 자체는 종말론적 상황을 반영하고 있다. 그 이유는 허입의 근본적인 조건은 곧 다가올 진노에서 피하는 것이며 죄에서 구원받고자 함을 나타내고 있기 때문이다.

여기서 정확한 웨슬리의 주장에 대해 논할 필요는 없다. 중요한 것은 하나님 나라가 이 땅 가운데서 새로운 능력이라는 사실을 우리가 인정하는 것이다. 또한 하나님 나라에 들어가는 사람들은 기쁨으로 하나님과 이웃을 사랑하는 윤리를 받아들이게 된다는 점이다. 이 점이 전도자가 사역하는 문화와 상황에 따라서 다양하게 표현되고 있을 것이다. 시대마다 이를 위해서는 급집적이고도 희생이 따르는 행동이 요구되었다. 예를 들어, 19세기 찰스 피니가 사역했을 때 노예 해방에 대해 외쳤다. 때로는 독일 나치에게 저항하여 일어났던 고백 교회(Confessing Church)처럼 정치 권력에 대항하였다. 20세기 아일랜드에서 일어난 반테러리즘 또한 그러하였으며, 제3세계에서 일어난 반정부 운동 또한 그렇다. 하나님 통치의 징표를 드러내는 그리스도 공동체에 들어가는 것은 역사적으로 이러한 경지에 이르기까지 어려운 결정을 내려야만 했다. 전도자들도 이러한 전도 사역을 위해 담대해야 할 것이다.

여기서 기억해 두어야 할 몇 가지가 있다. 첫째, 단순히 선지자 역할만 하는 것은 옳지 않다. 그리스도인들은 전통적으로 도덕적 헌신

---

31   *The Book of Discipline of the United Methodist Church*(Nashville: The United Methodist Publishing House, 1984), pp. 68-71.

을 표현하는 방식에서 있어서 구체적으로 다양성을 가져왔다. 전도자들은 그리스도인의 삶을 어떻게 살아야 하는지에 대해 정해 주는 경향을 띠었다. 하지만 하나님 나라에 들어가는 과정으로 철학적 혹은 이데올로기적 편향성을 가지고 좌파나 우파에 서도록 유도하는 것은 위험한 일이 될 수 있다. 둘째, 그리스도인이 되는 과정에서 도덕적 차원이 긍정적이면서도 기쁨이라는 것을 전달하는 것이 중요하다. 하나님이 우리를 먼저 사랑하셨기에 우리가 하나님을 사랑하고 하나님이 이웃에게 하나님의 사랑을 흘려보내셨기에 우리도 사랑하는 것이다. 이러한 측면이 간과되었을 때, 그리스도인이 되는 과정은 단순히 기독교인의 도덕적 전통만을 전달하는 형식이 되고 말 것이다. 셋째, 성령께서 교회와 전도자의 삶과 마음에 역사하고 계신다는 사실을 깨닫는 것이 중요하다. 또한 그리스도인이 되는 과정에 참여하고 있는 자가 죄를 깨닫고 예수님의 의와 하나님의 심판을 깨닫는 가운데 성령께서 역사하고 계시다는 것을 아는 것이 중요하다. 따라서 압박과 혼란이 가중되는 개인적인 도덕주의나 정치적인 본질로 구성된 도덕주의는 좌절과 공포의 신호라고 할 수 있다. 이러한 경우는 사랑과 자비를 깊게 추구하는 것이라고 볼 수 없다. 마지막으로, 그리스도인이 되는 과정 자체가 영적 성숙과 그리스도인의 도덕적 존재의 전체적인 복잡성을 다 설명할 수는 없다는 점이다. 그리스도인이 되는 과정 이후에 도덕적 민감성, 개념적 이해와 윤리적 성숙을 위한 충분한 공간이 필요하다. 시간도 필요하다. 단순히 도덕주의나 이데올로기적 장광설로 이뤄지지 않는다. 만일 하나님 나라에 들어가는 것이 위대한 명령을 기반으로 한다면, 그래서 사랑하는 삶에 온전히 헌신하는 것이라면, 훨씬 더 많은 시간이 필요하다.

4. 결론

이 장에서는 하나님 나라에 들어가는 세 가지 측면에 대해서 다뤘다. 즉 회심을 통해 이 땅 가운데서 하나님의 새로운 시대에 들어가기 위해 거듭나는 것이다. 또한 물로 세례를 받고 이스라엘 하나님과 동역하고 부활하신 주님과 연합하는 죽음에 참예하는 것이다. 마지막으로 하나님을 사랑하고 이웃을 사랑하라는 근본적인 윤리적 전통에 참여하는 것이다. 전도 사역을 실천할 때 교회는 반드시 이러한 원리들을 추구해야 한다. 복음을 증거하고 전 세계에 있는 사람들에게 하나님의 놀라운 구원의 소식을 공유해야 한다. 찰스 웨슬리는 이를 다음과 같이 표현하였다.

주님 말씀하실 때
말씀의 씨앗을 우리가 심고
전능하신 손으로 물을 주사
말씀의 씨앗이 자라니
주의 은혜의 풍성함이
날로 넘치네
신실한 주의 백성이 날로 더하여
주의 영광을 위하네

한없이 내리는 주의 은혜
복음의 축복이 흘러가고
영혼 구원의 능력이
주의 종들로 전도하게 하시네

수많은 영혼이 돌아오고
마음을 새롭게 하는 사랑이
은혜의 기쁨이
하늘에서 오는 그 기쁨이 넘치네

07

사도 신경,
성령의 은사,
그리스도인의 삶

The Logic of Evangelism

그리스도인이 되는 과정은 하나님의 사람들에게서 드러나는 성령의 간섭과 능력이 일어나는 교회의 성만찬 전통으로 이어진다. 이러한 요소 중 어느 것 하나라도 간과되거나 무시된다면 교회는 하나님 나라에 충성하지 못하게 될 것이다.

The Logic of Evangelism

07 | 사도 신경, 성령의 은사, 그리스도인의 삶

영적 유산(miscarriage)은 현대 전도의 특징 중 하나이다. 전도자가 하나님의 구원의 복음을 선포하면 그 씨앗이 심기고 뿌리를 내리기 위해 영양분을 교회에서 공급받아야 하나 새 생명을 잉태하기 위한 중요한 양분이 끊기는 사태가 발생하게 된다. 그 결과는 충분히 예측할 수 있다. 태아가 유산되거나 태어난다 할지라도 기형이거나 병약할 수 있다.

앵글리칸 교회의 피터 뮬렌(Peter Mullen)의 간증을 살펴보자.

어렸을 때 리즈 타운(Leeds Town)에서 빌리 그래함의 설교를 듣고 감동한 적이 있다. 마지막에 빌리 그래함은 교인들로 하여금 앞으로 나와 자신의 삶을 그리스도에게 드릴 것을 제안하였다. 그렇게 나는 앞으로 나갔다. 결신 카드가 놓인 테이블에서 신앙 상담사가 말씀이 적힌 카드를 주었다. 거기에는 "청년이 무엇으로 그의 행실을 깨끗하게 하리이까"(시

119:9)라는 말씀이 적혀 있었다. 나는 그 신앙 상담사 앞에서 나의 잘못된 습관에 대해 고백하게 되었고 그것을 어떻게 그만둘 수 있는지에 대해 들었다. 이 사건은 이후 몇 달 동안 나로 하여금 죄책감에 시달리게 했다. 그 이유는 죄된 습관을 끊을 수 없었기 때문이다. 나도 그러고 싶었지만 얼마 지나지 않아 다시 하게 되었다. 남은 것은 좌절감과 자기 혐오였다. 그 상담사가 말한 대로 이뤄지지 않았다. 나의 도덕적 노력으로는 불가능했다. 하지만 내 스스로 할 수 없었던 일을 그리스도를 통해서 할 수 있게 되었다. 하나님은 정죄하지 않으시고 용서해주셨다. 내가 필요했던 것은 그의 용서를 받아들이는 것이었다. 그것이 유일한 길이었다.[1]

뮬렌의 경험이 전형적이라고 할 수는 없지만, 그가 참석했던 모임에서는 뮬렌이 겪어야 했던 갈등을 기대하지는 않았을 것이다. 하지만 뮬렌은 현대 전도가 가지고 있는 문제를 정확하게 지적하고 있다. 즉 하나님 통치의 풍성함에 들어가기 위한 과정에 이르지 못하고 반쪽짜리 그리스도인의 삶을 살았다는 점이다. 다시 말해 전도된 사람이 거듭났다거나 혹은 그리스도를 내 마음에 영접했다거나, 죄를 고백하는 기도를 했다거나, 그리스도와 인격적인 관계를 맺었다거나 하는 식이다. 이러한 과정을 경험한 사람들 중 진정한 칭의의 의미를 아는 사람이 있었다면 그 사람은 운이 좋은 것이다. 만일 그 사람에게 예수님의 위대한 명령으로 그리스도인의 도덕적 전통을 함께 이해할 기회가 주어졌다면 그는 더욱 운이 좋은 사람이라 할 수 있다. 가장 운이 좋은 사람은 세례나 견신례를 통해 지역의 그리스도 공동체와 적절한 관계를 맺는 사람이라 할 수 있다.

1　Peter Mullen, *Being Saved* (London: SCM, 1985), pp. 106-107.

현대 전도에 있어서 가장 쟁점이 되는 부분이 두 가지가 있는데 하나는 복음을 너무도 축소했다는 점이고 다른 하나는 그리스도인의 도덕적 전통이 붕괴되었다는 점이다. 즉 현대 전도가 기독교의 지적인 전통을 제대로 전달하지 못하고 있다는 점이다. 이 말은 곧 하나님 나라를 준비하는 자로서 충분히 훈련하지 못한 채 새신자에게 성령의 은사를 소개할 수는 없다는 뜻이다. 또한 그리스도인으로서 결국 박해받고 순교해야 한다는 교육 없이 근본적인 영적 교육을 할 수는 없다. 그러나 현대 전도가 기여한 바도 있다. 현대 전도는 적어도 그리스도인이 되는 과정이 왜 필요한지를 보여주었다. 앞서 다룬 바와 같이, 전도를 단순하게 선포에만 국한시키는 것은 비현실적일 뿐만 아니라 자기모순에 빠지게 한다. 하나님 나라는 말에 있지 않고 능력에 있다고 했다(고전 4:20). "하나님 나라는 먹는 것과 마시는 것이 아니요 오직 성령 안에 있는 의와 평강과 희락이라"고 했다(롬 14:17). 이는 곧 복음이 증거될 때 듣는 자의 삶에 깊게 성령의 역사가 이어진다는 것을 의미한다. 따라서 복음을 듣는 자들의 반응에 신경을 쓰지 않는 것은 마치 성령이 사용하시는 교회가 필요 없는 것처럼 여기는 것과 같이 매우 이상한 것이다. 결국 뮬렌이 말한 사역을 회피하는 것은 불가능하다는 것을 알게 된다. 오늘날 전도 사역의 근본적인 문제는 그리스도인이 되는 과정이 명확하지 않다는 것이다. 안다 하더라도 제대로 그 과정을 실천하지 않는다.

이 문제를 해결하기 위해서 앞장과 본 장에서 그 치료제를 찾고 있다. 불편한 진실은 현재 전도 사역이 효율적이지 않은 만큼이나 미래에도 회심과 세례, 그리고 하나님과 이웃 사랑에 대한 헌신이 제대로 이뤄지지 않을 것 같다는 점이다. 또한 이 문제는 그리스도인의 신앙고백과 성령의 은사에 대한 가르침, 전통적인 영성훈련에까지 영향을 끼친다. 즉 현대 전도는 그리스도인이 되는 과정에서 개인의 영적 체험과 공동체 체험, 그리고 윤리적 차원을 다뤄야 할 뿐만 아니라 지적인 부분과 실천적인 부분, 그리고 규율적인 측면까지도 다뤄야 한다는 점이다. 거듭나기 위하여 우리가 살아 계신 하나님과 조우할 때 하나님 나라가 필연적으로 연관되는 것처럼, 세례를 통해 교회에 참여하게 되고, 위대한 명령을 소유하게 된다. 또한 그리스도의 공동체 안과 세상에서 은사와 은혜를 경험하면서 근본적인 영성훈련을 통해 하나님에 대하여 구체적인 신학적인 헌신을 하게 된다. 문제는 이 세 가지 영역에서만 정체되거나 혹은 추가하거나 어떤 분위기가 형성되거나 혹은 전통적인 전도 사역에만 집중한다면 신학적인 일관성이 없거나 편협해질 수 있다. 이 세 가지 영역을 간과한다면 반드시 섹트 운동[2]이 발생하여 이를 재발견하게 될 것이고 이를 다시 정립하여 납득할 만한 열정을 가지고 전도의 과업을 이루어 가게 될 것이다.

1. 그리스도인이 되는 과정: 인지적 측면

전도의 역사적인 측면을 봤을 때 그리스도인이 되는 과정에 있어서 인지적 측면을 간과하고 있다는 것을 알 수 있다. 어떤 학자들은 전도에 인지적인 측면이 없다고 여기고 있다. 즉 음악으로 경건한 분위기를 형성하거나, 개인의 간증, 죄에 대해 마음을 울리는 설교, 강단으로의 초대, 정교한 회중 조종 등과 같은 요소들이 작용한다고 생각하는 것이다. 종교적인 모임에 대해서 이런 식으로 해석하는 측면이 다 틀린 것만은 아니다. 어쩌면 본질적으로 종교가 일종의 경험을

---

[2] 로드니 스탁이 예수님과 열두 제자를 보고 사회학적으로 섹트라 지칭한 바 있다. 이에 대해 김남식, 『동행 전도학』(인천: CESI 한국전도학연구소, 2015)을 참조하라: 역자 주.

끌어내기 위해 이러한 것들을 사용한다고 말할 수도 있다. 하지만 이러한 접근은 특정한 사례에 대해 너무 포괄적인 해석을 불러온다.[3] 더 중요한 것은 인지 과정 없이 마음의 결정을 내릴 수 있다는 것 자체가 불가능하다는 사실을 간과하고 있다는 것이다. 따라서 전도 설교자가 맡은 임무는 하나님, 죄, 구원, 최후의 심판 등과 같은 진리에 다가갈 수 있도록 하는 것이다. 이러한 사역이 실천되지 않는다면, 누구에게도 영향력을 끼칠 수 없게 될 것이다.[4]

더욱이 온전한 진리를 드러내는 하나님 통치의 여명을 선언하는 것 자체가 명확성과 함축성을 동시에 나타내고 있음은 자명한 일이다. 예를 들어, 하나님이 존재하시고, 이 세상이 심각하게 하나님의 뜻에서 벗어나 있으며, 죄의 속박에 갇힌 모든 창조세계가 예수 그리스도 안에서 온전히 자유롭게 되며, 하나님이 성령님을 통해 지금 현재 이 세상을 구원하시기 위해 역사하신다는 점을 전제하고 있다. 이 부분들을 다시 강조하는 것은 명확한 부분을 불필요하게 언급하는 것이다. 오히려 명확하게 밝혀야 할 부분은 하나님의 통치에 들어간다는 것은 한 영혼이 온전히 특별한 지적 유산에 헌신해야 한다는 점이다. 하나님의 나라가 역사 가운데 도래하여 그리스도인이 되는 과정에 대한 구체적인 신학 전통을 결코 간과할 수 없다는 점을 일깨워 주었다. 여기서 우리는 이러한 구체적인 신학 전통의 틀을 순수하게 추구하려 한다.

리즈 체험 이후 뮬렌의 순례를 다시 한번 살펴보자. 뮬렌이 경험한

---

3   Richard Southey의 웨슬리 설교 분석이 이에 해당된다고 볼 수 있다. 웨슬리 설교에 있어서 지적인 힘이 얼마나 중요한가에 대한 논의는 널리 알려져 있다.
4   이러한 사례는 Finney의 전도 이론과 실제에서 볼 수 있다. 피니는 마치 변호사와 같이 근본적인 진리에 대해서 말하고 어떤 감정을 조장하려는 시도를 혐오했다. 어떤 이는 그 이유가 조나단 에드워즈 때문이라고 말하기도 한다.

것이 무엇을 의미하는지에 대해 고민하는 것은 단순히 어떤 특별한 윤리적 사고를 가졌느냐를 따지기보다는 이 경우에 있어서 뮬렌 자신이 제기한 문제의식이 완벽하게 옳다는 점이다. 이는 곧 하나님이 하신 일을 직면하는 것이며 이러한 경우에는 하나님께서 그를 조건 없이 용서하셨다는 것을 의미한다. 뿐만 아니라 예수 그리스도가 누구신지에 대한 문제와 이와 관련한 방대한 이슈들까지 직면하였다는 것을 의미한다. 따라서 이는 곧 성서와 구원의 본질, 인간의 본질, 기독교의 교리와 이와 관련한 이슈들, 그리고 심리학자인 융과 프로이트의 문제 제기들을 말한다. 그러나 이 시점에서 이러한 이슈들에 대해 뮬렌이 어떻게 평가했는지를 다룰 필요는 없다. 정말 생각해야 할 문제는 한 가지다. 즉 나사렛 예수 그리스도 안에서 하나님이 어떤 놀라운 일을 행하셨는지를 지적으로 이해할 수 있다는 것을 믿고 뮬렌이 시도했다는 점이다. 그의 핵심은 지적 해석이 필수라는 점이다. 이것이 의미하는 것은 단순히 인간이 전형적인 일련의 심오한 정신 세계를 경험하는 것을 의미하는 것이 아니다. 뮬렌이 의미하는 것은 누구든지 온전히 지적으로 이해할 수 있는 것을 의미한다.

여기서 두 가지를 정리할 필요가 있다. 첫째, 이러한 문제는 상당히 광범위하고 복잡하다. 즉 역사적인 예수에서부터 성서의 의미에 대한 해석학적인 접근, 종교와 문화에 관련한 철학적인 문제, 하나님의 본질에 대한 신학적인 제언들까지 다뤄야 하는 것이다. 하나님 나라에 대해 말할 때도 이러한 주제들을 피할 수는 없다. 원리적으로 말해서 그리스도 안에서 이뤄지는 새로운 시대에 대해 말하는 것은 자연스럽게 지적인 인간으로 하여금 이러한 주제들에 대한 문제들을 생각하게 한다. 이는 초대 교회 때부터 현대에 이르는 신앙생활에 있어서 당연히 제기된 문제들이었다. 둘째로 자연스럽게 제기되는 것은 이러한 문제에 대해서 누구도 정확한 해답을 내놓기 어렵다는 것이다. 이러한 문제들에 답하기 위해서는 심오한 영적 민감함을 소유하고 매우 탁월한 백과사전적인 지식을 소유하여야 하며 각 문제에 대해 관련된 데이터와 충분한 근거를 가지고 매우 정확하고도 명백하게 밝혀야 한다. 이러한 영역의 방대한 지식을 가지고 있다 할지라도 자신의 무지와 부족함을 곧바로 고백하게 될 것이다.

2. 믿음의 규율

믿음의 규율은 그리스도인이 되는 과정에서 심오한 문제를 생각하게 한다. 즉 그리스도인이 되는 과정에서 근본적인 신학적 제언들을 반드시 생각해야 한다. 또한 이러한 신학적인 제언들에 대해서 홀로 평생 공부하기는 어렵다는 점이다. 이러한 관점에서 교회가 해야 할 전도 사역은 무엇인가? 이에 대한 나의 제안은 간단하다. 초대 교회에서 전해 내려온 사도 신경에 나타난 지적인 유산의 본질을 전하는 책임을 교회가 지는 것이다. 이러한 제안은 논쟁이 될 수 있기에 왜 이렇게 제언을 하는지 설명하도록 하겠다.

먼저, 문제를 직면하는 것이 중요하다. 다른 종류의 사도 신경이 필요하기도 하다. 이 점에 대해서 누군가 종교적 헌신에는 지성이 필요하다고 주장하는 신학적 우선순위에 대한 의견에 문제를 제기할 수도 있을 것이다. 많은 전도자들이 헌신에는 지성이 필요 없다고 주장해 왔다. 특별히 근본주의자 진영에서는 이러한 경향이 일반적이었다. 이성을 경시하며 신학적인 사고를 무시하였으며, 죄에 묶인 마음을 꾸짖고 "인간이 만든" 사도 신경을 비판하였다. 헌신에 있어서 인간 지성의 역할을 경시하는 이러한 시도에 얽매일 필요는 없다. 이러한 시도에 논쟁을 벌일 필요가 없는 것은 논리적 이성의 역할을 경시하기 때문이다. 따라서 이성을 사용하고 있지 않은 논지에 대해 논쟁을 할 이유가 없는 것이다. 또한 구원이 인간의 마음과 인간 전체에 영향을 끼치는 것을 보지 못하는 구원론과도 연관이 있다.

더 섬세하게 살펴보면 사도 신경은 믿음 생활을 위한 2차 자료라는 점이다. 중요한 것은 기호나 상징, 복음서의 내용이 야기하는 선개념적 종교 체험이다. 즉 사도 신경을 필수적인 것으로 주장하는 것은 자칫 본질을 왜곡할 수 있다. 정말 필요한 것은 새신자를 신앙의 공동체로 인도하는 것이다. 능력과 기회 허용을 통하여 새신자가 스스로 신앙 성장을 위해 지적 사고를 하도록 해야 한다는 점이다. 사도 신경적인 신앙고백만이 유일한 길이라고 여기는 것 자체가 근본적인 오류라고 할 수 있다. 실제로 이러한 관점은 신앙고백을 위한 신앙고백만을 양산하고 있다. 새신자는 지성적 사고로 무엇이 진정한 믿음인지에 대해서 알아볼 수 있는 권리가 있다. 또한 앞서 제기한 문제들에 대해서 어떻게 답하고 명확하게 할 수 있을지에 대한 의무가 그리스도인이 되는 과정을 책임지고 있는 사람들에게 있다. 사도 신경을 버리자는 것은 아니다. 다만 우리가 초대 교회에서 남겨 둔 것을 가져온 것이라 할 수 있다. 더군다나 종교적인 경험과 언어 사이의 관계에 대해 전반적으로 복잡하고도 문제가 많은 담론에 초점을 맞추고 있다는 것이다.

지난 십 년 동안 연합감리교단(United Methodist Church)은 여기서 다른 문제에 대해 흥미로운 시도를 해왔다. 연합감리교단은 단순히 사도 신경이나 신앙고백을 바탕으로 하지 않고 웨슬리의 전통에 따른 신학적 방법론으로 교회의 신학적인 유산을 추구했다. 따라서 연합감리교단의 신학적 유산은 근본적으로 성서와 기독교 전통, 이성과 경험에 대한 것이며 어떠한 신학적 문제가 제기되어도 이를 통해 해결한다는 방침을 나타내고 있다. 이렇게 신학의 정론을 가지는 것은 추천할 만한 일이다. 하지만 근본적인 신앙의 정수로 여기기에는 여전히 불충분하다고 볼 수 있다.[5] 어떤 사람은 다음과 같이 문제를 제기할 수 있다. 새신자가 믿음으로 인해 순교를 맞이할 수 있다는 영적 지도자의 말을 들을 수 있다. 하지만 영적 지도자가 웨슬리 신학 때문에 새신자가 죽을 수 있다고 말한다면 얼마나 말이 안 되는지 알 수 있다.

그러나 진정한 논쟁은 형식적인 부분에서 발생하기보다는 내용적인 측면에서 발생한다고 볼 수 있다. 즉 구체적인 신앙고백이 있어야 한다는 나의 제안에 대해 반드시 초대 교회 전통을 따라야 한다고 말하는 사람이 있을 것이다. 그래서 왜 나의 제안이 최선인지를 밝힐 필요가 있다. 이 부분에 대해서 긍정적인 측면과 부정적인 측면을 나누어서 설명하려고 한다. 먼저 초대 교회의 사도 신경에 대한 대안을 제시하는 것은 별로 바람직하지 않다고 본다. 또한 니케아 신조를 믿음의 상징이자 표본으로 삼아야 할 이유들은 충분하다.[6]

먼저 전자의 가능성에 대해서 니케아 신조와 유사한 신조를 전달한다고 했을 때 어떤 일이 생길지에 대해서 생각해 볼 필요가 있다. 대부분 새신자는 자신을 신앙으로 이끈 개인이나 단체가 인도하는 대로 따르게 된다. 특별히 현대 전도에 있어서 북미의 경우 이 부분이

---

5 나는 이 문제에 대해서 "The Wesleyan Quadrilateral," in Ted Runyon, ed., *Wesleyan Theological Today: A Bicentennial Theological Consultation*(Nashville: Kingswood Books, 1985), pp. 119-26에서 논하였다.

6 사도 신경과 관련하여 니케아 신조를 택한 두 가지 이유가 있다. 하나는 초대 교회가 공식적으로 수용한 것과 둘째, 에큐메니칼적인 승인을 받았기 때문이다. 그러나 이 선택을 너무 강조할 필요가 없는 이유는 초기 신조들은 근본적인 측면에서 대부분 유사하고 논쟁에 있어서 신조를 바꿔야 할 정도는 아니기 때문이다.

근본주의자와 현대주의자 간의 세기적 논쟁거리였다. 즉 새신자는 하나님의 말씀인 성경의 무오성과 예수 그리스도의 구원 역사와 재림에 대한 신조에 초점을 두고 신앙생활을 시작한다. 어떤 새신자는 일반적인 신학에 대해 모호한 입장을 취하는 근대 자유주의 파편 속에 묻히게 된다. 이 두 가지의 경우 중 어떤 것도 만족스럽다고 할 수 없다. 전자가 너무도 좁고 복잡하다면, 후자, 즉 니케아 신조를 따르는 경우는 너무도 방대하고 모호한 측면이 있다. 이 두 경우 모두 다가올 역사 속에서 하나님 나라에 대한 내적 연관성을 찾기는 힘들다. 따라서 이에 대한 연관성에 있어서 정교함을 찾기 힘들다. 더욱이 두 경우 모두 기독교의 지적 유산에 대해 단순히 편협하고도 지엽적인 측면만을 제시하고 있다. 역사 속에서 다가올 하나님 나라에 대한 지적 함의의 핵심을 제대로 짚어내지 못하는 것이다.

　이에 대한 대안으로 생각해 볼 수 있는 것은 루터의 소요리 문답, 웨스트민스터 신앙고백 혹은 연합감리교회의 신앙고백 등과 같은 종교 개혁 신학이나 신조가 있다. 이러한 대안들과 관련한 문제는 두 가지로 생각해 볼 수 있다. 첫째, 이러한 신앙고백들은 먼저 너무도 길고 다루기가 버겁다. 이러한 고백들의 원천은 신앙 운동이나 자신들이 추구하고자 하는 교회를 위한 것이다. 분명 이 고백들은 기독교 신앙의 유산들 그대로 이어받으며 강력한 의지적 표현을 나타내고 있다. 그러나 분명한 것은 이러한 고백들이 세대에 걸쳐 지속적인 지지와 충성을 끌어낼 수는 없다. 또한 새신자를 위해 간결하게 정리되어 신앙을 이해할 수 있도록 하지 않고 있다. 새신자들은 니케아 신조와 같은 간결하고도 실천적인 제시를 원한다. 둘째, 더욱 중요한 점은 앞에서 나온 신조들이나 고백들은 초대 교회의 존재 이유를 밝히는 신앙고백에서 파생된 것들이라는 점이다. 이러한 신조와 고백들에서 나타나는 문제는 교단별로 중요하다. 그 이유는 새신자들이 신앙에 대해서 질문이 있을 때 이해할 수 있는 적절한 답변을 제시해야 하기 때문이다. 그러나 이러한 신조와 고백들은 이미 하나님과 예수님과 성령님에 대한 니케아 신조를 기반으로 하고 있다. 따라서 원전에서 파생된 복잡한 신조보다는 오히려 근본적이고 기원적인 것에 집중하려는 것이다.

또한 성서적 전통에서 초대 교회 고백을 끌어내려는 시도와 이것을 전승해야 할 신앙고백으로 만들려는 시도는 만족스러운 것이라고 볼 수 없다. 이에 대해 어떤 이는 예수님의 가르침의 요약이라고 말할 수도 있다. 하지만 이러한 의견에 여러 가지 문제가 산재하고 있다. 먼저 그 구체적인 내용이 어떤지는 분명하지 않다. 또한 그 요약이라고 하는 것이 너무 길 수도 있다. 그 다음 그 내용에 있어서 너무 도덕적인 내용만 담고 있을 수 있다. 신약에 산재되어 있는 신앙고백의 공식들을 선택하거나 조합하는 수준이다. 이에 더욱 근본적인 문제는 그러한 신앙고백들이 선정된 이유나 원리에 대해서 누구도 명확히 하거나 변증할 수 있는 사람이 없을 것 같다는 점이다. 더욱이 그러한 공식조차도 결국에는 니케아 신조와 거의 다르지 않다는 점이다. 따라서 이미 알려진 신앙고백의 공식을 재탕하는 것이라고 볼 수밖에 없다. 여기서 가장 중요한 것은 이러한 신학적 작업을 시도하는 사람들은 결국 신약의 정경성에 대한 자신들의 제언을 바탕으로 하고 있다는 점이다. 즉 종교 개혁의 "오직 성경"(sola scriptura)의 정신을 내세우고 신약 자체를 성서적 신앙고백으로 주장하는 시도를 하고 있다는 것이다. 그러나 이런 주장은 비논리적이다. 그 이유는 신약의 정경화를 강조함으로써 초대 교회 신앙고백을 정경화하려는 움직임과 같기 때문이다. 이러한 논증이 니케아 신조에는 긍정적인 영향을 주었기 때문에 그 논증의 기본적인 논리를 따져봐야 한다.

　핵심적으로, 초대 교회가 세운 신앙고백이 적어도 세 가지 측면에서 지적 보물인 점을 정리할 필요가 있다. 첫째, 신약에 산재해 있는 신앙고백을 정리했다는 점이다. 이는 교회가 존재해야 할 핵심적인 근거를 제시한다. 또한 교회가 생각해야 할 것과 행해야 할 것에 대한 가이드 라인 역할을 한다. 둘째, 초대 교회의 신앙고백은 다양한 신앙고백이 나올 수 있도록 기본 골자와 내용을 공급했다는 점이다. 이러한 과정에서 그리스도인 공동체의 정체성을 구성하는 요소가 되었다. 셋째, 초대 교회 신앙고백은 공동체의 신앙의 유산을 기반으로 믿음을 가르치고 성서와 신조를 유지하는 감독자 역할을 해왔다고 할 수 있다. 이러한 과정이 하나의 통합체로 이뤄져 있다. 성경과 사도 신경을 구분하고 성경이 우월하다는 것은 독단적인 견해라고 할 수 있다. 성서와 사도 신경은 공동체의 유산을 보호하고 역사의 혼돈 가운에서 정체성을 확립하기 위해 성령의 감화를 받은 교회 공동체의 결정을 대표하고 있다. 이것이 곧 교회의 감독을 필요로 한 이유이며 공동체 생활에 핵심 기반으로 확고히 해야 할 사회적인 메커니즘이나 기관이 없었다면, 정경을 소유하거나 신조를 소유할 이유도 없었을 것이다.

　고전적인 개신교 전통이 한 일은 감독 제도의 개정된 형식과 함께 정경을 받아들인 것이다. 처음에는 칼빈과 같이 초대 교회의 신앙고백을 경시하였다가 신학의 근본적인 토대로 여겼다. 루터가 말한 것처럼 공동체를 위해 최소한의 정언적 고백으로 초대 교회의 신앙고백을 반드시 소유해야 한다.[7] 그러나 문제는 "오직 성경으로"라는 기

---

[7] Cullman에 따르면, 루터는 초대 교회 신앙고백의 권위를 마치 신약의 권위와 동급으로 여겨야 한다고 말했다고 전해진다. Oscar Cullman, *The Earliest Christian Confessions*(London: Lutterworth, 1949), p. 16.

조가 개신교의 실천과는 엇박자를 내고 있다는 점이다. 그리스도 공동체는 이러한 근본적인 모순을 가지고 이루어질 수 없다. 여기에 담긴 함축적 의미를 지적 측면에서 본다면, 사도 신경을 정경과 대치해서 보는 것이 어쩌면 정상일지도 모른다. 오랜 시간 사도 신경을 대체하려는 시도가 있었다. 그 시도란 개신교의 스콜라주의에서 시작해서 19세기 자유주의, 근본주의의 논쟁적 원리들, 그리고 성서신학이라 불리운 지난 세대의 실패한 모험까지를 말한다.

이는 전도와 상당한 관련이 있다. 신앙의 유일한 고백으로 성서만을 지목하는 것은 부적절하다.[8] 성서는 사도 신경이 할 수 있는 일을 할 수 없다. 그 이유는 성경의 의도가 사도 신경의 목적과는 다르기 때문이다. 우리는 성서를 기초 신학의 핸드북으로 도덕적 사고와 경건과 지적 각성과 복음의 원천으로 여길 수 있다. 성서 그 자체를 믿음의 요약으로 보기에는 너무도 방대하다고 볼 수 있다. 성서는 성서의 그 목적대로 정확하게 쓰임을 받고 있다. 성서는 그 자체가 시와 이야기와 잠언과 역사적 이야기와 상황에 따른 서신과 연대기 등으로 정교하게 짜여 있다. 성서는 무한하다. 누구도 성서에 담긴 그 풍성함과 다양함을 다 알 수 없다. 성경은 삶 자체만큼이나 복잡하고 성경에서 말하는 영적 씨름에서 비롯된 영성만큼 가치가 있다. 성서는 홀로 존재하기 위해 만들어진 것이 아니다. 여러 시도들이 성서를 홀로 만들려고 했을 때 결국 초대 교회 신앙고백에서 나타나는 지혜를 잃어버린 대체물들만 생산했을 뿐이다. 사도 신경은 그 자체의 기능을 완

---

8 여기서 의미하는 것은 새신자가 그리스도 공동체에 대해 안내를 받으면서 성서를 소개받게 된다. 여기서 문제는 하나님 나라에 들어가는 사람들에게 전해져 온 사도 신경의 핵심이 결여되고 있다는 점이다. 성서와 사도 신경 모두를 전해야 한다는 점에는 이견이 없다. 그 이유는 그 둘 다 하나이기 때문이다.

벽하게 해내고 있다. 기독교 정신을 정갈하게 요약한 지적 구조를 나타내고 있다. 사도 신경은 그리스도인이 하나님과 그리스도와 성령에 대해서 어떻게 생각하는지에 대한 근본적인 바탕을 보여주는 길라잡이 역할을 해주고 있다. 특별히 세례를 받고자 하는 새신자에게 사도 신경은 그리스도 공동체의 신학적 본질을 일깨워 주는 역할을 한다.

여기서 사도 신경의 근본적인 목적이 무엇인지를 다루는 것이 이 시점에서 중요하다고 본다. 이 부분을 명확히 하지 않는다고 해서 많은 혼란이나 악영향이 있는 것은 아니다. 사도 신경 자체의 기능이 하나님의 그리스도인의 비전에 대한 원숙한 조직신학이나, 인간의 본질이나, 그리스도와 구원, 성령과 교회, 미래에 대한 것을 다루는 것이 아니기 때문이다. 사도 신경의 기능은 경건과 신학적 사고와 도덕적 숙고의 정언적 절대 기능을 가진 성경을 대체하는 일이 아니다. 사도 신경은 그 자체에 독특함이 있다. 새신자가 따라야 할 온전한 기독교 전통에서 독특한 위치를 차지하고 있기 때문이다. 사도 신경은 교회의 전도 설교 역할을 할 수는 있어도 하나님 나라에 대해 선포하는 복음서를 대체하지 않는다. 복음서가 그리스도인이 되는 과정을 보편적으로 설명하고 있다면, 사도 신경은 성부, 성자, 성령 하나님의 다가올 통치에 대한 함축성을 드러내면서, 메시아 공동체가 어떤 공동체인가를 말해 주는 역할을 한다. 사도 신경은 실제로 하나님 통치의 도래, 보좌에 계신 그리스도, 성령에 대한 함축성을 너무도 정갈하게 함축하고 있다.[9] 교회사에서 어떤 것도 명확성과 유보 두 가지 다 정확

---

[9] 많은 이들이 니케아 신조에 대해서 불편해하고 있다는 사실을 알고 있다. 그 이유는 니케아 신조가 너무도 존재론적이고 형이상학적이기 때문일 것이다. 하지만 니케아 신조의 가장 큰 장점은 오히려 존재론적이고 형이상학적이기 때문이다. 많은 철학자들이 이 부분에 대해 공감할 수 있을지 모르겠다. 더군다나 존재론과 형이상학은 매우 필요한 요소로 그리스도인이 되는 과정에서 니케아 신조에 필요한 부분이다. 니케아 신조의 내용에 대해 많은 신학자들이 반대한다는 것도 안다.

하게 맞는 예는 없다. 사도 신경은 이스라엘 하나님에 대한 지적인 척추 역할의 요약으로 탁월하다고 할 수 있다. 교회사에서 사도 신경의 신성함과 지속력이 함께함으로 인해서 회개와 세례를 받아 하나님 나라의 통치에 들어가려는 사람들에게 반드시 전해야 할 근본적인 이유를 제공하고 있다. 초대 교회의 사도 신경은 이 부분을 강조하기 위하여 세례의 상황 속에서 확장적으로 사용되었다.

3. 성령 안에서의 삶

하나님의 통치에 들어가는 과정에 대한 지적인 차원에 대해서는 충분히 다뤘다고 본다. 하지만 경건 생활에 있어서 기독교는 단순히 어떤 교리나 명제를 지적으로 믿는 것 이상이라고 할 수 있다. 특별히 복음주의 진영 안에서 마음의 종교로써, 감정이 깊게 담긴 믿음으로써, 교회와 세상을 사랑으로 적극적으로 섬기기 위한 거듭남을 통하여 속사람이 변화하는 것을 신앙생활로 여겼다. 충분히 다루지 못한 것은 하나님의 통치 아래 그리스도의 공동체를 통하여 성령께서 역동적으로 역사하심으로 내적 변화와 섬김이 일어난다는 사실이다. 즉 성령이 오신 것은 단순히 예수 그리스도 안에서 하나님이 행하신 일을 사람들에게 알려주시고 회개와 믿음을 촉구하신 것뿐만 아니라 그리스도 공동체를 만드시고 양육하셔서 오늘날 하나님 나라를 위하여 일하게 하신다는 점이다. 하나님 나라에 들어가는 새신자에게 이 부분을 놓치게 되면 하나님의 역사를 그저 관찰하는 자가 되든지 아니

그래서 아예 대체물을 가지는 것보다 니케아 신조를 거부하려 한다는 것도 안다. 이 문제를 여기서 해결할 수는 없다. 그러나 여기서 분명히 해야 할 것은 신앙의 여정을 시작하는 이들에게는 교회의 전통을 따르게 하는 것이 중요하다는 점이다.

면 온전히 훈련되지 못한 채 선교를 위해 파송되거나 사역을 맡을 수 있다는 점이다.

이와 관련되어 어떻게 복음이 로마 제국에 뿌리를 내릴 수 있었는지에 대한 램지 맥뮬런(Ramsay McMullen's)의 가상적 요약을 아래와 같이 살펴보기로 하자.

> 2, 3세기의 회심에 대해서 알아볼 수 있는 장면을 상상할 수 있다면, 환자들이 있는 입원실을 선택하겠다. 그곳에는 여주인에게 말을 하는 하인이 있거나 부부가 있어서 서로 돌보고 있을 것이다. 그들을 봐왔고 그들을 알아왔으며 그들도 나를 알고 있다. 그들은 책도 가지고 있으며 정부 관료와 같은 특별한 사람도 알고 있다. 만일 그리스도에 대한 신앙이 없다면 예언이 이루어질 날에 심판에 이르게 될 것이고, 만일 신앙이 있다면 심각한 질병에도 불구하고 서로를 돌보게 될 것이다. 이를 목격한 사람들을 안다. 하나님께서 전능하시고 놀라운 일을 많이 행하셨다. 성직자가 가서 귀신을 쫓아내고 병을 낫게 하였다. 그 후 그 가정은 그리스도인이 되었다. 세례를 받고 다른 이단들은 거짓이며 악하며 다른 신들 또한 그러하다는 것을 알게 된다.[10]

맥뮬런은 초대 교회의 사역에 있어서 중요한 특징을 지적하고 있다. 사도적이면서도 후기 사도적 교회는 성령의 사역에 있어서 매우 풍성하고 다양한 측면을 지녔다. 그 당시 공동체는 단순하게 성령께서 임재하시고 공동체를 통하여 역사하시길 기대하였으며 각 사람은 공동체의 사랑과 섬김을 받았다. 성령께서는 그 공동체가 필요한 대

---

10 Ramsay McMullen, *Christianizing the Roman Empire, A.D. 100-400*(New Haven: Yale University Press, 1984), pp. 40-41.

로 은사를 주셨으며 시간이 지나면서 그 공동체는 성령과 동행하게 되었다. 이러한 과정에서 각 사람은 공동체 안에서 자신을 향한 하나님의 특별한 부르심에 따라 자기의 역할을 개발했을 것이다. 이러한 부르심의 사역은 곧 목회자요 교사요 전도자였다. 이 시점에서 이러한 교차점이 있지만, 성령의 역사를 통해서 하나님의 통치를 실천하는 역할을 맡을 수 있도록 교회에 권위를 주고 훈련해 주어 현재에 하나님 나라의 대리인으로 역할을 할 수 있도록 해준다. 하나님의 통치 아래서 이러한 일들이 일어나는 것이며 이는 곧 공동체 안에서 자연스럽게 경험되어지는 것으로 하나님을 섬기는 데 있어서 반드시 있어야 할 공동체 성분이라고 할 수 있다.

칼 바르트(Karl Barth)는 성령의 은사와 빛과 권능에 대해서 괄목할 만한 점을 지적한다.[11] 바르트가 지적하는 것은 그리스도 공동체가 전혀 새로운 것이었으며 공동체 구성원뿐만 아니라 세상을 놀라게 했는데 그 이유는 그들에게 특별한 능력이 있었기 때문이라고 말한다.[12] 바르트의 이러한 평가는 정확하며 우리는 이것을 그리스도인이 되는 과정에 접목할 방법을 찾아야 한다.

교회 생활에서 이러한 능력을 잃어버리게 되는 원인에 대해서는 아직 연구되거나 명확하게 밝혀진 바가 없다. 학계에서는 이러한 문제가 이슈화조차 되지 못했다.[13] 교회사에서 이러한 부분에 대해 비

---

11 Karl Barth, *Church Dogmatics*(Edinburgh: T. & T. Clark, 1939), IV/3, Sect. 69.4 and Sect. 73.
12 Ibid., IV/2, p. 828.
13 게하르트 로핑크는 이 점을 정확히 말하고 있다.
    오늘날 우리가 하나님의 행위에 대해서 신학적으로 충분히 말할 수 있을지라도 과연 기독교 역사를 하나님의 역사라고 해석할 수 있는가? 우리가 그렇게 평가할 수 있는 능력 자체가 없을 것으로 보인다. 우리의 무능의 표상이 우리의 성례전과 공동체에서 여실히 드러나며 우리는 현재와 과거에서 하나님의 역사를 연관시킬 수가 없다. 하나님의 리더십과 하나님의 표적과 기사를

평적 역사가들은 하나의 신화나 전설이나 과장 혹은 신격화나 미신적인 것으로 치부한다. 심지어 기적에 대해서 원리적으로는 열려 있다는 보수 진영에서조차 성령의 직접적인 간섭과 인도하심과 치유하심에는 무뎌 있다. 이러한 사건들은 이미 사도들과 함께 사라졌거나, 신약이 있기에 더 이상 기적은 필요 없다고 여긴다. 혹은 귀신을 쫓는 일이라든지, 독사를 만져도 물리지 않는 일이라든지, 믿음으로 치유된다고 믿는다든지와 같은 것은 이단적 부흥사들이 하는 일로 치부한다. 그리스도인이 되는 과정에서 이러한 일들이 하나님 나라에 들어가는 사람으로서 반드시 알아야 할 필수 항목이라고 제안할 때 전도에 대한 이러한 접근에 대해 동의하지 못할 대다수의 독자들로부터 배제당할 수 있다는 위험을 감수해야 할 것이다. 따라서 이에 대해 설명할 필요가 있다.[14] 이 건의 핵심은 근본적으로 두 가지로 정리된다.

첫째, 성령의 은사의 역사는 교회사에서 절대 사라지지 않는다. 성령의 은사는 라틴 기독교의 성도들의 삶에서 늘 나타났다. 러시아 전통을 나타내는 동방 정교에서는 스타레츠(영적 지도자)의 삶에서 성령의 은사가 나타났으며 동일하게 사역자들과 그리스도를 위해 평생을 헌신한 바보들(fools: 평생 헌신한 수도사)에게도 나타났다. 오순절주의에서는 부흥과 영적 각성 기간에 지속적으로 성령의 역사를 강조하는 경향이 있다. 호레이스 부쉬넬(Horace Bushnell)의 경우 역사 서적들에서 오순절주의자들의 진정성에 대해서 불편함을 나타냈지만, 스코틀

더 이상 말할 수가 없다. 이러한 것들이 우리를 당황시키는 것이다. 우리는 이 부분을 아예 교회 밖에 두고 있다. 심지어 우리는 하나님의 이야기를 만들 수 있는 말씀조차도 없다. (*The Work of God Goes On* [Philadelphia: Fortress, 1987], p. 20)

14 신의 신성한 간섭에 대해서 철학적으로 여기서 다룰 수는 없다. 이 부분에 대해서 *Divine Revelation and the Limits of Historical Criticism*(London: Oxford University Press, 1982)와 in *An Introduction to the Philosophy of Religion*(Englewood Cliffs, N.J.: Prentice Hall, 1985), chap. 13을 참조하라.

랜드 개혁주의에서 나타난 성령의 역사에 대해서만큼은 인증을 해주었다.[15] 성령의 역사를 2세기 동안은 자연스럽게 받아들였다. 성령의 신성한 역사와 기적을 일상으로 여겼다.[16] 18세기 이성주의라는 딱딱한 얼음판 위에 성령의 역사가 눈처럼 내리는 일이 있었으며 광신주의와 감정주의라는 뜨거운 목양지에 버터처럼 성령이 임하시는 일이 있었다. 웨슬리는 의심스러운 눈총을 받으면서도 성령의 인도하심과 역사하심을 깊이 있게 경험하였다. 조나단 에드워즈(Jonathan Edwards)의 경우는 달랐다. 에드워즈는 무엇이 성령의 역사인지를 검증하는 논증을 제시하면서 하나님께 영광을 돌리지 못하고 기독교에 상처를 안겨주었다.[17] 북미의 경우 자유 행동주의(Voluntarism)[18]가 발달했다. 중요한 것은 다가올 하나님 나라에 대해 실험적으로 이러한 차원을 추구하기 위한 기관적이고도 지적인 자유를 가질 수 있는 시간이 있었냐였다. 오순절주의가 팽배해졌을 때 기존 교회에서 오순절주의는 퇴출되었다. 그러나 오순절주의 신학의 근원이 상당히 이상하고 빈약했음에도 불구하고 여전히 사도적 기독교의 중요한 측면은 유지하고 있었다. 오늘날 이러한 성령의 역사가 다시금 기독교교단에 다양한

---

15 Horace Bushnell, *Nature and the Supernatural as Together Constituting the One System of God*(Edinburgh: Alexander Strachan, 1861), chap. 14.
16 부쉬넬은 이 부분에 대해서 상당한 열정을 보였다. 다음을 참조하라. William McGavin, ed., *The Scots Worthies: Containing a Brief Historical Account of the Most Eminent Noblemen, Gentlemen, Ministers, and Others, Who Testified or Suffered for the Cause of Reformation in Scotland, From the Beginning of the Sixteenth Century, to the Year 1688*(Glasgow and London: W. R. McPhun, 1858). McGavin은 John Howie가 편집한 원본의 초자연적인 부분을 다시금 신중하게 편집하였다.
17 에드워즈는 열정주의에 대해서 상당한 우려를 나타내었다. 이 부분에 대해 다음 자료를 참조하라. C. C. Goen, ed., *The Great Awakening*(New Haven and London: Yale University Press, 1972), p. 207.
18 형이상학의 하나의 관점으로 이성과 감정보다 우선되는 마음의 생각을 따르는 것을 말한다: 역자 주.

신학적 관습과 운동으로 회귀되었다. 이 과정에서 성령의 역사에 대해 전설과 과장으로 얼룩진 모든 측면을 제거하기 위하여 변호할 여지가 없는 회의론적인 시각과 심도 있는 교의학적인 시각이 요구되었다.

기독교 진영에 있는 일반 역사학자들과 동료들은 자신들이 원하는 바대로 진정한 성령의 역사를 분별할 수 있게 되었다. 신약과 예수 그리스도의 사역과 사도들의 이야기에 심취해 있던 사람들은 전혀 다른 시각으로 볼 수 있게 되었다. 그리스도의 사역과 사도들과 그들의 제자들의 전도적 과업에서 드러난 하나님 나라의 현현에 대한 복잡하고도 얽힌 역사를 우린 그저 묻어버린 것이다. 이에 대한 적절한 대응은 단순히 이러한 현상을 없애기 위한 궁색한 변명을 찾는 것이나, 끔찍한 이야기를 늘어놓는 것이나, 무엇이 참이고 거짓인지를 말하는 것이나, 우회적으로 답하거나, 비난거리를 찾는다거나, 전도자를 탓한다거나, 하나님의 경이로운 역사에 믿음을 가지고 있는 성도들에 대한 통상적인 우려를 나타내는 것이 아니다. 올바른 지적 대응은 오순절주의를 통해서 성령께서 무엇을 우리에게 말씀하시고자 하는 것을 생각해 보는 것이다. 이러한 접근은 두 번째 포인트로 인도해 준다.

분명한 것은 성령의 역사를 통한 하나님 나라 측면을 회복하는 것이 전도에 있어서 심오한 효과를 일으킬 수 있다는 점이다.[19] 아프리

---

19 여기서 에밀 브루너(Emil Brunner)의 관점을 정리할 가치가 있다.
예수 그리스도의 교제가 어떻게 전파되었는가? 이성의 시대에 살고 있으면서 항상 먼저 생각해야 할 것은 복음의 선포에만 방점을 두고 있는 상황에서 아마도 우리가 무엇을 전도나 선교라 불러야 할 것인가이다. 여기에서 신학적으로 선포를 어떻게 이해할 것인가이다. 물론 전도에 있어서 선포적인 측면은 광범위하게 이해될 수 있다. 그러나 적어도 중요한 것은 성령적 요소, 비신학적인 요소, 순수한 역동적인 요소를 생각해 볼 필요가 있다. 비기독교인들은 이미 오순절 이야기가 말하고자 하는 의미와는 상관없이 본문에서 어떤 일이 일어났는가를 보여주는 미스테리에 끌리고 있다는 점이다. 중요한 것은 신자들의 삶이 믿음을 갖게 하는 중요한 요소였다는 것이

카 기독교 확산과 라틴 아메리카의 오순절주의 확산, 개신교와 천주교의 전도 전략의 갱신, 교회 성장 운동에서 일어나는 능력 전도 등은 그리스도인의 삶과 역동적인 성령의 역사에 대한 지적인 측면이 배제되는 경향이 더욱 강해지고 있다. 이는 신학적인 측면에서 중대한 분기점에 와 있다고 본다. 근본적인 우주론적, 형이상학적 확신을 담고 있는 대안에 직면해야 할 때가 온 것이다. 나의 관점에서 볼 때, 대안은 확실하다. 앞서 초대 교회의 사도 신경을 언급하면서 우리가 견고하고 단단한 복음을 따를 것인지 아니면 오늘날 가용할 수 있는 수정주의자(revisionist)들이 제시하는 대안 중 하나를 선택하면 된다. 이 부분에 대해서 세속화 문제를 다룰 때 다시 한번 다루게 될 것이다. 현재로서 우리는 갈림길에 서 있다. 어떤 길을 가야 할지는 분명하다. 성숙한 그리스도인은 성령의 역사를 추구하는 길을 선택할 것이다. 개인과 공동체에 임재하시는 성령의 신비롭고도 역동적인 역사를 경험하게 될 것이다. 믿음과 실천이 함께 어우러지는 한 세대를 이루어낼 것이다. 여기서 원리는 분명하다. 하나님 나라는 단순히 말에 있지 않고 오직 이 땅 가운데서 하나님의 통치를 드러내는 능력에 있을 것이다.[20] 이는 하나님의 통치에 들어가는 그리스도인이 되는 과정에서

다. 사람들이 그리스도 공동체에 이끌렸던 이유는 바로 미스테리한 초자연적 능력 때문이었다. 사람들은 이러한 삶의 새로운 차원에 대해서 나눴으며 성령의 역사 뒤에 어떠한 궁극적인 초월적 원인이 있는지에 대한 말씀을 듣기 전에 그리스도 공동체에 합류하였다. 말씀에 대해 어떠한 근거 없이도 사람들은 열정적으로 참여하였다. 이는 마치 전염성이 강한 확산이나 자석 같은 강력한 끌림이었다고 볼 수 있다. 어떻게 성령의 역사가 일어나는지에 대한 지식이 없이도 이미 전할 준비가 되어 있었다. (*The Misunderstanding of the Church* [Philadelphia: Westminster, 1953], pp. 51-52) 불행하게도 부르너는 교회의 책임으로 성령의 역사를 연관시키지 못했다. 교회가 해야 할 책무 자체가 성령의 역사이다. 교회 밖에 성령의 역사를 따로 두어 혼란을 일으키지 않는다. 동일하게 초대 교회의 교리에도 적용된다. 따라서 플로롭스키를 따라 이를 곧 교회의 삶에서 핵심적인 요소라고 할 수 있다.

20 우리는 여기서 웨슬리와 그의 동료들이 열정주의자라고 비판을 받았던 신학적 이슈에 직면하게 된다. 웨슬리 시대는 성령의 내적 역사가 교회를 통해 일어난다는 신학적 통념이 매우 강했

반드시 강조해야 할 부분이다.

견신례 과정에서 안수받을 때 성령의 역사를 경험하게 된다. 때로는 성령께서 특별히 힘을 주실 때, 혹은 성령의 은사를 주실 때 경험할 수 있다.[21] 견신례에 대한 신학에 지금은 구름이 드리워졌을지라도, 세례를 받은 자에게 성령께서 주시는 것으로 그리스도인이 되는 과정의 일부라는 것은 일반적으로 잘 알려져 있다. 여기서 말하고자 하는 것은 이러한 실천의 배경에는 성령에 이끌리는 자마다 성령의 충만함 가운데 살도록 부르심이 있다는 신앙이 있다는 것이다. 이는 곧 공동체가 함께해야 이뤄질 수 있다. 성령 역사의 핵심에는 공동체가 있으며 그 공동체와 함께 예배드리며 하나님을 기다리는 것이다. 이러한 상황에서 자신을 온전히 예배 가운데 내어드리고 성령의 인도하심을 분별하는 자 안에서 또한 그러한 사람을 통해서 성령께서 역사하신다. 하나님의 통치에 들어가는 사람은 감사와 믿음의 견고함으로 이를 소유한다고 생각한다.[22]

던 시절이다. 오늘날 성령의 은사에 대한 부분도 마찬가지다. 학계에서는 이 부분을 다루는 데 있어 상당히 소극적이다. 보수적인 개신교 진영에서는 자신의 신학적 입장으로 인해 다루지 않는다. 이 부분에 관심이 있는 사람들은 대부분 오순절주의 계통이지만, 기독교 고전 전통과 연관하여 깊게 신학적 연구를 하지는 않다. 대부분 이 부분에 관심이 있는 사람은 전통의 개념에 대해서 부정확하거나 자신들의 발견을 과장하거나 단순화하여 하나의 패턴을 모델로 삼으려 한다. 그러다 결국 근본주의적인 사고와 설교를 하게 된다. 이는 곧 온전한 그리스도인이 되는 과정에서 요구하는 조건을 충족하지 못한다는 것을 의미한다. 이는 곧 초대 교회의 위대한 교리적 전통에서 벗어날 수 있으며 제자도와는 상관없는 번영신학으로 치우칠 경향이 크다. 따라서 대형교회들이 새신자들로 하여금 세상과 육과 악에 대항할 수 있도록 양육하고 있는지, 얼마나 준비되어 있는지는 여전히 생각해야 할 과제로 남아 있다. 오순절 신학에 대해서는 Donald Dayton, *The Origins of Pentecostalism*(Grand Rapids: Zondervan, 1987), Walter Hollenweger, *The Pentecostals*(London: SCM, 1975)를 참조하라.

21 견신례 신학에 대해선 H. W. Turner, "Confirmation," *Scottish Journal of Theology* 5(1952): 148-62를 참조하라.
22 이는 마치 성령의 현현을 초자연적인 현상처럼 경험하여 무관심하던 사람들의 관심을 끌거나 회의론자를 확신시키는 일과는 거리가 있다. 존 웜버의 능력 전도의 전통은 이와 가깝다. 앞서 존 웜버의 능력 전도에 대해서 이미 다뤘다. 웜버는 전도에 있어서 성령의 역사와 신학을 논리적으로 다루

그리스도인이 되는 과정에 이것이 중요한 두 가지 이유가 있다. 첫째, 성령께서 메시아 공동체에 오시는 것은 이스라엘을 향한 종말론적인 약속의 성취 일부라고 할 수 있기 때문이다. 이러한 면을 놓치는 것은 하나님 나라에 담긴 의미를 축소하는 것이라고 할 수 있다. 둘째, 하나님 나라가 인간의 수단으로 임하고 유지될 수 있다고 생각하는 것은 상당히 무리가 있기 때문이다. 인간의 수단으로 가능하다고 여기는 것은 악의 힘을 과소평가하는 것이며 하나님 나라의 일꾼으로서 사역하는 교회로 하여금 궁극의 실패를 경험케 하는 일이다. 이는 전도에 있어서 중요하다. 하나님 나라를 위해서 헌신하도록 부르심을 받은 사람들은 자신들의 힘으로 세상을 맞이하는 것이 아니라 성령께서 자신들을 이끄시고 사용하시고 동행하신다는 확신을 가질 필요가 있다. 이를 간과하는 것은 하나님께서 사람들과 세상에 주신 구원과 자유를 과소평가하는 것이다. 그리스도의 공동체 안에 새겨진 하나님 나라의 사람들을 통하여 성령의 역사 안에서 구원이 드러난다.

따라서 그리스도인이 되고자 하는 사람들이 직면하는 도전은 상당히 높다고 할 수 있다. 이를 만족하기 위해서는 감독과 규율이 필요하다. 그리스도인이 되기 위해서는 자비와 사랑과 은혜를 교회에서 지속적으로 공급받을 필요가 있다. 이는 그리스도인이 되는 과정에 있어서 그리스도인의 삶에 있어 기본적인 규율을 반드시 가르쳐야 할 이유이다. 더불어 성만찬에 참예해야 하는 이유이기도 하다. 하나님의 통치에 들어가는 여섯 번째 요소를 다룰 차례이다.

면서도 유연성을 가지고 있었다. 웜버는 전도 부흥사들의 특이점에 대해 상당한 민감함을 보였다. 성령의 은사를 실천하는 데 있어서 웜버는 특별한 은사가 있었지만, 앞선 전도 사역자들과는 다른 면모를 가지고 있었다.

4. 영성훈련

그리스도인이 되고자 하는 사람들이 성만찬에 참여하는 것은 초대 교회에서 그리스도인이 되는 중요한 과정 중의 하나였다. 성만찬은 그리스도인이 되는 과정 중에서 클라이맥스였다. 그 이유는 세례를 받은 사람들이 부활하신 예수 그리스도의 고난과 부활을 특별한 방식으로 만날 수 있었기 때문이다. 성만찬은 그리스도의 고난을 경험하며 자신을 하나님께 사랑의 제사로 드리는 일이었다. 여기서 성만찬이 품고 있는 신학적 이슈들을 다룰 필요는 없다. 중요한 것은 단순히 기념식으로 알고 있는 성만찬이 교회가 알고 있는 가장 심오한 은혜의 수단이라는 점이다.[23] 즉 성만찬은 하나님 나라에 들어가는 과정이라는 것이다. 역사 속에서 하나님 나라의 도래는 근본적으로 부활하신 예수님의 공동체에 나타나며 참예하는 자들은 믿음과 소망 안에서 하나님 나라의 미래를 맞이한다. 이 일에 대한 핵심과 다양성을 찰스 웨슬리는 다음과 같이 표현했다.

모든 이가 진심으로
피 흘리신 구원자의 이름으로
신실하게 예비하여
유월절 어린양을 취하니
죽임당한 유월절 어린양
살렘은 거룩하네
우리는 구원을 얻고
주의 광대한 은혜 내리네

---

23   이에 대해 헨리 나잇 저, 김남식 역 『하나님의 동행과 그리스도인의 삶』을 참조하라: 역자 주.

이 주의 만찬이
모든 것을 채우네
그의 죽음으로 우리가 살고
그의 희생을 나누네
믿음으로 그의 육을 취하고
그의 고난을 기억하네
거룩한 보좌에 하나님
그의 은혜를 주시네

믿음을 드림으로
그의 고난을 기념하고
슬픔 가득 희락을 누리며
주의 만찬을 누리네
주의 십자가 아래
우리 모두 모이네
그의 육체가 쳐지고
그의 고통을 들으며
그의 보혈을 느끼네

오 하나님! 이루소서!
고난은 지나갔으니
믿음으로 주의 고개를 떨구고
마지막 숨결을 듣네
우리도 주와 함께 죽었으니
주와 함께 부활하리라

십자가 위에 떨군 주의 고개
하늘 높이 영광에 이르리라.

하나님 나라에 들어가는 이마다 이를 경험해야 하지만 이에 대해 변명하거나 설명할 필요는 없다.[24] 전도의 상황에서 강조해야 할 부분은 새신자의 몸부림과 고뇌 없이도 성만찬 자체가 영적 훈련의 전체적인 모습을 새신자에게 알려준다는 점이다. 이러한 부분을 다루는 중요한 이유는 특별히 성령의 은사에 대해서 우리가 깨달아야 할 부분이 있기 때문이다. 성령의 은사는 성령에 민감하여 분별하는 것이 중요하다. 영적 분별은 영성훈련으로 인해 단련된다. 또한 영성훈련은 이 세상에서 사랑하는 삶을 살며 헌신의 어려움을 직면해야 하는 새신자나 헌신자 모두에게 버티는 힘을 준다. 헌신이 쉬울 것이라고 여기는 것은 순진한 생각이다. 새신자는 반대 세력과 부딪힐 것이고 심지어는 저항과 조롱도 받게 될 것이다. 내적인 성결과 하나님의 깊은 동행 없이 헌신하게 될 수 있다는 것은 추상적인 생각일 뿐이다. 경건의 근본적인 훈련에 참여하는 것이 새신자의 삶에서 헌신을 일구어내는 최상의 방법이다. 따라서 새신자는 이러한 과정을 반드시 거쳐야 한다.

성만찬에 참여한다는 것은 필수적인 영성훈련에 참여한다는 것을 의미한다. 따라서 성만찬에 참여할 때 금식과 묵상, 고백으로 준비하는 것이 마땅하다. 성만찬 가운데 기도의 시간과 감사의 시간, 성경 봉독의 시간, 하나님 앞에서 침묵의 시간, 교제에 동참하며 함께 찬양하고 가난한 자를 위한 헌금의 시간과 주기도문의 시간 믿음의 찬양

24　Geoffrey Wainwright은 성만찬과 종말론의 관계에 대해 *Eucharist and Eschatology* (London: Epworth, 1971)에서 조직신학적으로 설명하였다.

을 드리는 시간이 필요하다. 기도와 금식은 회심자의 삶에 자연스러운 일상이다. 그리스도인이 되는 과정에서 중요한 것은 이러한 영성훈련을 완전히 숙지하는 것이 아니라 이를 교회에서 선물로 받고 은혜 안에서 영적으로 성장하는 것을 기본으로 여겨야 한다는 점이다. 지속적인 하나님과의 동행을 근본으로 알고 행하는 것이 절대적으로 필요하다.

5. 결론

이 장에서는 하나님 나라의 통치에 들어가는 그리스도인이 되는 과정에 있어서 세 가지 측면을 다루었다. 첫째, 지적인 공허 상태에서 그리스도인이 되는 과정이 일어나지 않는다. 그리스도인이 되는 과정은 삼위일체 하나님에 대한 개념과 그리스도 안에서의 하나님 역사의 신비함을 알아야 하며 성령에 대해 명확하게 알아야 한다. 이는 곧 기독교 신앙의 유산을 그대로 반영하는 니케아 신조 안에서 잘 드러나고 있다. 둘째, 그리스도인이 되는 과정은 성령의 은사를 사용하는 법을 알아 새신자로 하여금 다양한 교회 사역에 참여하도록 하는 것이다. 셋째, 그리스도인이 되는 과정은 영성훈련을 받아 영적 분별과 헌신하여 성령의 은사를 바르게 사용하도록 하고 끝까지 견디게 하는 것이다. 여기서 중심은 그리스도인이 되는 과정이 하나님의 사람들에게서 드러나는 성령의 간섭과 능력이 일어나는 교회의 성만찬 전통으로 이어진다는 점이다. 이러한 요소 중 어느 것 하나라도 간과되거나 무시된다면 교회는 하나님 나라에 충성하지 못하게 될 것이다. 더 심각한 것은 교회 내 갈등이 쌓이게 되고 살아 계신 하나님의 영광스러운 종말론적 통치에 들어가는 데 문제가 생기게 될 것이다.

08

전도 사역

The Logic of Evangelism

전도는 필수다. 모든 문화와 세대에서 교회가 수행해야 할 의무다. 전도는 사람들을 모으고 세우며 사랑과 자비 사역을 할 수 있을 정도로 하나님 나라의 사람들로 만드는 것이다.

The Logic of Evangelism

08 전도 사역

　전도의 개념은 곧 전도 사역에 지대한 영향을 끼친다. 근본적으로 우리 스스로 전도의 성공과 실패의 기준을 세우고 전도 사역의 공공의 틀을 짠다. 또한 이러한 기준들을 바탕으로 전도 전략을 세우기 위한 기본적인 출발점을 정해 놓는다. 예를 들어, 전도를 복음의 선포라고 정의한다면, 전도 전략의 포커스는 많은 사람에게 말씀을 증거하는 것을 전략으로 삼을 것이다. 이러한 경우 성공적인 전도란 복음의 메시지의 내용에 충실한 것이라 할 수 있다. 따라서 이러한 전도의 평가는 얼마나 복음의 내용이 잘 전달되었는가일 것이다. 따라서 결과에 대한 평가는 곧 세례, 회심, 교인 수의 증가 등이 될 것이다. 그러나 전도의 정의를 교회의 성장과 연관짓는다면, 전도 전략에 전혀 다르게 접근하게 될 것이며 그 평가 기준도 전혀 다르게 설정하게 될 것이다. 여기서 성공의 기준은 교인이 얼마나 늘었고 얼마나 줄었느냐일 것이다. 따라서 전도 전략은 숫자 증가에 맞춰지게 될 것이다. 따라서 전도의 정의와 그 정의에 따른 사역은 단순히 학술적 가치만을 추구하는 것이 아니라 실제적인 전도 사역에서 매우 중요한 역할을 하고 있다. 따라서 전도 사역에 대한 논쟁이 가중될 수밖에 없다.

제8장의 목적은 내가 제안한 전도 사역에 대한 함축성을 논하고자 함이다. 이 작업을 마치고 나면 우리는 전체적인 교회 생활 가운데서 전도 사역이 차지하는 비중을 말할 수 있게 될 것이다. 이 문제에 대한 핵심을 짚어볼 수 있도록 웨슬리의 말을 생각하는 것으로 시작하려고 한다. 웨슬리는 자신의 설교 동역자들을 향해 쓴 1780년 편지에서 다음과 같이 말했다.

> 당신들은 부자와 겁쟁이들과 게으른 메소디스트들에게서 가장 큰 방해를 받게 될 것입니다. 그들을 청지기나 리더로 삼지 마십시오. 때를 얻든지 못 얻든지, 하나님의 이름으로 사람들에게 나아가 회개하고 복음을 믿으라고 전하십시오. 특별히 매주일마다 그렇게 하십시오. 특별히 여전히 깨어 있는 오래된 소사이어티들에게 복음을 증거하십시오. 청지기들은 돈을 모으는 데 관심이 없습니다. 우리는 영혼들을 돈 주고 팔 수 없지 않나요?[1]

맞닥뜨린 상황에 대해 웨슬리는 설교 동역자들에게 야외 설교에 참여하라고 독려하였다. 과거의 경험에서 1738년 5월 어느 날부터 휫필드의 야외 설교에 대한 자극에 대해 웨슬리도 동감하였다. 그 이유는 대중이 있는 곳에서 야외 설교가 효과적인 전도의 수단이라는 것을 웨슬리는 알고 있었기 때문이다. 웨슬리는 야외 설교를 멈추지 않았고 그 야외 설교는 열매를 맺었으며 복음을 증거하는 데 야외 설교

---

1   The "Larger Minutes" in the Six Successive Editions, 1780, pp. 451-53.

를 포기하지 않았다.

그러나 단순한 전략보다 웨슬리는 그 이상을 생각했다. 웨슬리는 전도의 열정을 잃어버리고 있는 소사이어티들에 대한 걱정을 하고 있었다. 그들의 영적 무감각과 공동체 안의 나태함과 가난한 자들에 대한 무관심과 무책임, 장기 결석자들과 영적 권위에 대한 도전, 하나님 나라에 대한 복음을 증거하는 것보다 교인 숫자와 재정에만 신경을 쓰는 관료적 리더들에 대한 웨슬리의 걱정이 더했다. 여기서는 메소디즘에 대한 웨슬리의 염려에 대해 다루려는 것보다 그 내용에 대해 우리가 알아야 한다는 점을 강조하고자 한다. 교회가 자신의 할 일을 잊는 것과 성실함과 부지런함과 재치로 전도 사역을 하지 못하는 무능력을 말하는 것이다. 여기서 우리가 다뤄야 할 것은 어떻게 교회가 전도 사역을 다시 시작할 수 있느냐이다. 전도 사역의 고민을 해결해 줄 것 같은 18세기의 야외 설교와 유사한 전도 사역들이 대부분일 것이다. 따라서 이와 유사하게 텔레반젤리즘을 말할 것이다. 어떤 이들은 이웃과 친구들에게 기본적인 복음 교리를 증거하는 것을 말할 것이다. 그래서 빌리 그래함과 루이스 팔로우(Louis Palau)가 행한 십자군 전도가 해답이라고 말하기도 할 것이다. 어떤 이들은 교인들이 빠져나가지 않도록 하는 프로그램을 진행하는 것을 대안으로 보기도 한다. 어떤 이들은 매주 믿지 않는 이웃을 방문하는 축호 전도를 하기도 한다. 어떤 이들은 TV나 라디오 광고를 활용하는 것을 선호하기도 한다. 또한 어떤 이들은 전화를 통해 전도한다고 말하기도 한다. 어떤 이들은 십자가를 끌고 전 세계를 일주하는 것을 전도라고 여기기도 한다. 게다가 어떤 이들은 록 음악을 통해 복음을 전한다며 청중을 향해 성경을 던지는 것을 전도라고 여긴다. 분명한 것은 한 가지 방법이든 여러 가지를 조합한 것이든 전도 사역 자체가 뜨거운 감자인 것은 사실이다.

문제는 이러한 모든 전도법이 서구의 행동주의로 혹은 최악의 경우로는 실용주의로 금세 사라질 수 있는 수단이라는 점이다. 많은 이들이 이러한 전도법을 실행하다가 결국 타성에 젖은 교회 생활로 회귀할 수 있다. 이에 민감한 그리스도인들은 오늘날 전도가 무엇인지를 근본적으로 고민하게 될 것이다. 어떤 전도법들은 오히려 기독교의 가치를 떨어뜨리는 역할을 하거나 복음에서 영원히 멀어지게 하는 역할을 하기도 한다. 전도의 역사를 살펴보면 언제나 우리가 따를 수 있는 해법을 제시한 것은 아니다. 북유럽의 전도 역사는 강요로 이뤄진 세례로 얼룩져 있고, 18세기 부흥주의와 맞물린 전도는 상처투성이라고 호레이스 부쉬넬(Horace Bushnell)은 평가한다.[2] 오직 성령에 충만하지 못하고 영적으로 민감하지 못한 자들만이 프로그램을 통한 전도에 대한 문제를 인식하지 못하게 된다.

성서적인 전도를 분별하지 못하는 것은 영적으로 미숙한 것을 말한다. 전도는 교회 사역이다. 따라서 반드시 효과적이면서 실현 가능한 사역이 되도록 면밀하게 구체화되어야 한다. 또한 이에 참여하는 사람들이 책임을 지고 있어야 한다. 전도를 실천하고자 한다면 그 열정 그대로 칭찬을 받아야 하고 전도 사역에 대한 책임감을 느끼고 사역에 임해야 할 것이다. 전도에 대한 열정이 없다면 사도적 기독교의 본성을 잃었다는 것을 의미한다. 정통 교리를 따르고 있는지, 건전한 성례전을 행하고 있는지, 교회 행정을 잘하고 있는지, 사회 봉사를 하고 있는지, 개혁적인 열정이 있는지가 전도 없는 교회의 변명이 되어주지 못한다. 만일 교회가 전도하지 않는다면 사도적 교회로 부르심

---

2   Horace Bushnell, "Spiritual Economy of Revivals of Religion," in *Building Eras in Religion*(New York: Scribner, Armstrong & Co., 1881), pp. 150-81.

받은 것을 기만하는 것이다. 교회의 사도성은 교회의 정체성에서 지울 수 없는 본질이다.

여기서 나는 새로운 전도 프로그램을 제시하려는 것이 아니다. 그런 것 자체가 잘못된 것일 수 있다. 분명한 것은 위에서 언급한 전도 사역들 자체가 근본적으로 문제가 있다는 점이다. 전도가 다면적 측면을 가지고 있는 사역이라는 점을 간과하고 있다. 전도는 원리상 단순히 프로그램으로 진행될 수 있는 것이 아니다. 만일 그렇게 생각한다면 복음을 무가치하게 만드는 것이다. 무엇보다 프로그램을 통한 전도를 추구하는 교회는 결국 전도에 있어서 반드시 다뤄야 할 문제에 직면하게 되고 만다. 전도에 있어서 인간의 창의성과 하나님이 주시는 영감이 어우러지는 사역을 감당하지 못하게 한다는 점이다. 여기서 필요한 것은 전도 사역의 근간이 될 수 있는 보다 광의적인 전도의 원리이다. 이 전도의 원리가 있으므로 전도 이슈가 이어질 때마다 해결점이 될 수 있다.[3]

1. 전도와 예배

최우선적이고 가장 중요한 전도의 원리는 무엇보다 그리스도 공동체 안에서 하나님의 통치에 대한 깊은 이해이다. 전도의 최우선 주체는 하나님이시며 전도의 궁극적 목적은 역사에서 드러난 것처럼 하나님 나라를 알려주고 그 안에서 살게 하는 것을 의미한다. 하나님의 실재에 대한 요소가 전도에서 사라진다면 행하는 모든 전도 사역은 무의미하게 될 것이다. 더욱 정확하게 말해 만일 하나님이 교회의 주님

---

[3] 이 부분에 관해서 로버트 콜만의 전도의 원리(the Master Plan of Evangelism)가 도움이 되며 김남식, 『동행 전도학』(인천: CESI 한국전도학연구소, 2015)을 참조하라. 역자 주.

이 되시지 않는다면, 교회가 사람들에게 하나님을 효과적으로 알게 해줄 수 없을 것이다. 결국 하나님 나라는 그저 추상적일 뿐 삶에 와닿지 않는 이론이나 개념으로 남게 될 것이다. 따라서 전도의 실패는 결국 교회의 나약함에서 비롯된다고 할 수 있다. 이는 하나님에 대해 정확하게 알지 못하면, 그래서 하나님이 우선되지 않는다면, 하나님의 통치를 거부한다면 전도는 실패하게 되어 있다. 또한 하나님의 영혼 사랑에 대한 마음에 공감하지 않고 그리스도 안에서 역사하신 하나님의 행함을 우선으로 하지 않고 성령을 통한 하나님의 임재를 말만 하고 경험하지 못한다면 전도는 실패하게 될 것이다. 단순히 예배만 드리는 그 자체만을 목적으로 하고 은혜의 수단으로 여기지 않는다면 전도는 사라지고 왜곡될 것이다. 따라서 전도의 필수 요소 중 하나는 그리스도 공동체의 예배이다. 예배 안에서 하나님의 통치를 송축하고 기꺼이 인정하고 있는지를 점검해 봐야 한다. 만일 하나님을 예배 가운데 경배하지 못하고 있다면, 하나님의 통치를 기꺼이 받아들일 수 없을 것이다. 일상의 삶과 예배에서 하나님의 실재를 경험하지 못하면서 전도를 말하는 것은 헛된 일일 것이다.

그 이유는 다음과 같다. 첫째, 예배 가운데 하나님의 실재를 경험해야 기쁨과 감사, 자비를 알게 되고 이는 곧 전도를 실천할 수 있는 원동력이 된다. 전도가 부담되고 행해야 할 의무가 되거나 교회 지도자들의 전통적 의무로 전락하였다면, 분명 예배가 무디어지고 타성에 젖어 있을 것이다. 이에 대한 유일한 해결책은 하나님의 성품과 하신 일, 그리고 하나님의 은혜를 새롭게 경험하는 것이다. 이러한 경험은 경배와 찬양으로 이뤄진다. 더욱이 예배 그 자체는 진정한 전도를 실천할 수 있는 자유와 자신감을 불어넣어 준다. 예배는 교회 공동체로 하여금 평안을 누리게 한다. 예배는 전도의 주체가 하나님이심을 알게 해준다. 예배는 숭고한 전도의 목적을 조장하고자 하는 유혹을 사라지게 해준다. 예배는 하나님의 임재를 경험하게 해주며 하나님의 통치를 알게 해준다.

분명한 것은 제자를 생산하지 못하는 황량함과 메마른 교회의 상황 속에서는 이러한 일들이 일어나지 못한다는 것이다. 따라서 어떤 이들은 이러한 전도 사역에 대해 너무 비현실적이고 낭만을 추구하는 것이라고 비판할 수 있다. 만일 진정한 예배가 전도에 필수적이라면, 교회가 진정한 예배를 드릴 때까지는 전도하기를 멈춰야 하는가? 이 질문에 답은 분명히 No! 이다. 기도와 금식으로 진정한 예배를 추구하며 전도할 수 있다. 물론 우리는 그간에 많은 실수를 할 수도 있다.[4] 하지만 이상적인 것과는 상당한 거리가 있다 할지라도 행동은 이뤄져야 한다. 현대 전도의 상황도 이와 유사하다. 교회가 예배 안에서 기쁨과 사랑을 회복하는 것은 이제 막 믿음을 가지게 된 새신자들이 신앙에 뿌리 내릴 수 있도록 해준다. 전도를 위해 영혼들과 교제하는 것은 하나님을 의지하는 기쁨을 다시금 회복시켜 준다. 더욱 중요한 것은 하나님 존전에 예배를 드릴 때 하나님의 임재의 감격은 왜 교회가 존재하는지에 대한 이유와 비전을 상기시켜 준다는 점이다. 전도할

---

4 부쉬넬의 조언과 비교하라:
> 대신에 많은 시간과 경험과 지식을 겸비하고 다양한 의견을 수렴하고 시도하여 훨씬 나아지는 경험을 하게 될 것이다. 이 과정에서 구주이신 그리스도의 필요성을 더욱 감지하는 인간의 죄성을 알게 될 것이다. 또한 그 과정에서 영혼의 빛과 평강이 되시는 주님의 고귀하신 능력을 경험하게 될 것이다. 모든 가르침과 학문을 내려놓고 오직 기도하는 시간을 가지며 자신의 것을 자랑삼지 않고 겸손히 하나님의 음성을 들을 때 단순히 지식으로 하나님만 이해하려는 시도보다는 훨씬 나을 것이다. 아니면 온전히 3개월 동안 군사훈련을 받듯이 집중하여 영성훈련을 하는 것도 좋은 방법일 것이다. 혹은 매년 긍휼 사역과 인내와 경건의 훈련을 통해 하나님을 알아갈 수도 있다. ("A Discourse on Dogma and Spirit; or the True Reviving of Religion: Delivered Before the Porter Rhetorical Society," in *God in Christ* [New York: Scribner, Armstrong & Co., 1877], pp. 332-33)

때 교회 공동체가 새롭게 전도되는 경험을 하게 된다. 즉 하나님 나라에 대한 복음을 회복하고 그리스도인을 만드는 과정에 동참함으로써 교회 공동체가 성서적으로 갱신되는 것을 경험하게 된다. 따라서 교회가 지금 있는 그 자리에서 바로 갱신을 위해 시작해야 하며 갱신의 필요성을 우선으로 하고 추진해야 할 것이다. 하나님께서는 교회를 통해 역사하신다. 이는 교회가 처음부터 하나님 나라의 도래에 대한 막중한 임무를 가지고 있다는 것을 의미한다.

2. 전도와 선포

생각해 볼 두 번째 원리는 전도할 때 하나님 나라의 복된 소식을 선포하는 것이 기본이라는 점이다. 이 원리는 복음 그 자체에서 나온 것이다. 복음은 우주의 자유를 위하여 역사 속에서 행하신 하나님의 강력한 역사로 구성되어 있다. 단순히 신성한 질서에 대한 논증이 아니다. 단순히 신비한 종교적 체험을 구술적 형식으로 숭고하게 표현한 것이 아니다. 복음은 단순히 자연 속에서 드러난 하나님의 존재에 대한 낭만적 표현이 아니다. 복음은 궁극적 실존의 본질에 대한 철학적 이론이나 사색적 이론이 아니다. 복음은 세상을 살아가는 데 있어 도덕적 정언을 말하는 것이 아니며 인간의 본질의 악함에 대한 율법적 비애를 말하고 있지도 않다. 복음은 단순히 고대 역사를 따라가는 정적인 여행을 의미하지도 않는다. 복음은 나사렛 예수 그리스도 안에서 하나님 나라가 임한 것을 말하고 있으며 예루살렘 밖에서 그 예수 그리스도가 십자가에 못박히시고, 죽은 자들 가운데서 살아나시며, 하나님 우편에 앉으셔서, 이제는 영원히 성부 하나님과 함께 다스리시며 성령을 통해 교회와 세상에서 역사하신다는 것을 말하고 있다. 이러한 사실이 선포되지 않은 곳에서는 이 사실을 알 수가 없게 된다. 이에 바울은 다음과 같이 말한다.

> 누구든지 주의 이름을 부르는 자는 구원을 받으리라 그런즉 그들이 믿지 아니하는 이를 어찌 부르리요 듣지도 못한 이를 어찌 믿으리요 전파하는 자가 없이 어찌 들으리요 보내심을 받지 아니하였으면 어찌 전파하리요 기록된 바 아름답도다 좋은 소식을 전하는 자들의 발이여 함과 같으니라 (롬 10:13-15).

복음을 전한다는 의미를 생각할 때 우리는 오늘날 개신교에서 생각하는 선포라는 고정관념에서 벗어나야 한다. 삼대지 설교로 이해되는 선포의 이미지는 문화적 현상이라 할 수 있다. 중요한 것은, 하나님 나라에 대한 좋은 소식은 문화적 형식에 맞게 조정된다. 더욱이 하나님 나라에 대한 좋은 소식은 교회에서보다는 세상에 더 알려져야 한다. 또한 복음이 정형적으로나 비정형적으로 알려지는 것과 같이 복음을 전하는 행위가 다른 연설과는 전혀 다른 성격을 띠게 된다. 복음을 전하는 행위는 단순한 가르침에서 삶에 관련한 구체적인 설명으로 이어지고, 그 후로는 진솔한 대화로 결국 복음 안에 있는 소망을 가질 만한 이유를 알게 해주게 된다. 복음을 선포한다는 것을 단순히 형식적인 행위들이나 설교와 다른 여타의 모델들로 국한해서는 안 된다. 이는 복음을 증거하기에 적절한 공공장소에서 복음을 기획에 맞는 형식에 따라 전하는 한계를 넘는 것을 말한다.

또한 복음을 증거함에 있어 믿음을 가지고 회개하라는 초대를 반드시 해야 한다. 선포된 하나님 나라는 실제이며, 우리가 어린아이와 같은 믿음을 가져야 들어갈 수 있으며, 여기엔 희락과 고난과 특권과 책임이 따르기 때문이다. 그렇지 않으면, 복음을 증거하는 것이 삶의 문제와는 상관없는 추상적 언어로 남을 수밖에 없다. 복음을 증거하는 모든 과정은 기도와 성령에 민감함으로 이뤄져야 한다. 선포된 말씀과 회심을 위한 초대는 서로 얽혀 있으며 이 과정은 충분히 많은 사람들로 하여금 인생에 대해 심각한 고민을 하게 해준다. 따라서 복음을 증거한다는 것은 단순히 언제나 연약해질 수 있는 한 개인의 영성을 바탕으로 말하는 것이 아니라 성령의 신비하고도 강한 내적 인도하심으로 이뤄지는 것이다. 오직 성령이 죄를 알게 하시며 의를 알게 하시고 심판을 알게 하신다. 데오도르 스타리아노포울로스(Theodore Stylianopoulos)는 이에 대해 다음과 같이 말한다.

> 설교자는 반드시 그 마음이 성령으로 충만해야 한다. 바울은 자신의 사도적 역할에 대해 성령의 가르침을 받아 하나님의 은사를 이해하고 전도하기를 사람의 능력과 지혜로 하지 않았다고 고백한다(고전 2:12-13). 설교자는 자신을 복음의 전달자로 여기고 스스로 그리스도의 살아 있는 말씀으로 채우며 성령의 사람이 되어야 한다. 또한 회중 가운데 임하신 성령을 증거해야 한다. 설교자의 깊은 믿음의 행위는 설교가 성령의 도구이며 설교자를 통하여 주님께서 역사하시고 하나님의 은혜를 통하여 설교가 변화를 일으킨다는 겸손한 확신을 갖는 것이다.[5]

복음을 세상에 전할 때는 듣는 사람들의 상황을 알아야 한다. 그들의 사회적, 개인적 상황을 주의 깊게 공부할 필요가 있다. 때로는 현대 도시들의 본질에 대해 전문가적인 지식이 필요할 때도 있다. 또는

---

5   Theodore Stylianopolous, *The Gospel of Christ* (Brookline, Mass: Hellenic College Press, 1981), pp. 25-26.

그리스도 공동체를 형성하는 인간관계들에 대해서 그러하다. 특별히 복음이 타 문화권에서 전해질 때 이러한 노력은 더욱 중요하다. 바울의 전도 정책, 즉 "여러 사람에게 여러 모습"이 되는 정책을 실천하기 위해서는 문화적 민감함과 민첩함이 필요하다.[6] 즉 전도자는 복음을 진실함으로 선포해야 하고 타협이 없어야 한다. 다른 한편으로, 전도자는 그들이 처한 곳에서 사람들을 만날 수 있어야 하고 이에 자원하는 마음이 있어야 한다. 이에 그들을 하나님 나라에 들어갈 수 있도록 하고 각자의 문화에 하나님이 주신 가치와 진리를 담을 수 있어야 한다. 지난 200년 간의 선교 역사는 현대 교회로 하여금 지난 세대가 놓치고 있는 문제를 직면하도록 해주었다. 따라서 타 문화 전도에서 발생할 수 있는 이슈들을 사회 과학적 관점에서도 연구할 수 있는 전문가가 필요하다.

다가올 하나님의 통치에 대해 알릴 때 중요한 것은 복음을 선포하는 의도라 할 수 있다. 전도의 정의에 대해 논의해 왔던 것처럼, 하나님의 통치에 들어가는 사람들에게 선포만이 전도의 전부라고 할 수 없다. 이 부분으로 인해 선포의 특징과 성격이 정해진다. 현대의 전도 설교는 대부분 하나님 나라에 들어가는 새신자들과는 무관하다. 현대 전도 설교 대부분은 먼저 자기 자신의 과오에 대해 돌아보도록 하고, 자신이 얼마나 귀한지를 일깨워주며, 결신하게 하여 강단으로 초대하거나 전도 설교자에게 호의적으로 반응하도록 한다. 때로는 될 수 있는 한 많은 사람을 모으거나 부풀리려는 의도가 깔려 있다. 때로는 분노와 시기, 교만과 질투 심지어는 증오의 표현까지 사용한다.

따라서 전도 설교가 정치적이거나 민족주의적인 덫에 걸리지 않기

---

6 이 주제에 대해서는 H. Chadwick, "All Things to All Men"(1 Cor.ix.22)," *New Testament Studies* 1 (1954): 261-75를 참조하라.

위해 특별한 주의가 요구된다. 서구에서의 전도 선포는 바바리안주의 (이민족주의)와 연관되어 있으며 반공주의와 북미 우월주의와 깊게 연관되어 있다. 대체 신학자인 호레이스 부쉬넬(Horace Bushnell)조차 이러한 유혹을 벗어날 수 없었다. 선교의 서구 개척자들의 전도 열정에 대한 부쉬넬의 지지는 다음과 같이 확인할 수 있다.

> 이러한 강대국을 추구하고 주도권을 갖고 전 세계에 영향력을 끼치기 위해서 국가는 자기 절제와 더불어 법을 준수하는 자유인으로 가득해야 한다. 이러한 국가는 자기만의 함대를 가지고 도시들로 가득한 땅이 있어야 하며 도로와 곡창지대가 있어야 한다. 배움과 예술이 있고 각 분야 전문가들이 있고, 기독교 국가이며 그리스도인의 덕이 풍부하고 가난한 자들을 돕는 국가이어야 한다. 억압이 없고 빛을 발하며 의로운 법이 모두에게 평등하게 적용되어야 한다. 기독교의 믿음을 가지고 하나님이 우리에게 주신 책임을 알고 이를 받아들여 하나님의 축복으로 인해 이에 대한 가치의 확신을 두고 이를 실천한다.[7]

부쉬넬에게 전도는 근본적으로 야만적인 세상에서 사람들을 구하는 것이고 국가를 세우기 위한 도구다.

간단히 말하면, 이런 식의 전도에 대한 접근은 일정 기독교인들의 지지를 받지만 결국 부패에 이르게 된다. 이는 하나님 나라에 대한 복음을 목적을 위한 수단으로 삼고 그리스도인을 만드는 과정을 전도에서 제거해 버리고 만다. 또한 기독교를 민족주의적인 이데올로기와 엮어서 하나님 나라의 초월성을 붕괴시킨다. 또한 다가오는 하나

---

[7] Horace Bushnell, *Barbarianism the First Danger: A Discourse For Home Missions* (New York: The American Home Missionary Society, 1847), p. 29.

님 나라로 인해 문화와 정치가 변화할 가능성을 막게 한다. 이러한 문제의 해결책은 곧 전도는 하나님 나라에 들어가는 사람들을 훈련시키는 것이라는 패러다임을 갖는 것이다. 이외의 다른 전도의 접근은 결국 부수적이거나 부적절한 것일 수 있다.

3. 교리학습의 필요성

전도 사역의 세 번째 원리는 선포가 하나님 나라 백성들의 기초에 밀접해야 한다는 점이다. 선포는 그리스도인이 되는 과정의 첫 단계라는 것을 알지만, 그리스도인이 되는 과정이 무엇인지를 깊게 생각해 보도록 해준다. 즉 여기서 제안하는 것은 교회가 카테키즘, 즉 교리학습을 탄탄하게 할 필요가 있다는 것이다.[8] 앞서 다룬 것과 같이 그리스도인이 되는 다양한 측면을 다룰 수 있는 구체적이고도 공식적인 기관이 필요하다.

이러한 일이 일어나기 위해서는 먼저 전도 사역을 수행해야 한다. 교리학습에 대한 일반적인 특성을 먼저 알아보자. 첫째, 그리스도인이 되는 과정에서 중요한 것은 절차대로 진행하느냐보다는 완전성과 균형이다. 그리스도인이 되는 여섯 가지 측면이 서로 밀접하게 연관되어 있기에 하나만 가지고 이야기하는 거의 불가능하다. 여섯 가지

---

[8] 이 제안은 최근의 로마 가톨릭이 교리학습을 다시 시작한 것과 맥락을 같이한다. Patricia Barbernitz, RCIA: *The Rite of Christian Initiation of Adults, What if Is and How it Works*(Ligouri, Mo: Ligouri Publications, 1983). 가톨릭은 두 가지 측면에서 다르다. 첫째, 교리학습의 기본적인 배경은 교회를 기반으로 하고 종말론을 기반으로 하지 않는다. 둘째, 그리스도인이 되는 과정과 관련이 없다. 그리스도인이 되는 과정에 대한 역사적 자료는 다음과 같다. Edward Yarnold, *The Awe-Inspiring Rites of Initiation: Baptismal Homilies of the Fourth Century*(Slough: St. Paul Publication, 1971); Hugh M. Riley, *Christian Initiation*(Washington, D.C.: The Catholic University Press of America, 1974).

중에서 하나를 빼놓았을 때는 반드시 그 대가를 치르게 되어 있다. 예를 들어, 단순히 전도의 경험적인 측면만을 보게 된다면 결국에는 선정주의적 결과를 낳을 것이고, 기독교가 열만 있고 빛이 없는, 열정만 있고 지식이 없는 종교가 될 것이다. 만일 전도 사역에 있어서 이웃을 사랑하라는 명령에만 집중하게 되면, 오직 도덕주의만 강조하는 기독교가 되어 능력과 기쁨은 없고 의무만 있게 되며, 겸손은 없고 자기 의만 남게 될 것이다. 만일 전도 사역이 오직 사도 신경에만 집중하게 되면, 그 결과는 죽은 정통신학만 남게 될 것이다. 결국에는 열 없는 빛만 남게 되고 사랑과 열정이 없는 지식만 있는 기독교가 될 것이다. 오직 성령의 은사에만 집중하게 된다면, 그 결과는 광적인 행위주의가 될 것이며 도덕적 기준이 없이 오순절 운동만 있는 기독교가 될 것이고 지적인 방향 없이 실용주의만 추구하게 될 것이다. 세례나 성만찬, 영성에만 집중하게 되면, 그 결과는 성례전주의가 되어 전도의 열정이나 따스한 교제가 없는 형식주의 종교가 될 것이다. 이 모든 것을 다 갖추고도 하나님 나라를 추구하지 않는다면, 결국 창조를 새롭게 하시는 역사적인 하나님의 위대한 행위와는 상관없는 인본주의적인 기독교가 될 것이다. 따라서 그리스도인이 되는 과정의 여섯 가지 측면이 모두 하나님 나라를 향하도록 집약적으로 이뤄져야 한다.

두 번째로 중요한 것은 이를 실천할 때의 순서이다. 예를 들어, 그리스도인이 되는 과정 가운데 세례의 순서를 생각해 보자. 유아세례를 행해야 할 것인가 아니면 세례의 의미가 무엇인지를 알 때까지 기다려야 하는가? 이에 대한 설득력 있는 논쟁들이 양쪽에서 진행되어 왔다. 현재 상황에서 중요한 것은 양쪽 모두 옳기도 하고 그르기도 하다는 점이다. 여기서 만일 믿는 자만이 세례를 받을 수 있다고 정한다면, 그리스도인이 되는 과정에서 회심의 경험적 측면만이 강조될 것이다. 그런데도 이러한 입장을 지지하는 사람들은 결국 유아와 아이들을 작은 이교도로 여겨 죄를 짓고 회개하여 믿음을 가질 때까지는 공동체에 들어오지 못하게 하는 결과를 낳을 것이다.[9] 만일 유아세례를 지지한다면, 그리스도인이 되는 과정에서 공동체적 측면을 강조하게 될 것이다. 그러나 한편으로는 그리스도인이 되는 과정의 경험적 측면을 잃게 된다. 따라서 여기서 제안하고자 하는 대안은 교회에 올 때 즉각적으로 유아세례를 실시하고 성만찬에 참여하도록 한다. 그런 다음에는 적절한 시기에 사도 신경과 더불어 교리교육과 기독교 전통의 도덕률을 가르치는 것이다. 이러한 과정에서 다양한 수양회와 세미나를 실시하여 하나님과 인격적인 관계를 형성하도록 한다. 동시에 교회 사역에서 성령의 역사를 알게 하고 기도에 대하여, 성경 공부에 대하여, 금식에 대하여 가르친다. 이러한 과정 후에 언약에 따라 성만찬을 치를 때 절정에 달하게 된다. 이후 교회 사역을 감당할 수 있는 리더 후보들에게 안수하여 성령으로 충만하게 하고 사역을 위해 훈련을 감당하게 하는 것이다. 성인들도 동일하게 유아세례와 마찬가지로 세례와 성찬에 대한 교육과 교리교육을 해야 한다.

이 과정을 축소하여 단순히 지식만 전달하면 안 된다는 것을 명심해야 한다. 교회의 상징주의와 풍부한 예식의 보물을 온전히 전달할 수 있어야 한다. 따라서 필요하다면, 새로운 예식을 개발하거나 전통 예식을 살릴 수 있을 것이다. 각 개교회의 상황에 따라 알맞은 사역을 개발하고 혹은 일반적인 사역에서 특징 있는 사역을 추가할 수도 있

---

9   부쉬넬이 이 부분에 대해서 잘 정리하였다.
    아이가 성숙하여 거룩하신 하나님과 모든 거룩한 원리들을 거절할 수 있을 때까지 기다려야 한다는 주장은 최악이라 할 수 있다. 아이가 거짓말을 하고 도둑질을 하도록 가르치고 성숙한 나이가 되어서 도덕률에 따라 그런 행동을 하지 말아야 한다고 가르친다는 것이 과연 합리적인가 생각해 봐야 한다. (*Christian Nurture* [New Haven: Yale University Press, 1888], pp. 8-9)

을 것이다. 따라서 적절한 찬양을 사용하고 이 과정 중에서 일정 부분은 고정하도록 한다. 교회는 이 사역을 위해 영성 지도자를 두고 공간을 확보해 줘야 한다. 물론 이 부분이 의무사항은 아니다. 그러나 반드시 해야 할 것은 결정에 앞서 기도와 토론이 선행되어야 한다. 또한 하나님 나라에 들어가는 새신자와 구도자들을 위해서 교회 내에 사역팀을 배치하고 이들을 지원하고 격려하는 후원자들을 일으키는 것도 현명한 방법이다. 그리스도인이 되는 과정 전체는 믿음의 견실함과 예배함으로 견고하게 이뤄져야 한다. 이를 위해 중보기도가 필요하고 가능하다면, 중보기도팀을 모집하여 중보에 집중하도록 하고 이를 통해 성령의 임재가 끊이지 않도록 하여 그리스도인이 되는 과정, 즉 이니시에이션(initiation)이 효과적으로 이뤄지도록 한다.

그리스도인이 되는 과정에서 하나님 나라를 다시 한번 새롭게 알릴 필요가 있다. 이는 두 가지 방식으로 이뤄질 수 있다. 첫째, 복음을 알 수 있도록 반복적으로 소개하는 것이 중요하다. 이는 전체적으로 그리스도인이 되는 과정을 분명하게 이해할 수 있도록 도와준다. 그리스도인이 되는 과정에서 가장 먼저 수행해야 할 것은 하나님 나라에 들어가는 일이다. 따라서 하나님 나라가 무엇이고 하나님 나라가 어떻게 예수 그리스도의 삶과 죽음, 부활을 통해서 임하는지를 알려줄 필요가 있다. 이 부분을 반복적으로 알 수 있도록 해주어 새신자로 하여금 자신이 처한 상황에서 하나님 나라를 바로 알 수 있도록 해준다. 둘째, 그리스도인이 되는 과정의 실제적인 측면에서 하나님 나라가 임하였을 때 하나님의 통치 가운데 하나님이 어떻게 행하시는지를 설명해 줄 필요가 있다. 예를 들어, 만일 사도 신경이 하나님 나라의 임재의 결과물로 신학적, 지성적 결과물이기보다는 역사성이 없는 교리로 전락하게 되면 사람들은 하나님 나라에 희망이 없는 것으로 오해할 수 있다. 이와 같이 회심이나 중생에 있어서도 새로운 시대에 대한 개인적인 이해와 소망이 없으면 그 의미가 왜곡될 수 있다. 따라서 다양한 측면과 예식, 그리스도인이 되는 과정들은 하나님 나라의 복음에 대해 나눌 기회들을 더욱 견고히 해줄 수 있다. 더욱이 복음 선포와 그리스도인이 되는 과정의 사역은 하나로 일치하여 진행할 수 있다. 이 두 가지 요소 모두가 전도이며 서로가 상호 보완적이라 할 수 있다.

교회가 이러한 과정을 받아들이고 실천하기에는 시간이 걸릴 것이다. 그러나 이는 생각하기에 달렸다. 실제로 그리스도인이 되는 과정의 다양한 요소 중 현재 교회가 실천하고 있는 것들이 있다. 예를 들면, 정회원을 위한 모임, 신앙의 확신을 위한 모임, 주말 수양회, 언약 소그룹 등이다. 이러한 종류의 소그룹은 그리스도인이 되는 과정의 한 부분을 맡고 있다. 따라서 이러한 소그룹 사역을 정리하여 그리스도인이 되는 과정으로 전환하는 것이 그리 어렵지는 않다고 생각한다. 하지만 교리교육을 처음 개설하거나 다시 개설할 때 형식에 얽매여서는 안 된다. 과정에서 너무 절차와 형식을 강조하면 낭패를 볼 수 있기 때문이다. 즉 교리교육에 찬성하든 그렇지 않든 간에 참여자에게는 교만함을 줄 수 있고 잠재적 지원자들이 오히려 멀어지게 하는 역효과를 줄 수 있다. 그럼에도 그리스도인이 되는 과정의 프로그램에서는 확실한 경계선이 필요하다. 처음과 끝이 분명해야 하고 내용이 견실해야 하며 하나님 나라의 특권과 책임에 대해 거부할 때에는 그 결과가 개인에게 있음을 주지시켜야 한다. 즉 교회는 제자도를 따르려 하지 않는 사람들에게는 과감하게 No! 라고 말할 수 있어야 한다. 따라서 목회자들은 뱀과 같이 지혜롭고 비둘기같이 순결하여 이 부분을 책임질 수 있어야 한다.

그리스도인이 되는 과정 그 자체가 성화나 하나님 나라에 들어가도록 보장해 주는 것은 아니다. 이 부분을 판단하는 것은 오직 영원한 하나님의 손에 달렸다. 교회는 언제나 그리스도인과 죄인들이 섞여 있게 될 것이고 그렇지 않은 듯 포장할 필요도 없다. 교회는 하나님 나라의 통치에 들어갈 후보자들을 인도할 의무를 수행해야 한다. 이러한 사명을 거부할 때 영적 경험과 실제와 심오한 믿음의 유산을 상실하게 될 것이다. 이 부분에서 있어서 서구 교회는 위기에 처해 있는데, 그 원인은 그리스도인을 만드는 과정의 필요성을 간과했기 때문이다. 하나님 나라에 들어가고자 하는 구도자들은 역사 속에서 하나님의 통치를 구하고 있는 공동체로부터 단순히 피상적이고 가식적인 돌봄 그 이상을 받을 자격이 있다. 그리스도에 대한 온전한 복음을 다 알 자격이 있다. 현대 교회는 이러한 부분에 관해 관심이 있기보다는 오직 성장에만 관심을 보인다. 교회가 만일 역사를 주시한다면, 양상은 전혀 다르게 전개될 것이다. 초대 교회와 초대 메소디스트들은 동일하게 기대 이상의 성장 양상을 보였는데, 그 이유는 여기서 제시하는 그리스도인이 되는 과정을 심각하게 여겼기 때문이다. 교회 성장은 하나님의 손에 맡겨두고 교회가 해야 할 임무는 하나님의 통치에 담겨 있는 온전한 함의에 신실함을 다해야 한다.

4. 전도 명령의 긴박성

우리가 명심해야 할 중요한 요소 중 하나는 다가올 하나님 나라는 궁극적으로 하나님의 과업이고 우리보다 오히려 하나님이 이 일에 전념하고 계시다는 점이다. 교회가 전도에 전심으로 임하지 못하고 있다는 사실이 슬플 뿐이다. 화려한 역사를 가진 교회들이 때로 전도 때문에 당황하기도 한다. 충분히 이해가 가는 부분이다. 그 이유는 전도가 교회의 역사 속에서 아픔을 준 적이 있기 때문이다. 하지만 문제는 더욱 심각하다. 교회는 교회 시스템을 유지하기 위하여 모든 에너지를 사용할 수도 있다. 또한 사회 지원 프로그램과 도덕 프로그램이나 교육 프로그램에 에너지를 사용할 수 있다. 그러는 중에 전도에 대한 관심을 잊어버리고 전도가 기독교 전통 가운데서 어떻게 행해졌는지도 잊게 될 것이다. 교회는 초대 교회 전통 가운데서 전도가 행해졌는지 연구하는 것을 거절하게 될 것이다. 오히려 교회가 복음을 증거하는 사역을 무력화시키고 전도를 하고자 하는 이들을 조롱거리로 만들 수도 있다. 전도는 지속적으로 교회에게 무시당해 왔으며 심지어는 전도가 교회 안에서 사라지는 운동까지 벌어지게 되었다. 만일 교회에서 이런 일이 벌어진다면 그것은 비극이 될 것이다. 교회가 더 이상 사도적이지 않게 된다. 그 이유는 사도들이 사도들의 사역을 재현하는 것을 멈추었기 때문이다. 믿음 생활에서 전도를 우선순위에 두지 않거나 버리게 되면 초대 교회의 전통을 잃어버리거나 피상적인 교회 생활을 하거나 이단이 될 수 있다. 문제는 그 과정에서 세상이 다가오는 하나님 나라의 표적을 알아채지 못한다는 점이다.

하나님의 이스라엘에게 이러한 문제는 처음이 아니다. 선지자 에스겔은 이 문제에 대해 그의 시대의 목자들과 양들의 문제를 지적하고 있고 이는 오늘날 상황과 상당히 유사하다는 것을 알 수 있다. 에스겔이 이스라엘의 영적 지도자들을 비난하는 핵심은 이스라엘의 영적 지도자들이 교회 기관주의에 빠져 자신들의 이익만을 위해 교회를 관리만 하기 때문이다. 이스라엘의 영적 지도자들은 영적으로 잃어버린 양들을 찾아 돌봐야 하는 의무를 경시하고 있었다. 이스라엘의 목자들은 이 전도 사역에 실패했고 결과적으로 하나님은 그들이 돌봐야 할 양들을 없애기 시작하셨다. 이스라엘 백성들을 영적으로 먹이고 돌볼 수 있는 자들을 보기 시작하셨다. 이러한 상황에서 에스겔은 목자의 역할을 감당해야 할 지도자들에 대한 질책을 다음과 같이 하고 있다.

주 여호와께서 이같이 말씀하셨느니라 나의 양 떼 너희여 내가 양과 양 사이와 숫양과 숫염소 사이에서 심판하노라 너희가 좋은 꼴을 먹는 것을 작은 일로 여기느냐 어찌하여 남은 꼴을 발로 밟았느냐 너희가 맑은 물을 마시는 것을 작은 일로 여기느냐 어찌하여 남은 물을 발로 더럽혔느냐 나의 양은 너희 발로 밟은 것을 먹으며 너희 발로 더럽힌 것을 마시는도다 하셨느니라 그러므로 주 여호와께서 그들에게 이같이 말씀하시되 나 곧 내가 살진 양과 파리한 양 사이에서 심판하리라 너희가 옆구리와 어깨로 밀어뜨리고 모든 병든 자를 뿔로 받아 무리를 밖으로 흩어지게 하는도다 그러므로 내가 내 양 떼를 구원하여 그들로 다시는 노략 거리가 되지 아니하게 하고 양과 양 사이에 심판하리라 내가 한 목자를 그들 위에 세워 먹이게 하리니 그는 내 종 다윗이라 그가 그들을 먹이고 그들의 목자가 될지라 나 여호와는 그들의 하나님이 되고 내 종 다윗은 그들 중에 왕이 되리라 나 여호와의 말이니라(겔 34:17-24).

에스겔의 이 예언은 현대 교회의 전도에도 적용될 수 있다. 서구 민주주의 배경을 바탕으로 오늘날 주류 교단에서 일반적으로 나타나는 특징은 잃어버린 양을 찾아 치유하는 것을 잊어버리고 사회적 행동들이나 교회 유지 관리 혹은 교회 확장에 관심을 기울이고 있다는 점이다. 이러한 상황에서 하나님께서는 전도 사역에서 이러한 교회들을 배제하고 다른 전도 사역자들을 일으키실 수 있다. 하나님의 선택을 받은 많은 사람들은 완벽하지는 않으나 누구든 하나님께서 사용하실 수 있다는 것을 보여준다. 가난한 자와 가지지 못한 자 중에서도 하나님께서 역사하신다. 하나님께서는 어떻게 어디서 하나님의 역사를 이루실지에 대해서 누구의 허락도 필요치 않으신다. 심지어 돌들로도 그의 사역을 이루시기 때문이다. 즉 하나님은 창조를 위한 그의 목적을 이루실 것이며 하나님 나라에 들어갈 양들을 모으시는 방법을 알고 계신다.

5. 전도와 교회

이제 전도와 교회의 문제에 대해 다룰 차례이다. 앞서 말한 바와 같이 전도를 이해한다면, 전도 사역이 교회의 최우선 사역이 되어야 하는지에 대한 질문을 해야 할 것이다. 기독교 교육, 사회적 행동, 의료 봉사 등과 전도를 동일하게 여길 것인가? 이러한 질문이 중요한 이유가 많은 사람들이 전도를 다른 사역들과 경쟁 관계로 보고 있기 때문이다. 위 질문에 대해 두 가지로 답할 수 있다. 첫째, 교회의 다른 사역들과 같이 전도는 교회의 여러 사역 중에 하나다. 둘째, 전도는 교회의 모든 사역과 연관되어 있다. 교회의 비전에 따라 전도가 강화될 수도 있고 약화될 수도 있다. 지구가 태양을 돌듯이 전도가 교회의 모든 사역의 중심일 수는 없다. 전도 사역은 하나님 나라에 속해 있다. 하나님 나라가 중심이 되어야 하고 교회의 최우선순위는 곧 하나님 나라가 되어야 한다. 따라서 교회는 하나님 나라 안에서 존재하고 다가올 하나님 나라를 위해 존재하는 것이다. 교회는 하나님 나라 안에서, 하나님 나라를 위해서 존재할 때만 정상이라고 할 수 있다. 전도가 중요한 이유가 하나님 나라가 중요하기 때문이다. 즉 전도는 하나님 나라를 위해서 존재한다. 전도가 그리스도인이 되는 과정을 통해 하나님 나라로 사람들을 인도하는 일과 관련이 있으므로, 교회는 전도를 위해 헌신과 충성, 최상의 노력을 다하는 것이다. 하나님 통치의 역동성을 위해 전도를 실천한다면 교회는 기쁨과 자신감을 가지고 전도에 참여할 수 있게 된다. 전도를 교회의 주요 사역으로 여긴다면 신앙생활에 있어서 전도를 오해하거나 과장할 수 있다. 교회의 최우선 사역은 예배다. 영광의 주님 앞에 엎드리고, 하나님의 사랑과 존귀함을 송축하고 모든 피조물을 통치하시도록 하나님을 영접하는 것이다.

이 시점에서 전도를 교회의 최우선 사역으로 여기고자 하는 사람들의 심정을 이해할 필요가 있다. 전도는 힘든 일이다. 그리스도인들에게 전도 사역을 할 수 있도록 동기 부여를 하기도 어렵다. 그래서 선지자들이 지속적으로 교회로 하여금 전도 사역에 힘쓸 것을 이야기하고 있다. 따라서 좌절과 헌신 속에서 전도가 절대적으로 교회 사역의 우선순위라고 말하는 것이다. 그러나 장기적인 관점으로 보면, 이러한 경우의 결과는 예배가 온전히 회복되지 못하고, 새신자는 영적으로 무기력해질 것이며, 균형을 잃고 양들은 온전히 양육되지 못할 것이다. 역사는 전도에 집중하는 교회가 전도를 무시했던 곳에서 반향을 일으키거나 교회 공동체를 이룰 수 있는 문을 열어줄 수 있다고 말하고 있다. 따라서 과거의 실수를 과장하여 전도를 교회의 최우선 사역으로 삼으려는 유혹을 물리쳐야 한다. 전도 사역은 하나님께 순종하며 기쁨 가운데 그 가능성을 열어놔야 한다. 하나님 앞에서 잠잠히 기다리며 하나님의 통치가 영원에 이르기까지 이뤄질 수 있도록 해야 한다. 교회의 다른 사역과 같이 전도 또한 교회의 주요 사역을 돕는 사역이다.

더욱이 전도를 교회의 다른 사역, 즉 사회 봉사와 의료 봉사, 교육 사역 등과 연계하여 기쁨으로 실천할 수 있다. 이러한 교회의 다양한 사역은 분명 전도 사역을 기반으로 한다. 만일 교회의 긍휼 사역에 전도가 없다면, 하나님 나라를 위한 것이 아니며 하나님 나라가 없는 곳에 교회 사역은 없다. 따라서 교회의 긍휼 사역에는 반드시 전도 사역이 필요하다. 전도가 없으면 교회가 없고, 교회가 없으면 교회 사역이 없다. 교회 사역이 없으면, 긍휼 사역은 없다. 이러한 관점에서 보면 전도는 교회의 다른 사역보다 훨씬 중요해 보인다.

그러나 전도와 다른 사역과의 관계는 상호 보완적이거나 대등하지 않다. 굳이 전도 사역과 상관없이 사회 봉사가 가능하다. 예를 들어, 가난한 자들을 먹이고 집을 지어주며 의료 서비스와 교육을 그리스도의 이름으로 할 수 있다. 하나님 나라에 들어갈 수 있도록 그리스도인이 되는 과정이 없이도 충분히 납득할 만한 사역이다. 그 이유는 본질적으로 이웃을 사랑하라는 의미가 긍휼 사역에 담겨 있기 때문이다. 이웃을 사랑하라는 예수님의 명령을 수행하지 않으면서 영혼들을 하나님 나라에 들어가도록 전도할 수는 없다. 이는 곧 사랑과 자비가 없이는 전도가 불가능하다는 것을 의미한다.

전도를 교회 사역의 최우선순위로 둬야 한다는 의견을 이해하는 또 다른 이유는 전도의 목적이 하나님 나라를 위해서 일할 수 있는 사역자를 세우는 일과 관련되기 때문이다. 이러한 전도 사역은 사회 봉사와 관련되어 있었다. 전도는 물론 사회 봉사를 이끈다. 전도와 사회 봉사는 긴밀하게 연관되어 있기 때문이다. 하지만 반드시 사회 봉사가 전도를 이끄는 것은 아니다. 사회 봉사는 전도 사역과 연관 없이 그 자체로 의미가 있다. 단순히 이웃 사랑 실천을 위해서 사회 봉사를 할 수 있지만, 반드시 하나님 나라로 사람들을 인도하는 메커니즘은 없다. 반대로 전도는 이웃 사랑을 위한 사회적 봉사를 통해 영혼들을 하나님 나라에 인도해야 한다.

이러한 관점에서 보면 전도는 긍휼 사역의 하부에 위치 한다고 본다. 목적을 위한 수단이라 할 수 있다. 영혼들을 영성훈련을 위해 모으고 가르쳐 하나님 나라의 사역자로서 헌신하도록 하는 것이 전도이고, 이를 통해 이웃 사랑을 실천할 수 있는 각자의 분야를 감당하게 해주는 것이다. 훈련소는 군인을 양성하는 곳이지 복무를 하는 곳이 아닌 것과 같이, 문과 베란다가 집 전체가 아닌 것과 같이 전도가 하나님 나라의 전체 사역을 말하는 것은 아니다. 반대로도 생각해 볼 수 있다. 훈련소 없이 압제받는 사람들을 구해 줄 병사들을 만들어 낼 수 없다. 문과 베란다가 없이 집이 있을 수 없다. 즉 전도 없이 하나님 나라 안에서 또한 하나님 나라를 위한 공동체가 존재할 수 없다.

따라서 전도는 필수다. 모든 문화와 세대에서 교회가 수행해야 할 의무다. 전도는 사람들을 모으고 세우며 사랑과 자비 사역을 할 수 있을 정도로 하나님 나라의 사람들로 만드는 것이다. 따라서 전도가 하나님의 통치에 들어가도록 하는 그리스도인이 되는 과정과 연계되어 있다면, 다른 교회 사역과 충돌을 일으킬 일은 없다.

09
전도와 모던

The Logic of Evangelism

다가오는 하나님 나라는 비록 미세하고도 서서히 오지만, 하나님 중심으로 이뤄질 것이다. 결국에는 창조와 역사를 위한 하나님의 목적이 온전히 이루어질 때 모던은 사라지게 될 것이다. 그 미래의 여명은 이미 밝아오고 있다.

The Logic of Evangelism

09 전도와 모던

　전도의 최상의 방법으로 고전적인 방식을 제안하는 것에 대해 전도학을 전공하는 모든 학생들이 환영하지는 않을 것이다. 예를 들어, 어떤 이들은 일반적인 신학적 근거를 물을 것이고, 어떤 이들은 전도의 방향에는 동의하더라도 구체적인 사안에 대해서는 의문을 제기할 것이다. 어느 쪽이든 내가 제안하고자 하는 전도에 대해서 신학적인 상당한 문제를 제기할 수 있다. 따라서 전도에 대한 시각을 모아서 조합하는 방식에 대해, 예컨대 종말론적, 교회론적, 성령론적 관점에서 문제를 제기할 수 있을 것이다. 이러한 문제 제기를 기쁘게 생각한다. 이 문제에 대해 전반적인 대화가 필요하고 전도의 관련성에 대해서 다룰 필요도 있다. 물론 내가 제시하는 논점에 대한 자료에 대해 명확히 하고 변론할 수 있는 것들이 많이 있을 것이다. 단순히 실험적인 접근으로 전도에 대한 특별한 관점을 늘어놓는 것 이상을 했다고 말하면 허세로도 보일 수도 있을 것이다.

그러나 학생들이 제기할 수 있는 두 가지 문제는 앞으로도 지속적으로 제기될 것이다. 첫째, 전도에 대한 나의 접근이 과연 현대와 연관성이 있느냐이다. 둘째, 현재 진행되고 있는 세계 기독교 전통들 사이에서 전도에 대한 나의 접근이 포괄적으로 지지를 받을 수 있을 것이냐이다. 따라서 제9장과 제10장에서는 이 문제를 차례로 다루려 한다. 결론적으로는 모던과 광의적 에큐메니즘이 내가 앞서 제시한 대로 전도에 대한 헌신을 이어받아야 한다고 주장하지는 않는다.

1. 모던의 개념

모던이라는 개념을 먼저 이해할 필요가 있다. 모던이라는 개념은 일시적인 개념이 아니다. 만일 그랬다면 이 문제를 다룰 필요가 전혀 없다. 예를 들어, 내가 제안하는 전도의 개념은 13세기 배경이 아니라 20세기 배경에서 이뤄진 것이어서 모던이라는 개념을 사용하는 것이 아니다. 모던이라는 개념은 시간적 개념이 아니라 정언적 개념이라고 할 수 있다. 즉 과거 고대와 전통, 그리고 프리모던에서는 나타나지 않았던 현상들을 오늘날 일시적으로 일어나는 상황과 구분할 때 모던이라는 개념을 사용한다.

이 부분에 대해서 존 쉘비 스퐁(John Shelby Spong)의 말을 생각해 볼 필요가 있다.

> 전도라는 말에는 도발적 의미가 담겨 있다. 전도는 기본적으로 프리모던적 사고를 하는 사람들과 포스트모던적 사고를 하는 사람들 사이에서 발생할 수 있는 전투를 내포하고 있기 때문이다. 전도라는 단어를 생각해 보는 것은 지역적 사고에서 벗어나 새로운 패러다임을 점검해 줄 수 있

게 해주고 이는 전 세계가 하나가 되는 변화를 받아들일 수 있도록 해준다. 단순히 지역적 사고에 머문다면 보다 포괄적인 문제 제기는 어려울 수밖에 없다.[1]

여기서 스퐁은 모던과 포스트모던이라는 두 가지 개념을 말한다. 이 두 가지 개념은 전도를 이해하는 데 두 가지 방식을 취하도록 한다. 첫 번째 전도 접근은 다분히 전통적으로 지역 기반으로 한 전도이며, 두 번째 전도 접근은 새로운 패러다임으로 포괄적, 보편적, 자율적 방식이라 할 수 있다. 이외에도 다양한 방식으로 표현할 수 있다. 한편으로 전도의 성격은 폐쇄적이고, 점진적이고, 계획적이며, 단순하면서도, 현상적이고, 교리적이며, 우월적이고, 절대적이고 형이상학적이며, 기술적이면서도 전통적이고, 제국주의적이며, 부정직한 면과 메마른 면이 있으면서 배타적이다. 다른 한편으로 전도는 연약한 측면도 있고, 창조적이며, 시적이면서도 역동성이 있고, 새롭고, 비옥하며, 통찰력이 넘치면서도 겸허하고, 상대적이면서도 원초적이고, 추론적이면서도 상상력이 풍부하며, 민감하면서도 사랑이 넘치고, 정직하면서도 다원적이다. 어떤 이는 권위적인 교리를 이용하여 전도를 실천할 것이고 어떤 이는 새로운 통찰력의 샘에서 전도를 실천할 것이다. 어떤 이는 전자레인지에서 굽듯 서둘러 전도를 할 것이고, 어떤 이는 화덕에서 서서히 전도를 잘 구워낼 것이다.

모던이라는 개념은 스퐁이 말하고 내가 부연했듯이 단순히 개념적인 것이 아니다. 모던이라는 개념은 하나의 방향성을 가지고 있다. 모던은 비도덕적이고 무감각함을 말하고 비기독교적인 것으로 전통적

---

[1] John Shelby Spong, "Evangelism and Mission Strategy in a Posttribal World," in *Into the Whirlwind: The Future of the Church* (Minneapolis: Seabury, 1983), p. 160.

인 전도를 붕괴시킬 때 사용된다. 이를 바탕으로 전도에 대한 반대 논증을 쉽게 제기할 수 있게 된다.[2] 분명한 것은 모던이라는 개념을 다룰 때 그 방향이 여러 갈래로 나눠질 수 있으므로 신중해야 한다. 따라서 모던의 개념을 사용할 때는 두 가지 개념으로 나누어 이해할 수 있다.

먼저, 모던의 개념을 사회학적으로 이해할 수 있다. 우리가 모던 월드에 살고 있다고 말하는 사람들은 서구 사회의 중심이 되는 사회 기관과 활동, 사회의 양심이 점차적으로 종교적인 영향력에서 벗어나고 있다고 주장한다. 종교는 사유화되어 왔으며 공공 사회의 한편을 차지할 뿐이라고 여긴다. 이러한 증거가 축적되어 가면서 데이비드 마틴(David Martin)은 아래와 같이 말한다.

> 교회는 지속적으로 정치적 역할에서 멀어지고 있으며 그리스도인들과 기독교 가치를 추구하는 정당들은 사라지고 있다. 기독교의 목적과 건물을 위해서 쓰이는 재정이 줄고 있으며 성직자들의 성서 연구 또한 줄고 있다. 사회와 경제는 기독교적인 기관이나 개념에 대한 존경심이 적어지고 있다. 사회적 합의를 이룰 때 더 이상 신의 계시를 요구하지 않는다. 오히려 교육이 책임을 강조하고 교리를 중요하게 여기지 않는다.[3]

세속화 과정의 이면에는 변화의 네트워크가 깔려 있다. 서구 사회는 너무도 복잡해져서 다양성을 추구해 왔다. 과학과 기술은 사회 전반을 압도해 왔다. 사회의 근본적인 윤리구조는 대체로 수단과 목적

---

2 이 부분은 너무 일반적이어서 스퐁의 의견을 다룰 필요는 없다. 이 문제를 다루게 되면 논점을 흐릴 수 있다.
3 David Martin, "The Secularization Thesis and the Decline of Particular Religions," 마틴은 세속화 이론에 대한 비평가로 알려져 있다.

의 관계로 정리될 수 있다. 그 결과로 사회는 더욱 비인간적이 되었다. 기독교는 더 이상 인간의 삶의 중심이 되지 않고 인생의 뒤안길로 밀려났다. 기독교의 가치는 보편적인 가치로 전락하거나 주관적인 가치로 변질되었다. 기독교 가치들은 기독교의 개념과 주제에서 밀려나게 되었다. 이러한 상황에서 본질로 돌아가 부흥하기는 어렵다. 이러한 경우 최선은 개인적인 신앙에 따라 일종의 여가활동으로 기독교를 추구하는 것이다. 특별히 유럽에서 일어난 기독교의 쇠퇴는 결국 전 세계적인 현상으로 나타날 것이다.

모던의 둘째 개념은 지성적인 측면이다. 이러한 경우 모던 월드에 산다는 것은 철학적 가정을 받아들인다는 것이며, 전도의 고전적인 가정에 대해서 수용한다는 의미다. 이러한 관점에서의 핵심은 자연과학의 발달과 응용이 기독교의 특정한 교리에 적용되고 결국에는 전반적인 교리에 적용된다는 점이다. 처음에는 코페르니쿠스의 우주 관점에 대한 전환으로 시작하여 창조 교리가 도전받고 다시금 평가에 올랐다. 역사적 비평은 단순히 텍스트를 읽고 난 후의 질문이 아니라 성경 텍스트 자체에 대해 의문을 품기 시작하고 하나님의 간섭에 대해 비평적 시각을 나타내었다. 또 성서의 영감설과 고전적 신앙고백에서의 예수 그리스도에 대한 인간적인 면에 대한 재평가를 시작하게 되었다. 이는 다윈의 혁명적인 종의 기원으로 인한 의구심과 동반되어 타락의 교리와 죄의 개념의 지지기반이 사라지는 계기가 되었다. 이러한 과정 가운데서 심리학과 사회학이 발달하면서 기독교가 자연과학 안에서 충분히 설명될 수 있는 자연적 현상일 뿐이라는 시각이 팽배하게 되었다.

이러한 발달은 기독 신학에 깊은 충격파를 던져주었다. 좀 더 구체적으로 여기서 다루고자 하는 것은 전도에 대한 충격파이다. 이러한 학문의 발달과 모던의 개념이 전도에 어떠한 영향을 주었을까? 이에 대한 답이 복잡하고 뒤얽혀 있기에 이 질문에 모두가 동의할 만한 답을 찾기는 어려울 것이다.

전도에 대한 모던의 충격파를 읽을 수 있는 한 가지 방법은 전도에 대한 헌신이 사그라지는 현상을 해석함으로써 가능할 것이다. 서구 사회의 지성 사이에서는 변화의 개념으로 모던을 여기면서 전도의 열정이 식어가는 직간접적인 원인을 지목한다. 직접적으로는 전도의 과정에서 제기할 수 있는 가장 근본적인 신학적인 문제를 현대 과학이 심각하게 여기지 않게 한다는 점이다. 예를 들어, 전도와 관련한 죄의 문제, 그리스도와 성령의 역사 등과 같은 복음의 내용과 교회 생활을 시작하는 문제를 현대 과학은 한낱 초자연주의로 치부한다. 확언하건대 이러한 상황을 경험하면서 모든 사람이 전도에 헌신하기는 힘들다. 어떤 이는 전도를 개인의 경험에서 비롯된 믿음의 비전을 접목하려 하지만 이는 본질적으로 모던의 시대가 아닐 때 가능하다.[4] 개인의 간증 사례를 통한 전도는 목사들에게는 유익하지만, 본질적인 내용을 지성적으로 증거하기에는 역부족이다. 그 순간에는 전도하고자 하는 분위기를 고취할 수 있으나 논리적으로 전도를 해야 하는 근본적인 이유를 제시하지 않기 때문이다.

모던의 간접적인 충격파는 모던 신학자들의 에너지 및 연구 원천과 관련이 있다. 기독교 전통의 방향과 비전에 대한 재고찰에 집중함으로써 새로운 모던 시대에서 효과적일 수 있는 전도의 새로움 개념을 생각하는 데는 연구를 하지 않기 때문이다. 물론 이러한 경우는 수세기에 걸쳐 진행되어 온 결과이다. 많은 신학자들이 개론에 많은 시

---

4   Robert Feerguson, *The Meaning of Evangelism for Today: Our New Approach to the Old Task*(London: Holborn Publishing House, 1930).

간을 투자하거나 하나님과 그리스도에 대한 교리에 많은 시간을 투자함으로써 교회의 선교와 사역에 대한 근본적인 질문을 다루지 않았다. 이러한 관점에서 바르트의 신학이 전 세계에 신학의 급진적 대안으로 떠올랐음에도 전도의 재활성화를 일으키지 못했다. 어쩌면 바르트 학자들이 아직은 전도와 교회 사역을 위한 바르트 신학의 그 풍부함을 발견하지 못했을 수도 있다. 그러나 그 결과에 대해서는 열매로 알 수 있을 것이다.

사회적 현상으로서의 모던은 이러한 과정에서 강화되고 발전되어 왔다. 한번 신학자들의 입장이 서고 나면, 전통적인 복음은 의미가 없어지게 된다. 당연하게 교회 생활에서 복음이 사라지게 되고 이 땅에서 기독교의 미래에 대해 깊은 염려가 더해지게 된다. 그 결과는 다양하고도 흥미로운 형식으로 나타난다. 어떤 이들은 이러한 문제 자체에 대해서 다루는 것을 거절하고 낙담하여 실망에 빠지는가 하면, 어떤 이들은 기독교의 쇠퇴 혹은 기독교 국가(Christendom)의 붕괴를 흥분으로 맞이하는 예도 있다. 그 이유는 이러한 위기를 통해서 기독교의 삶과 사상을 새로운 노선으로 재정립할 수 있기 때문이다. 그러나 그 어느 쪽이든 전도를 심각하게 고려하지는 않는다.

물론 이 부분에 대해서 논란이 있을 수 있다. 그리스도인의 믿음을 증거하는 데 있어 고전적인 방식을 바탕으로 새롭게 간접적으로 증거될 수 있다고 생각할 수 있다. 이러한 관점에서 불트만의 탈신비주의적인 접근은 전도적이면서도 보수적인 성향을 모두 갖추고 있다. 불트만의 제안들은 교회 사역을 위한 설교의 핵심 요소들을 내포하고 있다. 즉 하나님 나라에 대한 선포를 들으면서 하나님을 직접 만날 가능성을 가지고 있다. 또한 루터의 이신칭의에 대한 교리를 포함하고 있으며 개신교 고유의 전도를 형성하는 요소가 있다. 무엇보다 자기 부인과 자기 십자가, 자기 생각 없이 사는 모던인들에게 도전을 줄 수 있는 요소를 가지고 있다. 이러한 수정주의의 시대에 모던인에게 지적으로 복음을 설명하기 위해 신약학의 다양성이 나타나는 것은 당연하다. 따라서 모던 월드와 대화하기 위하여 복음에 대한 진지한 성서학적 연구가 가능했다. 그러나 이러한 과정에서 전도와 관련한 접근은 보기 드물었다. 심지어는 전도의 이론과 실제가 어떤 것인지조차 연구가 이뤄지지도 않았다.

2. 세속적인 전도

구세군 사관이었던 프레드 브라운(Fred Brown)은 예외라고 할 수 있다.[5] 브라운은 성서학자나 신학자는 아니었지만, 그의 관점을 생각해 볼 가치가 있다. 그 이유는 그의 관점이 전도와 모던 시대와의 연관성을 다루었다는 점과 그가 전도에 평생을 헌신하면서 심오한 통찰력을 얻었기 때문이다. 전도와 모던 시대에 대한 그의 문제적 시각과 해결책은 세속화 시대에 여러 가지 측면에서 의미가 있다. 첫째, 브라운은 전통적인 전도에 대해 재평가하였다. 즉 그는 전도의 용어가 진부하고, 비신자에 대한 접근이 문화 우월주의와 생색내기로 얼룩져 있음을 지적했다. 그는 전도에 이러한 특징이 만성화되었으며 전도의 목적이 사람이 아니라 회심 그 자체임을 지적한다. 이웃 사랑은 전도 전략의 하나로 전락하였고 전도가 사람들의 진정한 필요를 채워주지 못하고 있다고 말한다. 하나님은 그저 폭군으로 보일 뿐이고 정통 교리 밖에는 하나님의 은혜가 닿지 않는다고 말한다. 새신자에게 요구

---

5 Fred Brown, *Secular Evangelism*(London: SCM, 1970).

하는 영성은 좁고도 엄격하며 공동체의 중요성을 가르치지 않는다고 말한다. 이러한 브라운의 전통적인 전도에 대한 지적은 대부분의 신학계 입장과 유사하다.

이에 브라운이 제시한 해결책은 자명하다. 기존의 구조에 새로운 아이디어를 접목시키며 이러한 과정을 인내로 받아들일 수 있는 새로운 그리스도인 공동체를 세우는 것이다. 이러한 새로운 공동체에서는 정형화된 예배를 드리지 않을 것이다. 공동체 내에 소그룹들은 공동체를 위한 것이라면 자신들의 원하는 것은 무엇이든 새로운 시도를 할 것이다. 그 결과는 전통과 새로운 시도가 결합된 형태로 나타날 것이다.

> 내가 생각하는 그리스도 공동체는 그 구성원들로 하여금 소그룹 활동을 하게 할 것이다. 소그룹은 상호 간의 사랑을 증진시키고 소그룹의 목적과 평가의 본질을 강화시킬 것이며 개인의 완성의 가능성을 높일 것이다. 소그룹은 대부분이 세상에서 많이 활용되고 있으며 단순히 교회 차원의 수준을 넘어서 창의적인 목적을 달성하게 해주며 성취의 필수 조건을 명확하게 해준다. 또 소그룹은 의무적으로 예배를 드리게 하지 않고 새로운 형태의 예배를 거침없이 시도할 수 있다. 다양한 시도를 통해서 인내의 정신도 기를 수 있다.[6]

새로운 공동체를 만드는 데 있어 핵심은 예배가 단순히 교회당에 국한되지 않는다는 점을 깨닫는 것이다. 신의 실재를 교회 밖에서도 발견한다. 믿지 않는 젊은 세대들이 이 점을 정확하게 짚는다. 물론 기독교적 용어로 하나님을 만났다고 말하지 않지만 분명 경험한 것은

---

6   Ibid., p. 112.

사실이다. 이 세대들은 신의 실재를 경험한다. 그들만의 공동체와 연민과 삶과 사랑, 평화와 책임, 물질주의를 피해서 진실을 추구하는 동안 경험하게 된다. 그 결과 영국에서 어떤 때보다 더 기독교가 융성하게 되었다. 하나님께서 지금도 역사하고 계시다는 사실을 사람들은 흔히 잊곤 한다. 하비 콕스(Harvey Coax)가 말했듯이, 우리가 할 일은 하나님께서 세상에서 일하고 계시다는 것과 그 세상에서 열정적으로 관여하고 계시다는 사실을 아는 것이라고 말한다. 공동체 안에서 다양한 은사를 끌어내어 그리스도인들이 자신의 상황에서 두 가지를 행해야 한다. 첫째, 그리스도인들이 발을 내딛어 사람들이 필요한 일을 하는 것이다. 각자의 달란트에 맞게 사람들의 어려움을 돕는 것이다. 둘째, 그리스도인들이 동행 전도자가 되어 공동체의 뿌리를 내릴 수 있는 작은 공동체 역할을 해야 한다.

이 과정에서 신앙고백에 너무 집중하지 않아도 된다고 브라운은 말한다. 믿지 않는 사람들에게 전통 신앙고백이 조건이 된다면 그들이 그리스도인이 될 수 있는 소망은 보이지 않을 것이다. 믿기도 전에 신앙고백을 요구하는 것 자체가 불가능한 것이다. 그 이유는 자신이 가지고 있는 지식적 사고와 상관없이, 자신이 헌신할 준비가 되어 있지 않은데 신앙고백을 하는 것은 합리적이지 않기 때문이다. 그렇다고 우리 현대의 믿지 않는 영혼들을 이방인으로 취급할 수는 없다. 오히려 신앙이 담긴 행동으로 신앙을 증명할 필요가 있다. 따라서 교회는 그리스도인들로 하여금 말씀을 실천하는 사람으로 만들어야 하고 그 방향을 실제적인 그리스도인의 사회적 봉사로 향할 수 있도록 해야 한다. 신앙고백은 이러한 경험을 통해서 그 자체적으로 이뤄질 것이다. 이를 위해서는 개척자 정신이 필요하며, 다만 그 행동은 믿음이 기반이 되어야 한다. 교회는 믿지 않는 영혼들이 있는 곳에 다가갈 필요가 있으며 그들을 자유케 할 진리를 나눌 수 있는 준비를 철저하게 해야 한다.

이는 전도와 어떤 관련이 있는가? 이 부분을 위해서 세속주의에 대한 브라운의 목소리를 듣는 것이 현명하리라 판단된다. 브라운은 전도에 있어서 반드시 다뤄야 할 문제들에 대해 심각하게 다뤘다. 한편으로, 브라운은 기독교적인 내용들이 사리에 맞지 않는다고 여기는 사람들과의 접촉점을 찾기 위한 노력을 해왔다. 따라서 브라운이 원했던 것은 기독교적 색채가 담긴 언어를 사용하는 대신 교회에 한 번도 다녀보지 않은 사람들과 소통할 수 있는 용어들을 선택하기 시작했다는 점이다. 이러한 시도는 세속적인 문화에 기독교 복음의 가치를 심는 노력이라 할 수 있다. 브라운은 어떤 복음의 메시지를 전해야 한다는 것보다는 믿지 않는 영혼들로 하여금 기독교 신앙과 연관된 사회적 변화를 일으키게 하는 데 초점을 두고 있는 것으로 보인다. 결과적으로 이러한 시도에 찬사를 보내지 않을 수 없다. 분명 제자도는 우리가 분명하게 하고 지켜야 할 도덕적 구조가 있다. 기독교 신앙을 기반으로 한 기독교 전통을 문화에서 찾을 수 없다면 상당한 충격을 받을 수 있다. 따라서 기독교 전통과 그리스도인의 헌신은 깊은 관련이 있다. 더욱이 초대 교회에서부터 그리스도인은 용어를 사용하는 데 있어서 담대하였다. 예를 들어, 요한복음의 경우 하나님 나라를 영광스럽게 표현하기보다는 영생이라는 표현을 썼다.[7] 성숙한 전도자일

---

7   G. R. Beasley-Murray는 간결하게 요한복음 3:3에 대해 아래와 같이 설명했다.
    …요한복음에서 요한이 하나님 나라에 대해 언급하는 것을 피하고 있다는 사실이 놀라울 뿐이다. 그러나 요한복음에는 용어 자체는 없지만, 하나님 나라가 전반에 깔려 있다. 만일 현대 연구가 밝히는 것처럼 하나님 나라가 심판과 구원의 도래를 말하는 것이라면, 그 부분이 요한복음 3장의 그리스도를 통해 잘 드러나 있다. 영생이 하나님 나라와 동의어로 쓰이지 않았지만, 하나님 통치 아래 새로운 시대에 은혜와 축복이 주어지는 개인적인 삶에 대해 말하고 있다고 볼 수 있다. ("John 3:3, 5: Baptism, Spirit and the Kingdom," *The Expository Times* 97 [1986]: 168)

수록 하나님 나라에 들어가고자 하는 구도자들의 언어를 자연스럽게 사용할 줄 알았다.[8]

더욱이 그리스도 공동체의 부흥을 위해서 브라운의 제안을 진심으로 생각해 볼 필요가 있다. 세상에서 하나님의 사역을 동참하는 것이 바로 교회라는 개념을 제외하고 브라운의 제안은 교회를 우회하기를 선호하는 세속주의에 영향을 받은 다른 사람들과 다르다.[9] 앞서 다뤘듯이, 배타적인 사회적 상황에서 어떻게 그리스도인들이 희생이 따르는 헌신을 지속할 수 있었는지에 대해 알기는 어렵다. 개신교의 전통적인 이러한 전도는 경시되었으며 브라운은 이 점을 지적하는 것이다.

그러나 브라운이 말하는 것은 단순히 새로운 신학적인 용어나 교회 밖에서의 하나님 역사에 대한 더 가치 있는 평가나 공동체에 대한 더 깊은 헌신을 말하는 것이 아니다. 브라운은 세상에서 일하시는 하나님의 역사와 교회의 전도 사역에 대한 인식에 대해 새로운 생각의 길을 찾고자 하는 것이다. 이 단계에서 브라운의 제안에는 매우 중요한 모순이 있다는 것을 알 수 있다. 첫째, 브라운은 전통적인 기독교의 메시지에 대한 헌신을 유지하는 것을 바랐다. 둘째, 그는 세속적인 성인들의 헌신을 마치 행동에서 표출된 언어와 같이 다뤘다. 모더니

---

[8] 오늘날 전도가 직면한 한 가지 문제는 여성에 대한 억압이 있는 곳에서 하나님 나라의 용어를 사용하는 것이다. 이 복잡한 문제는 각주 몇 개와 몇 개의 문단으로 해결될 수 있는 것이 아니다. 이 부분에 대해서는 다음에 또 다룰 수 있기를 바란다. 여기서 중요한 것은 신학적으로 본질을 다루는 것이다.

[9] 이에 대한 좋은 예는 J. C. Hoekendijk의 *The Church Inside Out*(Philadelphia: Westminster, 1966)을 참조하라. 호켄다이크는 전도를 종말론적으로 이해했다. 전도는 케리그마, 코이노니아, 디아코니아를 내포하는 것이었다. 코이노니아는 공동체성을 강조하는 것이었으나, 호켄다이크는 종말론적 방향을 추구했을 뿐 크리스틴 덤(기독교 국가)의 회복을 의미하는 것은 아니었다.

즘에 대응하기 위해서는 이러한 문제를 피할 수 없다. 브라운은 현대 전도자들의 이러한 딜레마를 흥미로운 방법으로 다뤘다.

브라운은 기독교 신앙인을 세상의 물질주의자로 떨어뜨리는 것은 불가능하다는 것을 알았다. 그는 사실 물질주의적인 세계관에 적대적이었다.[10] 그러나 브라운은 세속주의자에 대한 문제를 상관없다거나 아직은 미숙하다고 치부하기를 원하지 않았다. 따라서 브라운은 거절과 적대 사이의 중간지점을 찾았고 이를 부분적으로 하나님의 사역이 각기 다른 두 방향으로 동시에 전개된다고 보았다. 브라운은 공동체와 진실을 추구하는 사람들 사이에서 하나님이 역사하신다고 보았다. 또 사회적인 변화와 인간의 필요 가운데서 역사하시는 하나님을 보았다. 이는 곧 그리스도 안에서 하나님이 역사하시는 것과 같은 것으로 보는 것이며 브라운은 이러한 노력과 목표를 추구하는 사람들은 이미 그리스도인이라고 말한다. 따라서 이러한 관점에서는 복음이 더 이상 필요가 없게 된다. 결과적으로 이러한 과점에서 전도자가 해야 할 일은 교회가 믿지 않는 사람도 그리스도인으로 받아들일 수 있도록 그 범위를 확장해야 한다는 점이다. 어쩌면 당연하게 브라운은 전도의 선포적인 측면에 대해서는 다루지 않았다. 이 부분은 자신이 다루는 주제에서 삭제했다. 또한 브라운은 기독교 신앙을 진실에 대한 헌신, 개인선택 존중, 개인 취향의 공동체, 구제 활동의 참여 등과 같은 도덕주의로 퇴색시켰다.[11] 브라운은 앞서 말한 특징들을 그리스도인의 헌신의 핵심이라고 하였다. 여기서 브라운이 사도 신경을 우선으

---

10 브라운은 감정을 무시하고 오직 현실을 과학적으로만 접근하려는 물질주의적인 세계관을 비판했다. 이러한 관점이 현대 물질주의를 추구하는 지성에 영향을 줄지는 미지수다. 그의 언급에 대해서는 그의 책 *Secular Evangelism*, p. 46을 참조하라.
11 공식적으로 브라운은 도덕주의로 퇴색시키려는 것을 피하려 했지만, 실제로는 자기 뜻을 관철시키지 않았다.

로 말하지 않은 것은 진정한 헌신이 축적되어야 비로소 고백할 수 있는 것이라고 여겼기 때문이다.

3. 세속적인 전도의 문제점

현대에 대응하는 브라운의 전체적인 대응 구조에는 몇 가지 난관이 있다는 것을 알 수 있다. 첫째, 브라운의 제안, 즉 고전적인 교회 전통을 거부하면서도 동시에 수용하자는 의견이 모순이라는 점이다. 브라운은 이러한 전통을 필요로 한다. 그 이유는 이러한 전통 없이는 현대 사회에서 역사하시는 하나님의 역사를 규명할 수 없기 때문이다. 브라운에게 있어, 그리스도는 하나님이 이 땅 가운데서 역사하심에 있어 시금석이라 할 수 있다. 브라운에게 있어 그리스도는 역사 속에서 하나님이 하시는 일을 분별하는 수단이라 할 수 있다.[12] 그러나 이것이 충분하지는 않다. 브라운의 입장은 전통적인 시각, 즉 하나님께서 그리스도를 통해 역사하신다는 입장을 그대로 고수한 것에 불과하다. 그러나 이것이 바로 현대의 세속주의자들이 의미가 없다고 지적하는 부분이다. 따라서 브라운은 이 입장을 버리든지 혹은 자신의 개인적인 취향으로 전환하여 개인 경건의 시간에 사용할지 정해야 한다. 결국, 선택이다. 고전적인 입장을 버리든지(만일 그렇게 되면 이 땅에서 하나님의 역사를 분별하는 것을 말하는 것으로 인해 기독교의 특징을 잃게 될 것이다.) 혹은 더욱 고전적인 입장을 심각하게 다루어야 한다. (만일 이렇게 되면 개인적인 취향이 아니라 공식적인 입장이 되어 사도 신경을 재구성해야 하는

---

12 고전적 전통을 기반으로 한 패러다임보다 하나님의 역사를 구분할 다른 방법도 있다. 그러나 브라운은 다른 대안을 생각하지 않았다.

필요성에 직면하게 될 것이다).[13]

둘째, 브라운의 제안에는 심각하게 사실주의가 결여되어 있다. 단순히 브라운이 생각하는 것처럼 기독교 복음과 현대 사회가 그렇게 쉽게 화해할 수 있는 것은 아니다. 사실상 그가 표현하고 있는 것은 위기를 말하는 것이다. 오늘날 다양한 세계관들과 기독교 세계관 사이에서 선택을 해야 한다. 좀 더 정확히 말하면, 다른 세계관보다 우리가 믿고 있는 세계관이 더 현실적이라는 점을 믿고 있다는 것을 발견하게 된다. 브라운은 스스로 형이상학적인 물질주의를 거부할 때 이를 표현했었다. 이 부분에 있어서 그는 타협의 의지가 없었다. 그러나 한 가지 예외는 있었다. 예를 들어, 브라운은 기독교 공동체와 전통은 반드시 하나님과 인간의 본질과 그리스도와 교회에 대한 기본적인 교리를 거부하는 사람들도 수용해야 한다고 주장했다. 그 이유는 단순히 현대인들이 이를 거부하고 있기 때문이다. 복음을 불필요하게 혹은 선택적인 요소로 생각하는 세속주의자들이 제기하는 위기에 대해 브라운은 해법을 제시하고 있는 것으로 보인다. 하지만 여기에는 불편한 진실이 있다. 교회 밖에는 자신들을 그리스도 공동체와 격리시키고 스스로 무명의 그리스도인 혹은 무명의 신자로 남아 있기를 원하는 사람들이 있기 때문이다. 최악의 경우로는 기독교의 신앙을 거부하는 사람들에 대한 최소한의 존중도 없어서 그들을 향한 전도의 필요성을 못 느끼는 것이다. 게다가 기독교의 전통 유산을 거대 담론으로 여겨 마치 십자군과 같은 태도를 보이는 것이다. 그 이유는 그들이 생각하기에 현대의 도덕적 양상보다 자신들의 기독교 신앙이 더 중요하다고 생각하기 때문이라고 브라운은 말한다. 전도학에서 이

---

13 브라운은 세 번째 입장을 선택할 수 있는데 그는 이를 바라지 않았고, 다른 옵션에 대해서는 논하지 않았다.

를 혼동하는 것은 치명적인 과오가 될 것이다.

셋째, 브라운이 말하는 공동체는 불완전한 공동체이다. 여기서 먼저 중요한 것은 그가 말하는 공동체가 무엇인가이다. 분명 공동체는 단순히 회원명단만 가지고 되는 것이 아니다. 사회 개혁을 위해서 프로그램을 완성시키는 단체도 아니다. 일요일 아침에 특별한 건물에서 공간을 차지하는 특정한 그룹도 아니다. 어떤 소속감 때문에 단순히 모이는 단체도 아니다. 공동체란 동질의 역사를 공유하고 궁극적 실재 및 이상에 대한 구체적인 확신을 통해 구성된 그룹을 말한다. 브라운의 공동체론에는 이러한 점들이 빠져 있다. 단순히 수사적인 표현으로 함께하고, 행동하며, 자유를 말하면서도 그 내용은 전혀 없다는 점이다. 공동체란 단순히 선한 의지 이상을 말하고 있지만, 어떻게 진정한 공동체가 만들어지고 시간이 지나도 지속될 수 있는지에 대해서는 알기가 어렵다는 점이다. 물론 이미 형성된 공동체 가운데서 브라운이 인용한 요소들이 적용되어 공동체 모델로 갱신될 수도 있을 것이다. 그러나 문제는 단순한 추상에서 어떻게 실제로 공동체를 이룰 것인가이다. 브라운은 단순히 교회의 경계를 확장하여 자신의 영성과 도덕성을 공유한 사람들을 품고자 할 뿐이다.

결론적으로 브라운의 전도적 제안에 대해 결말을 지을 필요가 있다. 브라운이 제시하는 전도에 나타나는 가장 중요한 요점은 교회 안에서 드러나고 있는 모던적 이성주의 현상을 다룬다는 것이다. 이러한 현상을 여러 영역에서 볼 수 있다. 첫째, 믿음 생활 가운데 근본적인 그리스도인의 성화를 많은 그리스도인들이 포기하고 있다는 점이다. 유신론, 즉 하나님이 살아 계시다는 사실보다 정치, 법과 경제와 교육 등에 사람들이 더욱 관심이 있다. 이러한 상황에서 개인적인 동기 부여가 필요한 사람들에게는 개인적인 선택이 중요하다고 볼 수 있다. 최악의 상황에서는 도덕성 발달을 일으키는 지성이 하나의 형태로 굳어지는 것이다. 그래서 보통 사람에게 기독교 유신론은 당황스러운 것이다. 둘째, 의사소통에 있어서 핵심 가치는 인간의 자유와 진실성, 인간의 성취와 공동체, 격려가 있는 관계들이다. 정확하게는 세속주의와 합한 가치들이라 할 수 있다. 즉 공리주의가 공공 사회를 점령하자 서구 사회에서 도덕적 전통은 그저 사회의 찌꺼기가 되었다. 개인주의 사회 전반을 지배할 때, 공동체는 개인의 자유를 침해하지 않는 공동체를 선호하게 되며 창조성이 담긴 진실성을 추구하게 된다. 마지막으로, 예배와 경건, 사도 신경, 성례전을 향해서도 공리주의적인 입장, 즉 최대 다수를 위한 최대 행복을 추구하게 된다. 여기에서 본질적인 신학적 주제나 교리에 관련된 주제에 얼마나 기여했는가를 평가하는 기술적인 합리성의 지배를 받게 된다. 이러한 점들을 고려했을 때, 현대 전도에 있어서 해결점을 제시하기보다는 문제점을 제기한다고 말할 수도 있을 것이다.

이렇게 볼 때, 브라운이 생각한 것 이상으로 그가 비판했던 전도에서의 전통주의에 더 가깝다고 할 수 있다. 물론 전통주의자들은 브라운에 대한 나의 관점에 대해 호의적이겠지만, 오늘날 전도가 세속주의 영향을 깊이 받았다는 사실을 알아야 할 것이다. 이 점을 오늘날 전도자들이 놓치고 있으면서 동시에 모더니즘적인 전도를 정통적인 전도로 여기며 그 요새를 확고히 하고 있다. 따라서 그들의 입장을 받아들일 수는 없다. 근본주의와 현대 복음주의는 전통적인 전도의 보호자로서 역할을 하면서 지적인 측면과 사회적인 측면 모두에서 지적으로 무감각해져 있다. 현재 각광받고 있는 전도의 저변에 깔린 신학은 슐라이어마허의 모던 신학에 대응하는 신학이다. 즉 진화론과 역사적 비평주의와 함께할 수 없는 신학들이다. 실제로는 모던 신학에 반대하면서도 방어적인 신학이라고 할 수 있다. 모던 월드에 대한 근본적인 대책은 기독교의 전통인 성서 영감설과 기적에 대한 기독교 신앙의 전반을 축소하거나 약화시키는 대응을 한 것이다. 이는 초대 교회 전통과 사도 신경, 성서의 권위를 따르는 신앙의 고전적 유산을 대체시키는 것이라 할 수 있다. 더욱이 최근에는 자기 존중과 자기 실현에 초점을 맞추거나 혹은 돈과 행복을 위해 모던 시대가 추구하는 영향이나, 방임주의의 약탈에서부터 가족을 어떻게 보호할 것인지에 대해 초점을 맞추거나, 또는 국제 사회의 불안이나 중동전쟁에서 야기되는 종말론적인 분위기로 초점을 맞추고 있다.

사회학적으로 현대 전도는 세속주의에 깊게 물들어 있다. 전도 사역은 대부분 기술적이거나 실용적인 바탕을 두고 있다. 여기에 진정한 공동체를 반대하는 강력한 흐름이 존재하고 있다. 많은 재정과 인력이 대외 관계나 광고, 상업적 사업, 예컨대 영상과 음반, 책 제작에 쓰이고 있다. 전도자들은 흔히 우정과 사랑을 라디오와 TV를 통해서 팔고 있으며 교육은 선량한 사람들을 이용하는 하나의 수단으로 전락하고 말았다. 전반적인 전도가 인격적인 관계보다는 설교에 치중해 있다. 전인적인 사역은 복음 메시지로 축소되고, 기적은 과학기술의 발달로 대체 되었다. 모든 면에서 현대 전도는 현대 기업과 같이 조직적이고, 돈으로 운영되는 산업화의 일부가 되어버렸다.[14]

---

14   이런 식의 표현은 요점을 강조하려고 일부러 이렇게 표현한 것이다. 여기서 지적하고 싶었던 것은 TV 전도이다. 이에 대한 분석은 Razelle Frankl, *Televangelism: The Making of Popular Religion*(Carbondale: South Illinois University Press, 1987)을 참조하라.

4. 진정한 전도

나의 분석이 맞았다면, 서구의 전도는 암담해 보일 수 있다. 모던 문화는 이미 기독교 복음의 내용에 대해 지적으로 반대되는 모양새를 가지고 있고 복음을 의미 없는 것, 자신들과 상관없는 것으로 여기고 있기 때문이다. 다른 한편으로 전도의 이유에 대해서 단호한 의지가 있는 사람들은 모던 시대의 반응에 책임을 지든지 아니면 모던 시대의 신랄함에 대해 자신을 굴복시켰다. 모던 시대를 전도할 수 있는 희망을 품기도 전에 교회 자체가 전도 대상이 되는 상황에서는 우리 스스로가 심각하게 이교도적인 상황에 빠져 있다는 것을 발견하게 된다. 이러한 상황을 다룰 수 있는 신학적인 자료를 가지고 있는 주요 교단들은 전도에 대해 피상적인 관심 만을 가질 뿐이다.[15] 지성가들은 성차별주의와 인종차별, 모던성과 기관적인 관리, 그리고 거대한 사회적 정치적 문제들로 인해 내적으로 심한 충격을 받았다. 동시에 전도에 헌신한 사람들은 전통적인 교회와의 연대를 끊고 그들이 기회가 있을 때 보수적인 정치적 입장을 고수하게 되었다. 또한 그들 스스로가 영성 생활에만 집중하게 되었을 때 복음을 축소하고 논쟁적인 부분만을 다루게 되었다.

물론 이러한 상황을 다른 방법으로 볼 수도 있다. 상황이 보이는 것처럼 그렇게 어두운 것만은 아니다. 인간의 마음속에 뿌리 깊은 탐구가 존재한다고 말할 수도 있고 모던인은 시민 종교[16]에 빠져서 있

15　30년마다 전도에 대해 지대한 관심을 가지지만, 진전은 거의 없다. 이러한 상황에서 Charles B. Templeton, *Evangelism for Tomorrow*(New York: Harper and Brothers, 1957)가 출간되었다. 이 책은 정확히 30년 후에 주목을 받았다.

16　시민종교란 프랑스에서 시작된 개념으로 1960년대 로버트 벨라(Robert Bellah)를 중심으로 미국에 널리 퍼지게 되었다. 성조기의 상징적 의미를 되새기고 미국의 가치 등을 강조하는 개념으로

어서 종교를 거부할 수 없는 상태라고 말할 수도 있다.[17] 혹은 모던 시대에 탄생된 신앙을 단순히 수용했다고 볼 수도 있다. 또는 모던 시대에 발생된 신호들이 인간에게 계몽과 자유를 가져다주기보다는 인간의 영적인 상태를 빈곤하게 하는 데 기여했다고 말할 수도 있을 것이다.[18] 서구 사회 밖에서 기독교는 급격하게 퍼졌고, 유럽에서 시작하여 북미를 통해 전 세계에 세속주의가 만연하게 될 것이라는 예견은 미완성으로 남았다. 오순절과 은사 운동을 통해 기독교 신앙의 영적 갱신이 현재 진행 중이다. 철학계에서 기독교 신앙에 대한 르네상스도 일어나고 있다.[19] 이러한 각 명제를 설득력 있게 주장할 수 있다. 또한 각 명제를 검증할 수도 있을 것이다.

이러한 상황에서 전도에 대해 중요한 점은 본질상 부정적인 측면도 있다. 그렇다고 해서 이러한 명제들을 지나치게 고수할 수도 없다. 건강하고도 견고한 전도 사역 발달은 과거에 있었던 역사를 다시 쓰는 일에 기반을 두지 않는다. 전도는 결코 기독교화하고 싶은 문화에 대한 밝은 측면에만 의존하지 않았다. 만일 그런 경우가 있었다면, 서구 사회는 결코 전도되지 못했을 것이다. 성숙한 전도자는 열정을 가지고 사역하면서도 최악의 시나리오도 대비할 줄도 알 것이다. 이는

교회 밖에서 이뤄지는 일종의 의식을 내포하고 있다. 때로는 교회와 협력하여 일어나는 일종의 종교 현상을 말한다: 역자 주.

17 Robert Bellah의 시민종교에 대한 논설은 이 영향에 대해 구체적으로 다루고 있다. "Civil Religion in America," in his *Beyond Belief: Essays in a Post-traditional World*(New York: Harper and Row, 1970), pp. 168-89.

18 Alexander Solzhenitsyn이 *Warning to the West*(New York: Farra, Straus and Giroux, 1975)와 *World Split Apart*(New York: Harper and Row, 1978)라는 책에서 이 부분의 특성을 다루었다. 또 참고할 만한 책으로는 Alasdair MacIntyre's *After Virtue: A Study in Moral Theory*(Notre Dame: University of Notre Dame Press, 1981)가 있다.

19 이에 대해 Keith Ward, *The Turn of the Tide: Christian Belief in Britain Today*(London: BBC, 1996)를 참조하라. 영국과 북미의 철학계에서는 기독교 신앙에 대한 르네상스를 경험했다.

전도자가 현재의 서구 상황을 분석하면서 달라질 수 있을 것이라는 뜻이라거나, 현대 경향을 정확히 분석하고 이에 대한 전도 전략을 개발할 수 있을 것이라는 의미가 아니다. 근본적인 영성의 근원은 모던 세계에 대한 경험과 유사 경험적인 담론에 의존하지 않는다는 점이다. 극단적으로 전도의 전망을 어둡게 보는 사람들에게 전도자가 위협을 받을 이유는 없다.

모던 문화의 이론들은 언제나 복잡하고도 경쟁적일 것이다. 이러한 이론들은 정교하고도 분석적 증거를 제시하지만 이러한 증거들은 복잡할 뿐 아니라 비교도 어려운 것들이다. 또한 인간의 역사에 대한 형이상학적 비전을 의지할 뿐만 아니라 증거로 말할 수 없는 운명에 의지한다.[20] 오늘날 현대신학에서 관심을 보이는 세 번째 개념이 이를 설명해 준다. 이 관점에서는 모던 개념을 근본적으로 정치적이나 사회적 방식으로 이해해야 한다고 본다. 모던 세계에서 산다는 것은 곧 억압이 모두에게 일어나고 있는 세계에 산다는 것을 의미한다. 핵심적인 이슈는 권력의 분배이고 권력은 불행하게도 일정 그룹에 제한되어 있으며 그 그룹은 생산 수단의 소유자나, 어떤 계층이나, 성과 인종에 국한되어 있다는 것이다. 모든 문화에 이러한 측면들이 모두 내제되어 있다. 즉 문학과 종교, 관습과 미신, 정치적 이데올로기에 퍼져 있다. 권력의 실체는 신념의 체계를 결정하며 이는 곧 인간의 운명의 드라마로 실현되는 사회적 질서를 지적으로 구성하게 된다. 이러한

---

20 이는 단순히 위에서 언급한 분석에 적용하는 것일 뿐만 아니라 우리의 현 상황에서 포스트모던과 해체주의에도 적용하는 것을 말한다. 또는 억압과 성차별주의와 인종차별주의를 강조하는 해방주의자를 의미하기도 한다. 이러한 모든 것이 결론적으로 성립하기 어려운 인식론과 형이상학적 전제와 통용되는 복잡한 사회학적, 철학적 주장에 근거한다고 보기 어렵다. 이러한 제안들에 대해 기준으로 돌아가 급진적인 검증을 방지하거나 우리 사회와 지성에 대해 순진하게 생각하면서 급진적 검증을 방지할 수도 있다.

분석에는 지적인 노력이 필요하며 현 상태에 대한 급진적인 비판을 야기하게 된다. 또한 억압받고 가난한 사람들에 대한 해방을 야기하게 된다. 여기서 중요한 것은 믿음의 표면 밑에 깔린 저의가 무엇인지를 밝혀내는 것이다. 이를 통해 진정한 권력이 무엇인지를 드러낼 수 있기 때문이다. 여기서 우리가 알고 있는 모던 개념과는 전혀 다른 두 가지 개념이 있다는 것을 알게 된다. 물론 세 가지가 하나의 비전으로 모던 세계에서 보일 수도 있다.[21]

이러한 변환점에서 우리는 매우 조심스러워야 한다. 공식적으로 전도자가 할 수 있는 유연성은 한계에 이르렀다. 우리가 만일 모던의 한 특성을 좇아서 한 방향으로 움직이게 되면, 다른 특성으로 인해 곤란해질 것이다. 모든 사람에게 모든 것이 될 수 있다는 것은 완전성을 추구하는 것이라 할 수 있다. 복음은 세속 교리에 맞추기 위한 것이 아니다. 더욱이 오늘날 우리가 복음에서 한 가지만 믿어도 되는 것처럼 생각하고 미래에 대해서는 자율적으로 선택하라는 방식은 문제가 있다. 복음은 취향에 따라 자동차를 고르는 일이 아니다. 전도자는 모든 사람에게 어떠한 조건 없이 복음을 증거할 의무가 있다. 따라서 성숙한 전도자는 복음에 대한 확신과 영적 민감함을 가져야 하며 현실적인 문제와 연관시킬 수 있는 능력이 있어야 한다. 이 과업에서 성공 보장은 없다. 복음 그 자체가 하나님의 말씀으로 세상 모든 이데올로기에 대해 심판을 의미하고 있기 때문이다. 세속적인 이데올로기 중 몇몇은 잘못되었을 뿐만 아니라 지적으로나 영적으로나 타락되어 있다. 즉 이러한 경우의 이데올로기에 대해서 전도자가 심판과 검증을

---

21   여기서 언급하는 '모던'에 대해 이미 옛것이라고 생각하는 사람들이 있다는 것을 고려해야 한다. 즉 이제는 포스트모던 시대를 맞이하고 있으며 이제는 전통적 과학과 현대 사회학의 정통적 담론을 뒤로하고 해체주의로 세상이 물들었다고 보는 관점이 있다.

말할 수 있다. 결국, 이 세상의 지적, 정치적 바로(파라오)와 빌라도에 만족할 수는 없는 것이다.

좀 더 긍정적으로, 전도자가 오늘날에 이러한 이데올로기들에 대해 더 담담하고 성실하게 반응할 수 있다는 점이다. 전도자가 가장 먼저 다뤄야 할 것은 기독교 복음에 대해 심히 적대적인 현대의 상황을 알게 해주는 것이며 이 과정에서 다음과 같은 원리를 명심할 필요가 있다.[22]

첫째, 전도에 대해 생각할 때 가장 기본적이면서도 결정적인 요소들은 모던 월드에 기반을 두는 것이 아니라 복음의 논리에 기반을 두는 것이다. 즉 사도적 증언에서 그리스도 안에서 다가오는 하나님의 통치를 의미하는 것이다.[23] 이는 곧 하나님께서 우주의 자유함을 위해 결정적으로 역사하셨음을 부각시킨다. 만일 모던 월드가 이를 거부하면 하나님의 구원에 이를 수는 없게 된다. 그 거절은 역사 속에서 하나님의 경륜으로 여겨지게 된다. 따라서 전도를 위해 세상과 타협하여 복음을 축소하는 것으로 얻는 것은 없다. 만일 그러한 전략을 구사하게 된다면 결국 기독교를 세상 문화에 종속시키는 결과를 낳게 된다. 이는 하나님 나라도 아니며 신학적인 논의로 하나님 나라가 될 수

---

22 이 부분은 레슬리 뉴비긴의 *Foolishness to the Greeks: The Gospel and Western Culture* (Grand Rapids: Eerdmans, 1986)를 참조하라. 또한 Alfred Krass, *Evangelizing Neopagan North America: The Word that Frees*(Scottdale, Pa: Herald Press, 1982)도 참조하라.

23 Letty M. Russell은 다음과 같이 말했다.
    이러한 주제에 접근하는 다양한 관점들이 있고 각각의 관점은 자신만의 상황과 개인적인 삶으로 색칠되어 있다. 또 그 방식에는 말씀대로 살려는 노력이 내재되어 있다. 해방이나 전도의 궁극적 의미가 하나로 결정된 것이 아니라 페미니스트나, 흑인이나, 제3세계 관점으로 다양해질 수 있다는 점이다. 그리스도 안에서 하나님께서 새로운 창조를 이루는 역사의 이야기에서 그 의미가 나온다고 볼 수 있다. ("Liberation and Evangelization-A Feminist Perspective," *Occasional Bulletin of Missionary Research* 2 [1973]: 128)

도 없다. 전도는 다가올 하나님의 통치로 이루어져 있다. 만일 이러한 의미라면, 우리가 전하는 복음으로 사람을 변화시켜서 그리스도 예수를 통해 다가올 하나님 나라를 믿게 하거나 그리스도 공동체에 들어가도록 조장하기 위함이 아니다.

오히려 심오한 지적 회심이 곧 하나님 나라에 들어가게 한다. 복음은 그 기원에서부터 바보스러워 보였다. 믿음은 역사 속에서 어떤 사건에 대한 깊은 영적인 사고를 내포하고 있으며 이는 현대 시대의 합리적 사고 구조 자체를 뛰어넘는 것으로 이러한 구조적 사고들은 인간과 하나님에 대해 명확히 밝혀내지 못한다.[24] 모던적 사고는 인간이 하나님의 자녀로 죄에 빠져 타락에 이른 정체성을 이해하지 못하게 한다. 놀랍고도 믿을 수 없는 자비와 사랑에 대한 이야기가 인간의 세계관을 급진적으로 뒤바꿀 것을 요구한다. 또한 복음은 인간으로 하여금 성도와 순교자들과 함께 교제하며 공동체를 이루도록 갈망하게 한다. 이러한 신앙을 대량 생산을 위한 상품과 같이 정형화시키지는 못한다. 만일 복음을 지적인 고민과 노력 없이 단순히 받아들인다면 그야말로 믿을 수 없는 일이 될 것이다. 더욱이 누군가 복음을 단순히 은혜로만 받아들일 수 있다면, 그 사람의 회심은 분명 이성 그 자체가 회복되고 구속되었다는 사실에 근거하여 지적인 명확성과 변증을 스스로 할 수 있을 것이다.[25] 따라서 성숙한 전도자는 복음이 증거될 때

---

24 역사 속에서 하나님이 역사하시는 것을 믿는 것이 타당한지는 철학적, 신학적인 문제로 여기서 다루지는 않는다. 다만 이러한 문제가 현대 그리스도인들에게는 타당하게 여겨지고 있다는 점이다.
25 이 부분에 관하여 존 웨슬리의 묵상에서 나오는 기도를 생각해 볼 필요가 있다.
　　오 하나님, 우리의 고통으로 얼룩진 배신의 절망 속에서 우리의 이성을 구하실 수 있는 능력과 은혜를 소유하셨습니다. 구하오니 그 은혜를 주소서. 우리는 미혹에 빠져 겪는 끔찍한 고통의 경험이 우리로 하여금 경계를 더욱 약하게 하고 우리의 행동을 억누르는 가운데 고통은 더욱 심해져 나아간다. 주의 은혜로 이러한 고난으로부터 우리를 더욱 강하게 하시고 우리의 이성이 날로 회복되게 하사 주의 은혜로 믿음을 가지고 온전히 주와 동행하게 하시며 주의 사랑으로 인해 기쁨

의미 없다며 무가치하다는 거절을 당하더라도 놀라워하지 않는다. 정말 필요한 것은 인내와 겸손, 강직함과 성령 안에서의 깊은 신앙이다. 복음 그 자체가 우리로 하여금 갇힘에서 자유롭게 하여 하나님 나라에 대한 소망을 갖게 하든지 그리스도의 풍성함 안에서 보호받기 위하여 보호막을 세우는 것이다. 신실한 전도자는 어떠한 상황에도 열려 있어야 하며 앞날에 있어 하나님의 목적을 이해할 준비가 스스로 되어 있어야 한다. 종말에 하나님 나라가 임할 것이며, 그 과정 가운데 우리는 하나님 나라의 주님과 구원자를 온 세상이 받을 수 있도록 준비해야 한다.

이러한 준비 과정 가운데 변증 전도가 필요하게 될 것이다. 모든 종류의 지적인 문제들을 다룰 필요가 있다. 오해와 혼란이 정리되어야 한다. 접점이 세워져야 하고 복음의 지적인 측면이 분명하고도 간결하게 밝혀져야 한다. 과거의 실수를 인정하고 회개가 이뤄져야 한다. 복음 안에 왜 소망이 있는지를 알게 하기 위한 모든 노력을 다해야 할 것이다. 실제로 전도자에게 큰 도움이 될 만한 변증론의 갱신이 이뤄지고 있다. 더욱이 많은 서구 사람들이 기독교의 신앙이 붕괴되었다고 믿고 있는지 모른다. 이로 인해 절망하거나 우울해할 필요가 없다. 이러한 방식의 커뮤니케이션에는 한계가 있다. 이는 복음을 억지스러운 지적 체제에 밀어 넣기 쉽고 더군다나 믿음의 신비를 알게 하지 못하며, 복음을 축소하여 그 능력을 제한하게 된다.[26] 더욱 중

으로 우리의 마음을 드리게 하시고 하나님의 아들이신 예수 그리스도를 통하여 하나님과 성령과 함께 있게 하사 영원히 복을 받게 하옵소서.

26 복음의 세속적인 의미를 첨가하려고 할 때 이러한 일이 벌어지게 된다. 혹은 현대인에게 신뢰를 주기 위해 복음의 신비를 감추려 할 때도 이러한 일이 발생한다. 분명 전도적인 관점에서는 이러한 시도를 이해할 수 있지만, 그 결과는 오히려 좋지 않다. 이를 실제로 테스트할 수 있는 곳은 성례전과 기도, 가르침과 설교가 없는 선교지 상황에 적용해 보면 알게 될 것이다.

요한 것은 변증 자체가 살아 계신 하나님과의 인격적인 만남을 대체할 수는 없다는 것이다. 하나님 나라에 대한 그리스도인의 헌신은 추론적인 사고에 기반하지 않고 믿음의 여정에 있는 장애물을 제거한다고 이뤄지는 것도 아니다. 헌신은 성령의 내적 증거와 직접적인 하나님과의 만남에 기인한다.[27] 이 부분을 고려하지 않으면, 변증론은 변질되거나 과장될 것이다.

마지막으로, 현대의 상황이 예측한 대로 어둡다면 그리스도인이 되는 과정 그 자체만으로도 중요하다는 것을 알게 된다. 만일 그리스도인이 하나님 나라만 선포하거나 결신으로 초대하고 그대로만 남겨두게 되면, 현대 상황을 극복하기는 어려울 것이다. 만일 이러한 상황에서 이러한 전도 방식을 고수하게 되면 효과도 없을 뿐더러 심지어 잔인하다고 볼 수도 있다. 효과가 없다고 말하는 것은 다가올 하나님 나라의 새로운 시대의 중요성을 알 수 있도록 양육을 하지 않기 때문이다. 잔인하다고 말하는 이유는 어둠 가운데 있는 사람들에게 빛과 소망에 대해서 말만 해주고 표면적인 종교 생활만 하게 하고 여전히 탐욕과 우상숭배의 어둠 가운데 있게 하기 때문이다. 교리교육이나 그리스도의 몸에 동참하거나 기본적인 영성훈련이나 성령의 역사하심에 참여하는 이러한 모든 최소한의 양육을 통해 새신자로 하여금 세상에 맞서게 하는 것이다. 어떤 이는 이러한 중요한 요소들을 너무 오랫동안 무시해 왔기에 서구 기독교가 붕괴되었다고 말하는 사람도 있다. 만일 이러한 부분이 지속적으로 무시되거나 전도 사역에서 위험하게 다뤄진다면 부흥에 대한 소망은 가질 수 없게 될 것이다. 따라

---

27 성령의 증거하심을 일정 패턴의 영적 경험과 혼동해서는 안 된다. 성령은 하나님이 뜻하시는 곳과 방법으로 임하신다. 그리스도인의 경험을 다양하게 나타나게 하며 그 안에서 성령께서 하나님의 뜻을 드러내신다.

서 모던 세계에 대한 분석은 오히려 전도 사역에 있어서 성서적 근거에만 집중하는 것이 효과적이라는 점을 말하고 있다.

5. 결론

중요한 것은 모더니즘을 너무 심각하게 받아들이지 않는 것이다. 이는 무감각하라거나 과민반응하라는 것이 아니다. 억압과 구속으로 고통받고 있는 사람들에게 이목을 집중하라는 것도 아니다. 그리스도 공동체가 모던인들에게 할 수 있는 많은 일이 있다. 이를 위해 금식과 기도가 필요하다. 행복할 때나 불행할 때나 정직함과 성실함이 있어야 한다. 서구의 회심에 있어서 전반적으로 깔린 의식은 자기 패배이다. 이러한 판단의 근거는 신학적인 이유 때문이다. 서구 사회에서 회심은 인본주의에 영향으로 인해 18세기 이후로 전도는 변질되어 왔다. 그로 인해 하나님 중심보다는 인간 중심과 인간의 회심에 초점을 맞춰왔다. 이러한 경향은 기껏해야 명목상 그리스도인을 만들거나 최악으로는 우상숭배를 하게 할 수도 있다. 다가오는 하나님 나라는 비록 미세하고도 서서히 오지만, 하나님 중심으로 이뤄질 것이다. 결국에는 창조와 역사를 위한 하나님의 목적이 온전히 이루어질 때 모던은 사라지게 될 것이다. 그 미래의 여명은 이미 밝아오고 있다. 이 가운데 우리는 경외하는 마음으로 살아야 한다. 하나님의 자비가 우주의 중심 가운데 세워질 것이며, 하나님께서 공의와 자비로 통치하시길 간구해야 할 것이다.

찰스 웨슬리는 이를 다음과 같이 표현했다.

위대한 불길이 타오르는 것을 보라

은혜의 거대한 불길
예수님의 사랑이 타오르는 하나님 나라
하나님 나라가 타오르네
오실 때 불과 함께 오시리니
성령의 불이 마음에 타오르네
오 모든 이가 그 불을 알리니
모든 이가 영광스러운 희락을 누리로다!

구름 위로 오르니
사람의 손이 보이네
하늘 위에 퍼지니
온 땅 위에 내리네
아 언약의 비여
하늘에서 내리네
사랑하시는 자에게 성령을 부으시리!

10
에큐메니즘

The Logic of Evangelism

세계의 종교를 하나로 묶으려는 공격적인 시도는 새로운 다종교적 혹은 형이상학적인 비전을 받아들이게 함으로써 영혼들이 보다 포괄적인 종교나 이상에 흡입되는 결과를 낳게 한다. 전도와 에큐메니즘의 상관관계 속에서 에큐메니즘이 지배적으로 에큐메니즘적인 전도의 형식을 양산하고 있다는 것을 알아야 한다. 따라서 다종교 전도에 집중하는 사람들의 신세계 신학이나 기관, 사역을 주의 깊게 관찰할 필요가 있다.

The Logic of Evangelism

10 에큐메니즘

전도자나 전도학을 연구하는 사람들이 기독교와 다른 종교와의 관계에 대해 주목할 동안 에큐메니즘으로 인해 발생되는 문제들에 대해서는 주의를 기울이지 않았다. 전도자들과 선교 전략가들은 오래전부터 타 종교들의 존재와 도전에 대해 익히 알고 있었다. 이는 초대 교회뿐만 아니라 전도의 역사에서도 나타나는 바이다. 그러나 이러한 도전은 새로운 방법론의 발달만 가져왔을 뿐 타 종교에 관련한 전도에 있어 야기되는 문제들을 근본적으로 어떻게 다룰지는 생각하지 않았다. 제시되는 새로운 방법론들은 오히려 논쟁을 일으켜 왔다. 예를 들어, 16세기 중국을 전도하려는 과정에서 예수회와 프란시스회의 논쟁을 생각해 볼 수 있다. 오늘날 논의되고 있는 중요한 이슈 중 하나는 전도자가 어느 정도까지 전도된 사람들의 신앙과 실천에 관여할 것인가이다. 그러나 현대 논쟁에서는 더 심도 있는 문제들을 다루는데, 즉 단순히 전도 전략보다는 전도 사역 자체의 본질에 대한 근본적인 질문을 다루고 있다는 점이다. 현대 논쟁에서 흥미로운 것은 전도를 그리스도인이 반드시 해야 하는 의무로 말하기가 어렵다고 심각하게 말하는 신학자들의 영향력이다.

1. 다원주의의 도전

전도의 논리에 관심을 가진 사람은 분명 광의적 에큐메니즘이 제기하는 도전을 생각해 보았을 것이다. 제1장에서는 타 종교 추종자들에게 교회가 전도하는 것에 대한 논리성에 의문을 제기하는 논의들을 검증하려 했다. 그러나 여기서는 광의적 에큐메니즘이 제기하는 도전에 대해 두 가지 방식으로 대응할 수 있을 것으로 본다.

이 문제를 다루는 한 가지 방식은 기독교 자체가 하나님께 나아갈 수 있는 다양한 방식을 내포하고 있다는 점이다. 어떤 이는 하나님께 고난으로 인하여 나아가고 어떤 이는 경건한 가정을 통해서, 어떤 이는 자신의 삶을 바꿀 만한 극적인 종교적 경험을 통해 하나님께 나아간다. 모든 이가 하나님을 믿게 될 만한 심리학적인 과정은 정해져 있지 않다. 사회학적 측면도 동일하다. 타티아나 고리체바(Tatiana Goricheva)는 러시아인으로 최근에 요가 운동을 하다가 주기도문을 듣고서 무신론자에서 하나님을 믿게 되었다.[1] 다른 사람의 경우, 즉 대중 전도 운동을 통해 회심한 인도인들에 대해 세기가 바뀌면서 많은 논의가 일어나는 것같이, 카스트의 일정 계급이나 클랜 혹은 사회단체로도 회심하는 경우가 있다. 하나님께 이르는 다양성에 대해 우리는 열려 있어야 하며 우리가 추구하고자 하는 것도 다양성이어야 할

---

1 Tatiana Goricheva, *Talking About God is Dangerous*(New York: Seabury, 1985).

것이다.

그러나 이 논쟁은 광의적 에큐메니즘의 함축성에 대해 우려를 나타내는 사람들을 만족시키지 못하기 시작했다. 결국엔 오직 예수 그리스도만을 통해 하나님께 이를 수 있다는 기독교의 근본적인 신앙까지도 흔들기 시작했다. 그리고 정확히 이러한 기독교의 주장에 대해 사람들은 면밀하게 조사하였다. 절대적인 존재나 하나님 혹은 신성한 존재에 이르는 다양한 길이 있다고 생각하는 사람들은 다른 종교를 통해서도 신성한 존재에게 이를 수 있다고 여긴다. 이것이 바로 포괄적인 에큐메니즘의 핵심이다. 에큐메니즘이라는 용어의 저변에 깔린 것은 바로 만일 기독교 에큐메니즘적인 입장에서 기독교의 한 교파가 구원의 수단 중에 대해서 한 가지 방법만을 고수하는 것을 받아들일 수 없는 것과 같이, 광의적 에큐메니즘의 입장에서 기독교만이 유일한 구원의 길이라고 주장하는 것을 세계 종교들이 받아들일 수 없는 것이다. 기독교로의 회심에 대한 다양한 용어 사용에 있어서 이 문제에 대해서 정확하게 다루지 않기 때문에 관련이 없는 것은 다루지 않기로 한다.

이 문제에 대해 해결할 수 있는 둘째 방법은 전도의 내용에 초점을 맞추는 것이다. 전도 사역을 긍휼 사역이나 공의와 평화의 행동으로 제안한다고 가정해 보자. 개념적으로 전도 사역을 이렇게 조정한다 할지라도 사실상 문제될 것은 없다. 이는 마치 증인으로서 해야 할 일을 하는 것처럼 근본적으로 전통적인 전도의 모양을 가지고 있기 때문이다. 전도와 증언은 근본적으로 동일한 행위이기 때문에 증언한다는 자체가 곧 전도의 행위라고 볼 수 있다. 마찬가지로 긍휼 사역, 공의, 평화의 행동은 증언의 행위이고 따라서 자연스럽게 전도의 형태로 받아들일 수 있게 된다. 광의적 에큐메니즘의 기원은 이러한 전도의 형태의 문제에서 비롯되지 않았다. 반대로, 오히려 격려하는 입장이다. 광의적 에큐메니즘의 동기는 인간의 고난을 해소하는 것이기에 정의 구현과 자비와 평화의 행동은 오히려 에큐메니즘 진영에서는 환영하는 바이다. 더욱이 기독교 내에서 전도의 개념이 포괄적으로 인정될 수록 다른 형태의 전도가 수행되기가 점점 더 어려워지게 된다. 오히려 보편적 에큐메니스트들에게 곤란함을 주는 것은 다른 형태의 전도라 할 수 있다.

그렇다면 다른 형태의 전도란 무엇인가? 앞에서 언급했듯이 네 가지로 정리될 수 있다. 첫째, 그리스도 안에서 있는 하나님의 은혜에 대한 복음을 선포하는 전도의 형태라 할 수 있다. 여기서 핵심은 복음 메시지를 결신에 상관없이 증거하는 것이라 할 수 있다. 둘째, 사람들이 기독교 신앙을 가질 수 있도록 회심시키는 것을 하나의 전도의 형태라고 할 수 있다. 여기서 강조점은 개인적인 체험이나 그리스도를 구주로 받아들일 수 있는 지적인 작동이라 할 수 있다. 셋째, 전 세계에 교회 개척하는 것을 하나의 전도라고 정의할 수 있다. 여기서 주안점은 바로 새신자가 지역에서 믿는 자들과 함께 교제할 수 있도록 하는 것이다. 마지막으로, 사람들을 나사렛 그리스도 안에 임한 종말론적인 하나님의 통치에 들어가도록 하는 것을 전도라 할 수 있다. 이 부분에 있어서 하나님 통치에 들어가게 하는 다양한 방법들은 모두 전도라 할 수 있다.

이러한 전도의 대안적 개념들이 존재한다는 것은 전도를 단순히 휴머니즘이 담긴 봉사로 제안하려는 시도에 제약을 줄 수 있기에 충분하다고 본다. 실제로 이러한 대안을 제시하는 문헌은 그렇게 많지 않다.. 주류 교단에서 자주 이 부분에 대해서 필요성을 느끼지만, 즉흥적인 대안들은 결국 교회의 자기 만족적인 관료주의적인 측면을 벗어나지 못하고 비평가들의 소리를 듣지 않는다. 누군가는 이 부분을 명료하게 정리하여 교회 사역에 적용될 수 있도록 해야 한다. 이러한 이유 하나만으로는 광의적 에큐메니즘이 야기하는 이슈들에 관심이 있는 사람들은 만족하지 못할 것이다. 따라서 나머지 부분들에 대해서는 다루지 않고 다른 대안적 개념들에 대한 차이에 대해서도 그렇게 걱정하지는 않는다. 특별히 그리스도인들이 타 종교 사람들을 전도해야 하는 문제에 대해서도 심각하게 다룰 만한 문제도 아니라고 생각한다. 따라서 제10장의 목적은 전도를 비그리스도인들이 기독교 신앙을 가질 수 있도록 하는 포괄적인 시도로 정의하는 것이다. 이러한 전도의 개념은 광의적 에큐메니즘과 관련되어 있고 이 부분에 대해 논의를 할 것이다. 여기서 논하고자 하는 것은 기독론에 대한 그리스도인의 헌신과 광의적 에큐메니즘과 전도에 대한 헌신 사이의 밀접성이다. 보다 구체적으로, 고전적 기독론은 타 종교와 대화가 가능할 뿐만 아니라 글로벌적인 전도 사역의 책임을 말하고 있다는 점을 강조하고자 하는 것이다.

초대 교회 때부터 그리스도인은 하나님께 이를 수 있는 길은 오직 그리스도라고 말해 왔다. 사도행전에서 누가는 하늘 아래서 오직 구원을 받을 수 있는 이름은 예수님(행 4:12)이라는 사실을 베드로가 설교한 것을 전하고 있다. 요한복음도 이와 유사한 말을 기록하고 있다.

> 도마가 이르되 주여 주께서 어디로 가시는지 우리가 알지 못하거늘 그 길을 어찌 알겠사옵나이까 예수께서 이르시되 내가 곧 길이요 진리요 생명이니 나로 말미암지 않고는 아버지께로 올 자가 없느니라(요 14:5-6).

여기서 우리는 구원에 대한 교리적 배타주의를 볼 수 있다. 무엇보다 이러한 교리적 주장이 유대와 사마리아의 날카로운 전통 사회에서 펼쳐졌다는 점이다.

이는 구원론에 있어서 수단이 명백하고 고립된 것이며 이러한 배타주의는 황당하기까지 한 것이다. 즉 1세기경 사형 선고를 받고 팔레스타인을 관할하는 로마 법령에 따라 합법적으로 십자가에 달린 유대인 노동자를 믿어야만 하나님께 이를 수 있다는 것은 그야말로 당황스러운 말일 것이다. 이러한 교리는 분명 논쟁거리이고 이를 심각하게 고려하지 않은 채 믿는 그리스도인들은 자신들이 믿고 있는 교리에 대해서 충분히 이해하고 있다고 말하기는 어려울 것이다. 한번 바꿔서 생각을 해보자. 1987년 11월 8일 엔니스킬른(Enniskillen)에서 테러리스트에게 죽은 쟈니 메고(Johnny Megaw)라는 인테리어 전문가를 믿어야만 온 세상이 구원을 얻을 수 있다는 교리에 대해 과연 어떤 반응이 있을지 생각해 보자. 아무도 이 부분에 대해서 심각하게 생각하지 않는 상황 가운데 유독 그리스도인들만이 이러한 방식의 구원론을 고수해 오고 있다. 더욱이 많은 그리스도인들은 이러한 교리에 대해 확신하고 있고, 이러한 부분을 지적했을 때 그리스도인들은 사람들에게 자신들의 감정을 쏟아내기 일쑤이다. 물론 말로 하겠지만 말이다.

2. 수정주의자의 영향

기독교 전통에 있어 수정주의와 계몽주의의 영향을 받은 사람들은 선택과 우회라는 개념을 이야기하면서 논쟁을 불러일으켜 왔다. 수정주의자들의 핵심 주장은 예수님에 대한 기독교인들의 입장과 구원에 있어서 예수님의 역할에 대해 계시적 관점에서 볼 필요가 있다고 말하는 것이다. 계시에 대해서 좀 더 구체적으로 말하겠지만 위에서 말하는 계시는 단순히 인간의 삶이나 역사에 파고드는 것을 말하는 것이 아니라 자신들의 영적인 여정에 있어서 믿는 자들이 구하는 지성적 욕구에서 올라오는 자연스러운 뭔가를 말하는 것이다. 계시는 중요함을 담고 있는 코드라 할 수 있다. 예수님이 계시적이라고 말하는 것은 곧 예수님이 하나님을 경험하는 데 있어서 그리스도인들에게 중요하다는 것을 말한다. 분명 예수님이 중요하기에 계시적이라 할 수 있다. 하지만 그가 계시적이라 해서 중요하다고는 말할 수 없다. 이는 달라스에서 집을 보러 다닐 때 친구가 한 말을 생각나게 한다. 달라스 외곽지역의 집값은 그 가치 때문에 비쌌다. 그러나 달라스 시내에 있는 집은 비싸기 때문에 가치가 있었다. 이는 고전적인 시각에서 예수님은 계시적이기 때문에 예수님이 중요하다는 것이다. 예수님과 예수님 사역의 특징은 우주 구원의 과정에서 중요한 역할을 감당하고 있는 것으로 보일 수 있다. 수정주의자들은 이를 반대로 본다. 예수님이 중요하기 때문에 계시적으로 본다. 수정주의자들이 대응하는 방식은 예수님의 도덕적 깊이와 영성을 궁극적 실재의 특성인 계시성으로 보는 것이다. 이에 대해 그리스도인들은 기독론에 있어서 현대에 논쟁이 되는 복잡한 문제에 대해서 가장 중요한 문제가 되는 부분을 볼 필요가 있다.

수정주의자들의 입장을 따랐을 때 발생할 두 가지 결과에 대해서 생각해 볼 필요가 있다. 첫째, 우리는 일반적인 계시에 대한 다른 의견들을 거절할 이유는 없다. 기적과 경험, 사람들과 성경 또한 계시로 여길 수 있을 것이다. 실제로 수정주의자들은 이런 식의 해석을 추구한다. 계시적이라고 말하는 것은 그들이 끌어낸 대답과 그들이 추구한 전통들이라 할 수 있다. 분명 인류의 주요 종교들은 이런 식의 조건에 행복해한다. 둘째, 이는 결국 타 종교를 믿는 사람들을 전도할 필요도 사라지게끔 한다. 각 종교는 신께 이르는 각각의 방식이 있다. 구원에 이르는 수단과 실존적 문제, 신성한 계시에 대한 각각의 원천이 있다. 이러한 상황에서 전도한다는 것은 주요 신학적 원리들과 충돌할 가능성이 있다. 여기서 필요한 입장은 상호이해와 공유와 다문화적 포용일 것이다.

물론 이러한 상황에서 전도하면서 그 대가를 치를 수 있을 것이다. 만일 예수 그리스도를 하나님의 독특한 계시라는 입장을 고수한다면, 전도를 할 때 예수님이 하나님의 최고의 계시라 할 것이며 모든 사람들이 이 계시를 받을 수 있는 권리가 있다고 말할 것이다. 그러나 이러한 방식의 전도가 효과적이라 볼 수는 없다. 이러한 계시의 개념은 예수님이 단순히 중요한 역할이 있기 때문에 계시적이라고 보는 것이지만, 이러한 상황에서 예수님의 중요성을 설명할 만한 근거를 발견하기 어렵다. 중요성은 여기서 반응의 문제이다. 중요한 것은 각 종교의 전통에서 중요성을 어떻게 가늠할 것인지가 난제이다. 정교적인 반응의 원천으로 예수님이 중요하다고 말하면서 충성심을 보일 수도 있지만, 이는 신학적 논쟁이 있는 부분이다. 따라서 주요 종교들을 구원적이고 계시적 관점으로 보는 사람들은 자신들의 교리에 대한 효용성을 판단하는 것을 꺼리고 구원과 계시에 있어서 모두 동등한 가치가 있다고 말할 것이다.

신앙에 뿌리를 둔 그리스도인에서 신학적으로 고도로 훈련된 그리스도인에게 이르기까지 세계 종교에 대한 새로운 인식에 이렇게 반응하는 것을 원하지 않을 것이다. 이러한 반응에 대해 수정주의자들은 즉시로 19세기 제국주의 선교 정책의 연장이라고 말할 것이다. 19세기 선교 정책은 근본적으로 한 세대 혹은 두 세대 안에 세계의 복음화를 추진한 서구 제국주의적인 흐름과 그 맥락을 같이한다. 20세기 말

세계 복음화를 위한 정책은 19세기 정책의 연장이라 할 수 있다.

물론 이러한 정책에 밝은 면도 있다. 이러한 것을 밝히기 위해서는 선교 역사에 대한 역사적 분석이 필요하다. 세계 선교의 역사가 매우 복잡한 것임은 틀림없다.[2] 경건주의자들이 시작한 19세기 선교 사역은 근본적으로 개인의 회심을 위한 것이었고 이러한 개인들이 모여 그리스도인 공동체를 이루는 것이었다. 몇몇 박해를 받은 모라비안 개척자 선교사들은 억압의 희생자들이었다. 더욱이 선교 사역의 틀을 잡아주었던 고프리드 라이빈즈(Gottfried Leibinz)와 같은 철학자는 전 세계적으로 널리 알려진 유럽의 계몽주의로 인해 선교사들이 영감을 받았다고 말하며 선교의 개념을 보다 폭넓게 이해해야 한다고 주장한다.[3] 따라서 라이빈즈는 하나님의 영광과 공익을 위해 과학과 교육이 준 혜택을 공유하기를 원했다. 그는 또한 언어학과 고대 역사, 연대학, 지리학, 인종학과 문명론 등이 선교 사역을 효과적으로 만들 수 있다는 의견을 내었다. 더욱이 20세기 초 선교사들은 인종과 보건, 교육과 빈곤, 국가 정체성과 사회적 정의 등에 많은 관심을 보였다. 이에 대해 존 모트(John R. Mott)는 거시적 전도(Larger Evangelism)라는 말을 사용하며 전도의 접점을 포괄적으로 확장시켰다.[4] 이를 지켜보는 사람들은 선교사 사역의 균형을 잃게 만들 수 있는 이러한 경향에 대해 깊은 우려를 나타냈다.[5] 물론 전도와 제국주의 간에 직접적인 연관성으

---

[2] 선교 역사에 대한 수정주의자들의 견해를 다음에서 볼 수 있다. Lamin Sanneh, "Christian Mission in the Plural Milieu: The African Experience," *International Review of Missions* 74 (1985): 199-211.

[3] Francis M. Merkel, "the Missionary Attitude of the Philosopher W. Von Leibniz," *International Review of Missions* 9 (1920): 399-410.

[4] John R. Mott, *The Larger Evangelism*(New York: Abingdon Cokesbury, 1944).

[5] Sidney W. Clark, "Is Foreign Mission Work Out of Balance?" *International Review of Missions* 3 (1914): 683-95.

로 인해 본질적인 문제가 있다는 것을 의미하는 것은 아니지만 이로 인해 문제가 야기될 가능성을 내포하고 있다고 말할 수 있다.

지속적인 전도 사역을 제국주의 일환으로 보는 시각에 대한 또 다른 이유가 있다. 분명 전도 사역은 전인적인 사고를 바탕으로 이뤄진다. 제국주의에 대한 비판이 나오는 이유는 왜 사람들이 전도를 하는가에 대한 물음 때문이다. 어떤 이는 부르심이나 직업 때문에 한다고 할 수 있고 어떤 이는 공관복음에서 나오는 지상대명령으로 인해 전도한다고 말할 수도 있다. 어떤 이는 거저 받은 것을 거저 주는 기쁨을 나누기 위한 자연스러운 표현이라고도 할 수 있을 것이다. 어떤 이들은 대부분의 교단들의 중심이 되는 전도의 유산을 이어받아 전도를 한다고 말할 수도 있을 것이다. 어떤 이들은 세속주의로 공격받고 있는 서구 세계에 대한 부담과 위협 때문에 전도를 할 수도 있다. 또한 어떤 이는 세속적 인본주의와 국가 사회주의 혹은 무신론적인 공산주의에서 인류를 구해야겠다는 신념으로 전도를 할 수도 있다. 어떤 이는 종말이 오기 전에 참여할 수 있는 거대한 과업이라고 생각해서 전도에 참여할 수도 있다. 또 어떤 이에게는 영원한 심판에서 영혼을 구원하고자 하는 마음으로 전도를 할 수도 있다. 이러한 관점에서 볼 때 단순히 전도 사역을 제국주의의 부산물이라고 말하기는 어려울 것이다.

3. 예수 그리스도의 최후성과 전도적 함의

수정주의자들이 계시와 구원, 전도에 대한 제안을 대부분의 그리스도인이 거절하는 이유는 역사나 심리학, 사회학적인 이유 때문이 아니라 신학적인 이유 때문이다. 즉 고전적 기독교 전통의 내적인 논리 때문이다. 다른 말로 하면, 고등 기독론에서 나오는 저항이라고 할 수 있다. 간단하게 말해 예수님만이 하나님에 이르는 유일한 길이라고 보는 것이다. 그 이유는 하나님이 창조와 구속에 있어서 하나님의 아들이신 예수님을 통해 일하시기 때문이다. 하나님의 대리인과 예수 그리스도인의 사역 사이의 관련성에 대해 예수님만이 구원에 이르는 유일한 길이란 주장은 설득력이 있다. 따라서 전도 사역의 가치를 낮게 여기는 사람은 분명 기독교 전통에 심각한 수정을 가한 사람이라고 할 수 있다. 여기서 중요한 점은 단순히 계시의 개념을 수정한 것뿐만 아니라 이 땅 가운데서 역사하시는 하나님의 사역을 근본적으로 부인하는 것이며 동시에 전통적인 기독론과 삼위일체론을 부인하는 것이다. 존 힉(John Hick)의 신학은 이 부분을 잘 설명하고 있다. 타종교를 다룸에 있어서 존 힉은 성육신을 거부하고 급진적으로 수정된 궁극적 실재에 대한 교리를 수용하였다.

기독교 안에서 전도의 열정에 대한 지속성과 떠오르는 대안들에 대해서 다루는 것은 분명 가치가 있는 일일 것이다. 찰스 웨슬리는 크리스마스 찬송에서 이 부분에 대한 핵심적인 요소를 다루었다.

땅과 하늘이 하나되어
천사들과 사람들이 함께
거룩한 찬송을 올리니
인간의 몸으로 오신 주
하나님의 뜻을 이루어
신비롭게 하신 주.

주께서 영광을 받으시니

우리와 같이 만드셨네
우리의 눈으로 알 수 없으나
주께서 이루시니
아기 예수로 오셔서
임마누엘이시네.

놀라운 사랑
주께서 주셨네
하늘에서 오는 은혜
사람과 천사가 찬미하니
우리 하나님이 부으시네
우리 하나님 이 땅에 오셨네

육신으로 오셔서
모두에게 주시니
고난을 받으사
우릴 거룩하게 하시니
생명을 주셨네
우리 하나님이 이 땅에 오셨네.

사랑으로 완전하신 주
은혜로 거룩하게 하사
주의 나라에서
주의 영광을 보리
주의 사랑 온전히 내리어
주께서 영혼을 찾으시리.

세 부분으로 나뉘어 있지만 밀접하게 관련된 고전적 복음에 대한 생각을 다룰 필요가 있다. 첫째는 계시에 대한 본질적인 개념이다. 하나님께서는 놀라울 정도로 겸손하신 모습으로 자신을 계시하셨고 역사 가운데 자신을 드러내셨다. 이러한 행위는 즉시로 둘째 요소로 이어진다. 즉 인간이 이해할 수 없는 방식으로 자신을 그리스도를 통해 드러내신 고등 기독론이라 할 수 있다.[6] 찰스 웨슬리는 성육신의 파라독스적인 부분을 노래하고 있다. 세 번째 요소로 그리스도의 사역에 대한 부분이다. 예수 그리스도의 생애와 사역은 인간이 하나님께 이르게 하고 인간의 삶을 거룩하게 하고자 하는 목적으로 이뤄진다고 할 수 있다.

이제는 이와 관련된 문제들을 생각해 보고 타 종교에 대한 이해를 위한 문제들을 다룰 필요가 있다. 기독교는 실재에 대한 타협점이 없다고 생각해 왔다. 고등 기독론이 논리적으로 배타주의를 지향하기에 이러한 인식은 문제가 없었다. 하지만 상황이 바뀌어 가고 있다. 더욱이 타 종교에 대한 배척과 태도가 달라지고 있고 타 종교에 대한 인내라는 전통적 개념이 더욱 복잡해지고 있다.

따라서 고전적 전통이 표현하는 고등 기독론에 대한 온전한 함축성부터 먼저 이해하는 것이 중요하다. 그리스도의 사역에 대한 관점에 있어서 팔레스타인에서의 그의 생애와 사역, 죽음은 너무도 중요하지만, 단순히 역사의 한 조각으로 제한되지 않는다는 점이다. 예수님은 모든 인류에게 빛을 비추시는 우주적 그리스도로 성육신하신 분이다(요 1:9). 앞서 말한 바와 같이 배타주의자인 요한은 여기서 보편적인 포용주의자이다. 그리스도는 분명 이스라엘에서 사역하셨지만,

---

6   고등 기독론이란 예수 그리스도를 먼저 하나님의 신성한 아들로 보고 그 다음으로 인간이신 예수님을 보는 것을 말한다. 이는 하강식 기독론이라고도 한다: 역자 주.

정경적 관점에서 볼 때 히브리서 저자는 모세가 "그리스도를 위하여 받는 수모를 애굽의 모든 보화보다 더 큰 재물로"(히 11:26) 여겼다고 표현한다. 분명 그리스도가 하나님께 가는 유일한 길이라는 점을 강조하고 나사렛 예수 그리스도를 알지 못하고는 하나님을 만날 수 없음을 말하고 있다.

이러한 입장은 구약성서를 반영한 히브리서로 인해 더욱 확증되었다. 이렇게 함으로써 예수 그리스도가 이 땅에 오시기 전에 이스라엘에서 하나님을 알고 사랑하며 예배할 수 있었다고 말한다. 바울은 그리스도의 이름을 들어보지 못한 아브라함에 대해 말하며 이러한 입장을 확증한다(롬 4장). 누군가 구원받기 위하여 예수님의 이름을 알아야 한다면, 아브라함은 구원을 받지 못했을 것이다. 아브라함은 예수님의 이름을 몰랐지만 구원을 받았다. 따라서 예수 그리스도를 몰라도 구원을 받을 방법이 있는 것으로 보일 수 있다. 그러나 이것이 하나님의 아들의 역사하심과 별개로 이뤄질 수 있는 것은 아니다. 영원하신 하나님의 아들이 예수님의 삶 안에서 존재론적으로 사라질 수는 없다. 예수 그리스도 안에서 드러나신 영원한 하나님의 아들은 모든 창조와 역사(history) 가운에서 역사하고 계신다. 고전적 전통을 바탕으로 한 고등 기독론은 이 부분을 정확하게 고수하고 있다. 더욱이 고전적 전통에서 구원은 그리스도를 통해 우리 안에서, 그리고 우리를 위해서 이루신다는 개념을 가지고 있다. 즉 그리스도와의 관계가 직접적인 조건이 아니다. 구원이 있는 곳에는 분명 영원한 하나님의 아들이신 그리스도와 연관이 있다.

여기서 좀 더 생각해 볼 수 있다. 만일 그리스도의 사역이 모든 피조물에게 연장된다면, 성서적 전통 바깥에 있는 사람들까지도 구원받고 무죄함을 받을 수 있을 것이다. 분명 그리스도를 통해서 구원에 이른다는 사실을 모를 사람들도 미래에 있을 것이다. 아브라함도 예수 그리스도의 구원 사역을 알지 못했지만, 그렇다고 구원받을 조건을 박탈당한 것은 아니다. 또한 단순히 가설적인 가능성만을 놓고 선호하는 신학적 이론으로 끌고 가는 것도 아니다. 고넬료가 등장하는 사도행전을 보면 "베드로가 입을 열어 말하되 내가 참으로 하나님은 사람의 외모를 보지 아니하시고 각 나라 중 하나님을 경외하며 의를 행하는 사람은 다 받으시는 줄 깨달았도다"(행 10:34-35)라고 기록한다. 따라서 고등 기독론은 타 종교 전통에도 구원이 있을 수 있다는 기회와 관용을 베푸는 것이다. 이러한 측면에서 고등 기독론을 볼 때, 교회가 구원의 방주 역할을 해야 할 뿐만 아니라 나사렛 예수 그리스도 안에서 나타난 그리스도의 완전한 사역을 경험하고 핵심적인 증인으로서의 역할을 해야 한다고 말할 수도 있을 것이다.

이러한 입장에서 그리스도인은 때를 얻든지 못 얻든지 복음을 모든 사람에게 전해야 한다는 점을 따르지 않게 된다. 바울은 이 부분에 대해서 다음과 같이 정리한다. "내가 그리스도 안에서 참말을 하고 거짓말을 아니하노라 나에게 큰 근심이 있는 것과 마음에 그치지 않는 고통이 있는 것을 내 양심이 성령 안에서 나와 더불어 증언하노니 나의 형제 곧 골육의 친척을 위하여 내 자신이 저주를 받아 그리스도에게서 끊어질지라도 원하는 바로라"(롬 9:1-3). 전도와 선교에 대한 바울의 지치지 않는 열정이 복음을 온 누리에 전하겠다는 헌신을 확인해 주고 있다.

왜 이렇게 될 수밖에 없는지를 보는 것은 어려운 일이 아니다. 첫째, 모든 사람들이 그리스도 안에서 하나님이 하신 일의 완성을 알아야 한다는 시각에서는 복음을 증거하는 일은 매우 중요한 일이다. 그리스도 안에서 하나님께서는 독단적으로가 아니라 독특하게 일하셨다. 하나님은 하나님의 은혜를 창조세계를 향해 부으셨으며 나사렛 예수 그리스도 안에서 똑같이 이스라엘에게 행하셨다. 또한 온 세상이 이 은혜를 입을 수도 있도록 해주셨다. 따라서 관용과 사랑이 그리스도인들로 하여금 어디서도 찾을 수 없는 그리스도의 풍성함을 전하게 한다. 전도의 역사는 이러한 헌신으로 수놓아져 있다. 하지만 그중에서도 좋은 예 중 하나는 서인도 제도 노예들에게 복음을 전하기 위해 모라비안 선교사들이 실제로 노예가 되어 그곳으로 간 것이다. 둘째, 복음을 알지 못하던 사람들이 하나님의 은혜의 빛에 반응하고 그 빛의 근원을 알려고 한다. 셋째, 예수 그리스도를 통해서 가능하게 된 하나님의 은혜와 권능을 온전히 경험할 수 있게 된다. 이러한 과정에 하나님 나라에 들어가는 그리스인이 되는 과정의 온전함에 대해 관심을 갖게 된다. 그리스도인이 되는 과정을 하나의 영적 여정으로 여기는 것은 자연스러운 일이며 영성과 경건은 이러한 과정을 더욱 명확하게 해준다. 어떤 사람은 예수 그리스도 밖에서 하나님의 역사를 인정하듯이 그리스도 안에서 하나님의 역사를 인정하는 이들도 있다. 마지막으로, 하나님을 거절한 사람들이라도 하나님께 반응할 수 기회는 있다. 만일 하나님이 그리스도 안에서 독특하게 오셨다면, 그리스도 안에 있는 하나님의 은혜의 온전함이 우리로 하여금 죄에서 벗어나게 하여 영원한 생명으로 옮기실 것이다.

　이러한 상황에서 알아야 할 것은, 예수 그리스도를 알지 못하고 하나님께 반응한 사람들의 특징 중 하나가 그들은 이미 복음에 헌신되었고 예수 그리스도의 공동체의 일원이 되었다는 점이다. 그리스도에게 올 때 사람들은 더욱 분명하고도 온전하게 이미 알아왔던 그리스도에 대해 알게 되고 사랑하게 된다. 보다 전통적으로 표현한다면, 십자가에서 본 예수 그리스도가 이미 창조된 세계에서 내재된 메시아였으며, 하나님을 경험하면서 알게 된 메시아였음을 발견하게 되는 것이다. 실제로 나사렛 예수 그리스도 안에서 하나님의 역사를 발견할 수 있다. 이러한 사실이 세상 가운데 하나님의 모든 역사가 궁극적으로 예수 그리스도를 통해서 이뤄졌다는 그리스도인들의 주장을 결코 훼손시키지 않는다. 여기서 중요한 부분은 하나님의 역사에 있어서 선택에 대한 부분이다. 우리가 할 수 있는 것은 신학적인 참과 거짓에 따라 우리가 받아들이냐 거절하느냐이다. 하나님께서 자신의 창조된 세계를 통치하시며 예수 그리스도를 통해서 역사하시기로 선택하셨다는 사실은 곧 우리 의지로 바꿀 수 있는 것이 아니다.

여기서 제안하는 것은 세계 종교에 대해 신학이 어떻게 처음부터 이해하고 있는지를 말하는 것이다. 다른 종교에 대해 기독교인들이 어떻게 이해하고 있는지에 대한 중요한 전제들을 다루고 있다. 이 자체만으로는 새로운 것이 없다. 처음부터 기독교는 구약을 히브리인의 성서로 인지하면서 유대교에 대한 자신만의 시각을 가져야만 했다. 현대 유대학자들과의 대화에서 알 수 있는 것은 그리스도 안에 담겨 있는 하나님의 계시의 최후성이 암시적이지만 괄목할 만하게 드러나 있다는 점이다. 어떤 유대인도 유대 정경 문학에 대한 서술에 대해 만족하지는 않을 것이다. 더욱이 처음부터 기독교 전통의 설교자나 신학자들은 이스라엘 안에서 하나님의 역사와 나사렛 예수 안에서의 하나님의 역사에 대한 관계를 명확하게 해야 한다는 부담감을 가졌었다. 따라서 여기서 다루려고 하는 것은 곧 초기부터 기독교가 무엇을 행해왔는지를 점검해 보는 것이다. 분명 어느 정도의 차이는 있지만 본질적으로 다르지는 않다. 더욱이 기독교 전통의 뿌리는 2세기 순교자 저스틴의 문서에서 찾아볼 수가 있다. 이 주제에 대한 기독교 논쟁의 역사 안에서 이러한 입장이 검증되어 왔다는 것을 알 수 있을 것이다. 여기서 새롭게 보여주는 것은 종교의 역사에 대한 신학적 입장을 가지도록 한 주요 의도를 다룬다는 점이다. 이러한 신학적인 입장은 다른 신학적인 제안을 검증하는 것같이 적절한 철학적, 역사적, 신학적 기준을 적용해서 해결되어야 한다.

　이를 또한 다종교적인 주장으로 설명하면서 이와 관련된 찬반 논의를 들어볼 필요도 있다. 다종교적인 주장이라는 것은 곧 세계 종교들이 공통적으로 가지고 있는 형이상학적, 도덕적, 영적인 부분에 대해 어떻게 이해하고 있는지를 나타내는 주장을 의미한다. 어떤 이는 이러한 주장들을 가설로만 여길 수도 있다. 이 문제를 다루는 두 가지 방식이 존재하는데 하나는 신학적으로, 하나는 다종교적으로 다루는 것이 논리적이라 할 수 있다. 단순히 기독교에 대해 거짓 혹은 참이라는 입장을 가지는 것은 다종교적인 질문을 유발하는 입장이며, 다종교적인 문제들에 대해 이러한 입장을 고수하는 사람은 기독교에 대한 참과 거짓이라는 문제에 대해 이미 정해진 입장만 고수하게 된다. 사실, 궁극적 실재에 대한 결정을 어떻게 내려야 할지 모르면서 세계 종교간의 관계를 어떻게 설명해야 할지에 대한 다종교적 질문에 답을 할 수는 없다.[7] 이것은 다양한 버전의 포괄적 재건주의자들이 왜 그렇게 공격적으로 고전적인 기독교에 대해 반대하는지를 쉽게 알 수 있는지를 설명해 주는 부분이다. 포괄적 재건주의자들은 새로운 다종교적 질서를 위한 전도자들이고 할 수 있다. 그들은 자신들의 전도 행위를 매우 협소하게 제한하면서 새로운 다종교적 질서에 대한 책과 아티클만을 출판한다. 이들의 전도 열정은 그들로 하여금 다종교적인 차원과 신학적인 차원에서 그들의 라이벌을 붕괴시키는 방안을 논리

---

[7] 세계 종교의 존재에서부터 발생하는 철학적 문제들을 *An Introduction to the Philosophy of Religion*(Englewood Cliffs, N.J.: Prentice Hall, 1985), chap. 18에서 다루었다.

적으로 찾도록 했다.

4. 글로벌 단일화, 인내와 대화

다종교적인 차원에서는 나의 논증에 대해 더 많은 일반적인 기준이 적용될 수 있을 것이다. 따라서 합리적 일치성이라든지 논리적 일관성을 바탕으로 평가할 것이다. 거기에 도덕적인 측면도 고려할 것이다. 이러한 부분들로 평가하는 이유는 두 가지다. 첫째, 지구촌이라는 개념이 나오면서 종족주의의 붕괴로 인해 인류의 번영을 위한 세계 종교간의 단일화가 절대적이라고 믿는 사람들이 있을 것이다. 특별히 종교와 도덕 사이에 심리학적, 논리적 연결고리가 있다고 주장하는 사람들에게 이러한 부분이 절실해진다. 둘째, 세계 종교들의 각 신학이 배타성을 가지고 있어 도덕적 검증이 필요하다고 생각하는 사람들이 있다. 따라서 예수 그리스도의 최후성을 믿는 사람들은 자신들의 신앙을 공유하지 않는 사람들에게는 반드시 배타적이어야 한다고 생각한다. 따라서 그들은 타 종교와의 대화를 완강히 거부한다.

이러한 문제들에 있어서 첫째 생각할 것은 글로벌 단일화라는 사실이 세계 복음화를 위해 헌신한 사람들을 무력화시키지 못한다는 점이다. 세계 선교사들의 사역이 오늘날 현대 사람들에 필요한 보편적인 믿음을 주는 행위로 전 세계에 단일화를 이루고 도덕적 일치를 가져온다고 생각하는 사람들이 있다. 많은 사람들이 기독교가 이러한 일을 이뤄낼 것이라고 믿고 있다.[8] 그러나 이것이 과연 선교의 동기가 되는지에 대해서는 의구심이 든다. 그렇다 할지라도, 기독교가 진리

---

[8] 이러한 부분에 대해 좀 더 명확하게 알기 위해 다음을 참조하라. J. S. B. Brough, "Missionary Apologetics," *International Review of Missions* 8 (1919): 393.

라는 확신과 하나님이 교회의 사역으로 선교를 하도록 하셨다는 사실이 깊이 연관되어 있다. 따라서 글로벌 단일화라는 문제에 대한 이러한 해결은 고전적인 기독교가 다원주의라는 새로운 인식에 대해 실패한 경험의 유산이라고 생각하는 사람들에게는 결코 매력적이지 않다. 최근에 기독교를 미래의 종교로 보려는 시도들은 포괄적인 입장을 취하면서 일관성이 있는 종교가 모든 다른 세계 종교를 흡수할 수 있다는 입장으로 바뀌었다.

이러한 시도 중 어떤 것도 당면한 문제의 해결책으로 볼 수 없다. 둘 다 종교와 도덕성의 관계에 대해 논쟁이 있을 수 있는 가정을 기반으로 하고 있다. 사회적인 측면과 정치적인 측면에서 도덕성은 종교적인 기반보다는 논리적인 기반을 두고 있다. 이 부분에 대해서 나중에 다루겠지만, 적어도 이 부분이 너무도 분명하지 않아서 어느 특정 종교가 도덕과 사회와 정치의 질서의 기반으로써 역할을 할 수 있다는 주장을 할 수가 없다는 점을 짚고 갈 필요가 있다.[9] 게다가 두 가지 제안 모두 마치 사회를 하나로 만들 수 있는 단일화에는 종교적 합의에 달린 것 마냥 모던 시대의 세상의 단일화의 본질에 대한 비현실적인 판단을 하고 있다. 실제로 이러한 상황에서 단일화라는 것이 무엇을 의미하는지 분명하지 않다. 단일화라는 의미가 단순히 세계 정부를 만드는 것은 아닐 것이다. 그 이유는 세계 정부는 반드시 국가 개념을 가져야 하고 인간 존재의 필수 요건인 국토가 있어야 하기 때문이다. 사실상 종교적인 헌신은 국가적 이익을 위해 조장되고 잔인하게 이용되었다. 이러한 예는 역사적으로 달라스와 더반(Durban), 더블

---

9   이 부분에 대해서 Basil Mitchell이 *Law, Morality and Religion in a Secular Society* (London: Oxford University Press, 1967)와 *Morality, Religious and Secular*(Oxford: Clarendon Press, 1980)에서 다뤘다.

린(Dublin)에서 찾아볼 수 있다. 도덕적으로나 정치적으로나 세계 정부는 불필요하다. 진리를 얻기보다는 오히려 통치와 독재자의 이미지가 더 강해질 뿐이다. 목적이 좋다고 하더라도, 도덕적 구조를 강화하려는 종교는 이런 시도를 한 대부분의 국가나 종교처럼 독재적이고 규율만을 강조하게 될 것이다. 이러한 상황 속에서 위와 같은 생각을 심각하게 고려할 수는 없다. 적어도 현재보다 훨씬 더 폭넓게 생각할 필요가 있다.

오히려 우리는 두 번째 문제를 쉽게 해결할 수 있다. 예수 그리스도의 최후성을 믿는 사람들이 반드시 인내해야 한다는 것은 사실이다. 표면적으로는 하나님께서 예수 그리스도 안에서 독특하게 자신을 계시하셨다는 사실을 믿는 사람들이 자연스럽게 다른 종교가 불완전하여 거부하는 것으로 볼 수 있다. 따라서 한 가지에 충성하는 광신자가 아니라, 자연스럽게 이러한 좁은 길을 걸을 수밖에 없는 것이다. 세계의 단일화 혹은 에큐메니즘을 말하는 사람들은 세계 종교를 향해 포괄적으로 포용하는 시각을 가지고 싶어 하는 욕구를 지니고 있다고 할 수 있다. 이러한 태도는 얼핏 보기에 사랑이 넘치는 그리스도인으로 보일 수 있다.

이 문제는 역사적 근거로도 해결할 수 없다. 과거 이 문제를 해결하기 위해서 분명 기독교는 인내가 없었기 때문이다. 분명 그리스도인이나 그리스도 공동체는 다른 종교를 존중하지 않았다. 기독교인들에게 혹은 기독교인이 아닌 이들에게도 모두 적이라고 생각된 사람들을 향해 십자군을 일으켰다. 십자군의 태도와 행동은 타 종교에 대해 적대적이라는 점을 여실히 드러내었다. 이것은 단순히 부산물일 뿐이다. 핵심은 하나님의 특별 계시인 예수님을 믿는 것이 이러한 적대성을 갖게 했느냐이다. 예수 그리스도를 특별 계시로 믿는 사람들과 타 종교에 대한 적대성을 갖는 사람들 사이의 관계성을 밝히는 것이 두 부류 사이의 논리적인 연결고리를 만들지는 않는다. 예수 그리스도의 독특성과는 관련이 없는 확신과 동기로 인해 타 종교에 대한 적대성만 키워왔다. 또한 그러한 믿음으로 시작했다 하더라도 타 종교에 대한 적대심을 가져야 할 이유가 없다.

이 문제의 핵심은 곧 단어의 의미라고 할 수 있다. 우리는 적대성이라는 단어로 다양한 태도와 행위를 덮고 있다. 엄격히 말해서, 적대성은 타 종교에 대한 존중이 없다는 것을 의미한다.[10] 좀 더 포괄적 의미로는 편협성, 좁은 마음, 분리주의, 열정주의, 완고, 광신주의 등이다. 이러한 의미는 중요한 이슈에 대해 다른 시각을 가지고 있는 것도 포함될 수 있다. 이러한 용어는 예수 그리스도의 최후성을 믿는 사람들을 나타낼 때 사용된다. 분명 예수님을 하나님의 특별한 계시로 믿는 사람들은 이를 믿지 않는 다른 종교인들에게 동의하지 않을 것이다. 이는 단순히 논리적인 문제이다. 두 가지 모순되는 명제를 동시에 믿을 수는 없다. 따라서 예수님이 하나님을 독특하게 계시한다고 믿는 사람이 동시에 예수님은 하나님을 계시하고 있지 않다고 믿을 수는 없다. 이러한 지적인 개념을 적대성에 적용한다면 매우 이상할 수밖에 없다. 그 이유는 한 사람의 신념이 일관된다고 해서 도덕적으로 문제가 있다고 볼 수는 없기 때문이다. 또한 일관된 신념을 버려야만 다른 종교와의 대화가 가능하다고 말할 수 있는 것도 아니다. 그 이유는 이러한 대화에 참여하는 사람들에게 부정직하고도 신실하지 못한 대화를 유도하기 때문이다. 반대로 솔직한 신념을 나누는 대화와 다른 종교를 가진 성숙한 신도들은 결국 근본적인 문제에 대해서 상호

10　*Oxford English Dictionary* (Oxford: Clarendon Press, 1932), XI, 12.

간 반대만을 확인할 수 있을 뿐이다. 더욱이 그 대화의 결과는 타 종교에 대한 존중이 필요하다는 것으로 날 수도 있다. 이것이 바로 포용성의 본질이다. 사려 깊은 전도자는 이러한 덕을 실천하는 데 있어서 다른 사람들보다 훨씬 나을 수 있어야 한다. 따라서 전도자는 다른 종교인들과 신실한 대화를 가질 수 있다.

종교적 재건주의자들과 급진적 포괄주의자들은 다종교주의자적 배타주의자들의 발 아래서 도덕적 오류에 빠질 위험성이 있다. 다른 세계 종교들의 핵심 신앙을 중요하지 않거나 2차적인 신앙으로 치부할 유혹이 실제로 존재한다. 이러한 다른 종교들의 핵심 교리들을 따르는 사람들을 낡아빠진 미신을 믿는다거나 심리학은 사회적인 이유로 믿는다고 혹평할 수도 있다. 이것이 의미하는 것은 배타주의자를 진리를 찾고자 가치 있는 논증을 이성적으로 생각하는 사람이라기보다는 운명론자 같은 과정을 겪고 있는 환자로 해석하고 치료가 필요한 사람으로 여긴다. 다종교적인 차원에서 대화를 나누는 상대를 이렇게 대할 수 있다는 것은 참으로 위험한 일이다. 이를 간단히 타 종교에 대한 적대성이라고 말할 수 있다.

종교 간의 대화는 전도와 분리해서 생각할 필요가 있다. 종교 간의 대화는 자신들의 의도와 관습에 따라 진행된다. 엄격하게 말하면, 여기서 대화라는 것은 곧 개종을 위한 대화라고 할 수 있다.[11] 이 점을 놓치기 쉬운데 그 이유는 설득적인 대화라는 개념은 곧 토론으로 이어지기 때문이다. 만일 우리가 일반적인 의미만을 본다면, 개종에 대해서는 생각을 안 할 수 있지만, 이러한 상황에서는 종교적인 혹은 위종교적인 이데올로기적 움직임들이 있을 수 있다. 만일 그렇게 되면

---

11   *Oxford English Dictionary*, III, 312.

종교간의 대화와 이웃 간의 대화를 분리할 필요가 있을지도 모른다. 따라서 종교 간의 대화는 전도와 다를 뿐만 아니라 논쟁이나 협상과도 다른 개념이라고 할 수 있다.

종교 간의 대화에 참여하는 데 있어서 중요한 것은 타 종교에 대한 존중이고 그들이 제시하는 근거와 개종의 의도가 담긴 대화를 들을 준비를 하는 것이다. 종교 간 대화의 행위에 있어서 후자는 늘 함축되어 있다. 대화 가운데 자신의 마음을 바꾸려 하지 않는다면, 종교 간의 대화에 있어서 진지하게 참여하고 있지 않다고 할 수 있다. 이는 곧 배타주의자나 포괄주의자, 정통인자나 이단인자나 자유나 급진이나 보수에게 모두 해당된다. 다종교주의적 재건주의자들도 포함해서 많은 사람들이 이를 실천하는 데 상당한 어려움을 가지고 있으며 처음에 기대했던 것보다 훨씬 위험하고 많은 대가를 치러야 한다는 점을 알게 된다. 이를 초월에서 우리가 알아두어야 할 것은 종교 간의 대화 자체가 칭찬받을 만한 목적을 이루는 데 기여할 것이라는 점이다. 종교 간의 대화는 상호 간의 무지를 줄이고, 이해를 높이며, 서로에 대한 시각의 지평선을 넓히며, 타 종교에 대한 헌신을 이해하게 된다. 또한 다양한 갈등의 요소를 알게 되며, 일반적인 도덕적인 문제를 알게 된다. 이는 인간 스스로의 가치를 위해 추구하는 것을 알아가는 과정이라 할 수 있다.

이러한 관점에서 종교 간의 대화가 전도의 비공식적인 형태로 인식되어서는 안 된다. 이는 본질을 호도하고 진정한 종교 간 대화의 의도를 해치는 일이라 할 수 있다. 만일 종교 간의 대화를 타 종교의 교리를 바꾸려는 시도나 혹은 구체적인 다종교적 이슈를 건드리려는 시도는 결국 종교 간의 대화 자체의 기본적인 틀을 바꾸겠다는 것을 의미한다. 만일 이러한 것만 피하게 된다면, 전도에 헌신된 그리스도인들이 종교 간의 대화에 충분히 참여할 수 있게 된다. 전도자가 만일 열심히 훈련을 받고 성숙하였다 해도, 세계 종교간의 대화에 참여하는 최상의 대표자가 될 수 없을지도 모른다. 전도자는 대화를 통해서 자신들이 증거해야 할 것을 전함으로 영혼을 구원하고자 한다. 특정한 종교에 헌신되어 있는 것이 무엇을 의미하는지를 알아야 다른 종교를 믿는 사람들을 만났을 때 그들을 이해할 수 있다. 또한 자신이 믿고 있는 신앙이 어떤 의미가 있는지를 타 종교인에게 설명할 수 있어야 한다. 마지막에는 경험적 요소들을 설명할 수 있는 증거들이 제시되어야 한다. 원리적으로는 종교 간의 대화에서 그리스도인들의 포용성이 더 넓다.

5. 전도와 포용성

전도자처럼 행동하면서도 그 전도자는 반드시 포용과 자유를 존중하는 기독교 전통을 따라야 한다. 그리스도인들이 반드시 포용성을 가질 수밖에 없는 몇 가지 이유가 있다. 첫째, 모든 사람이 하나님의 형상에 따라 창조되었다는 점을 믿는다. 그리고 그들을 위해 그리스도가 죽으셨음을 믿는다. 이 점이 타 종교인들과의 관계에 대한 심오한 함축성이 있음을 나타내고 있다. 이는 곧 전도자는 전도된 사람들로 하여금 하나님의 사랑을 입은 자들로서 반응할 수 있도록 자유를 주어야 한다는 것을 의미한다. 단순히 감성이나 지성적으로 회심을 강요해서는 안 된다는 뜻이다. 전도는 사랑의 영으로 실천해야 한다. 동일하게 성육하신 예수님에게서 드러난 자비와 인내와 겸손과 담대

함이 있어야 한다.[12]

또한 복음을 나누면서 하나님 나라에 들어갈 영혼들을 구하면서 전도자는 처음 받은 것 이외에는 줄 것이 없다. 마치 전도자가 하나님 나라의 근원인 양 우월한 문화를 전하는 것도 아니요 제국주의적으로 문화를 주입하는 것도 아니다. 오히려 전도자는 성령의 선행적 역사 가운데 겸손과 소망을 가지고 하나님께서 온 땅에 하나님의 은혜를 펼치시는 일에 참여하는 것이다. 이러한 관점에서 하나님의 보편적인 은혜를 받은 사람들의 판단을 존중하지 못하는 것은 전도 사역이라고 볼 수 없다.

더욱이 전도자는 모든 사람들이 스스로 진리를 볼 수 있도록 해야 한다는 점이다. 하나님 나라에 들어가도록 사람들을 강요할 수는 없다. 회심은 사람의 마음속에서 역사하시는 하나님의 은혜로 일어나기 때문이다. 이를 잊게 되면 전도는 사람들을 조장하게 되고 얄팍한 신앙의 여정을 시작하게 한다. 뿐만 아니라 그리스도인들은 원수를 사랑하라는 명령을 받았다. 심판은 하나님께 맡겨두는 것이다. 게다가 적대성은 편협과 분열주의를 낳으면서, 암과 같이 자라게 한다. 따라서 존중과 선한 의지가 교회 안과 사회에서 퍼져 나갈 수 있도록 모든 노력을 기울여야 한다. 모든 사람은 서로 사랑하고 선한 일을 하도록 부르심을 받았다.

행동보다 말은 쉽다. 모든 사회는 사회적 동의를 바탕으로 세워졌다. 만일 세대 간에 이러한 사회적 동의가 전이되지 못하면 그 사회는

12　Timothy Gorringe가 성육신과 전도의 관계에 대해 "Evangelism and Incarnation," *Indian Journal of Theology* 30 (1981): 69-77에서 다뤘다. 여기서 중점적으로 다루는 것은 종교 다원주의 상황에서 전도의 합리성이며, 타 종교인을 어떻게 전도할 것인가를 질문하지 않는다. 다만 한 가지 강조하는 것은 만일 그렇게 할 수 있다면, 다양한 종교 전통의 독특성과 구체성을 존중할 필요가 있다는 점이다. 이러한 행동에는 사랑과 존중이 필요하다.

존재할 수 없게 된다. 동일하게 나라나 종교나 어떤 신념과 원리에 대한 동의가 없으면 존재할 수가 없다. 이러한 신념과 원리는 반드시 명확해야 하며 보호되어야 하고 전통의 형식으로 이어져야 한다. 그렇지 않으면 종교 혹은 사회는 다른 이데올로기나 원리로 대체될 것이다. 혹은 신뢰를 잃어 내부에서 붕괴될 것이다. 이러한 이유로 인하여 세계 종교들이 가능한 한 많은 합의를 끌어내려고 하는 것이다. 그러나 진리를 찾기 위해 사회의 근간이 되는 포괄적 종교에 대한 평가는 막을 수는 없다. 이러한 과정을 밟는다는 것은 종교를 목적을 위한 수단으로 삼는 것이고 이렇게 되면 종교에 기반하지 않은 도덕과 합리적 원리로 사회가 얼마나 지탱할 수 있을지에 대한 검증은 이뤄지지 않게 된다.

종교가 언젠가 인간을 한계지어 온 국경선들을 극복할 것이라는 생각은 유토피아적인 것이다. 따라서 서로 다른 종교와 형이상학적인 비전으로 인해 사람들은 갈등을 초래한다. 종교적인 갈등은 더욱 첨예하다고 할 수 있다. 따라서 창조와 창조 안에서 인간의 본질의 특이성에 대해, 세상이 어떻게 잘못되어 가고 있는지, 어떻게 바로잡을 것인지, 미래에 세상이 어떻게 될 것인지에 대해 각 종교는 말하고 있다. 그러나 문제는 종교마다 각 영역에서 서로 깊은 차이를 나타내고 있다는 것이다. 실제로는 이 부분에 대해서 서로 간의 공격적인 경쟁이 심화되고 있다고 말할 수 있다. 종교적인 문제는 삶에서 피할 수 없는 부분이다. 어떻게 결정하느냐에 따라 한 사람의 정체성과 공동체에 대한 인식과 도덕적 이상과 정치적 성향, 미래에 대한 소망에 깊은 영향을 끼친다. 이러한 요소들에 대해 개인적 동의는 너무도 자연스러운 것이다. 더군다나 아는 지식 없이 열정으로만 추구한다든지, 번영을 위한 광신주의는 종국에 합의가 깨질 때 갈등이 자연스럽게 발생한다. 이 문제를 다루기 위해서는 위대한 지혜와 분별, 정치적 안목이 있어야 한다. 우리가 사는 사회에서는 교회와 정치의 분리가 사라져야 한다는 목소리조차 합의를 끌어내지 못할 정도로 복잡한 타협들과 해결되지 않은 문제들이 서로 얽혀 있다. 분명 세계 종교에 대한 글로벌 신학을 발전시키는 것이 이러한 문제를 해결하는 데 기여할 수 있다는 영웅적 믿음이 필요하다. 아마도 이 과정에서 우리가 더욱 인내를 가져야 한다는 점이 좀 더 현실적이라 할 수 있다.

그리스도인들은 이를 위해 보다 보편적인 시각을 가지고 타 종교와의 대화를 시도하고 공공 사회의 이익을 위한 최상의 자유를 추구하는 데 기여할 수 있을 것이다. 이를 위해 견고한 성품과 인간의 본질에 대한 희망을 가져야 한다. 이와 관련하여 기독교 전통의 어두운 역사와 타락에 대해서도 당당히 맞설 수 있어야 한다. 사실상 이 문제들을 놓고 다가올 하나님 나라를 위해 온전히 직면해야 할 필요가 있다. 또한 인간의 어두운 측면을 놓치지 않고 심각한 갈등이 있을 수 있다는 점을 기억할 필요가 있다. 따라서 우리가 소망할 수 있는 것은 슐라터(Schlatter)가 말한 바와 같이 우리의 싸움을 정결하고도 명예로운 무기로 한다는 것이다. 불행하게도 모든 그리스도인이 이러한 교훈을 받아들이는 것은 아니다. 어떤 그리스도인들은 천진하게도 이러한 영적 전쟁을 피할 수 있을 것으로 생각한다. 어떤 이들은 영적 전쟁의 대상을 찾지 못해 스스로 만들어 선한 싸움을 한다고 여긴다. 지혜로운 길은 이러한 선택을 하지 않고 언제나 우리 자신을 사랑하듯 이웃을 사랑하려고 하는 것이다. 역사 속에서 전도는 하나님 나라에 들어가는 과정이었고 끝까지 이 일을 감당해 낼 것이다.

6. 결론

이 마지막 장을 포괄적 에큐메니즘에 대한 논증을 정리하면서 마무리하려 한다. 주의 깊게 읽어본 독자라면 포괄적 에큐메니즘을 확대해석해서 사용하지 않은 것을 알았을 것이다. 에큐메니즘은 지금까지 기독교의 개념이었다. 최근에 이뤄진 논의에서 에큐메니즘이 타종교와의 대화까지 확장된 것이다. 이러한 상황에서 원래의 에큐메니즘의 개념이 변질되고 있다. 기억할 것은 에큐메니즘이 시작된 것은 19세기에 세계 복음화를 시도하면서 발생한 개념이다. 교회가 직면한 선교 사역을 위해 교회가 단일화되어야 한다는 주장은 심각한 논쟁을 불러일으켰다.[13] 공동 선언문 작성과 다른 영역에서 괄목할 만한 진전도 공동 프로젝트를 통해 이뤄졌다. 그러나 100년 전보다 교회가 유기적으로 더욱 하나가 되었는지는 여전히 의문점으로 남는다. 그 이유는 자명하다. 이루기 가장 어려운 서로의 신앙에 대한 공통적 합의가 이뤄지지 않기 때문이다. 세계의 종교를 하나로 묶으려는 공격적인 시도는 새로운 다종교적 혹은 형이상학적인 비전을 받아들이게 함으로써 영혼들이 보다 포괄적인 종교나 이상에 흡입되는 결과를 낳게 한다. 전도와 에큐메니즘의 상관관계 속에서 에큐메니즘이 지배적으로 에큐메니즘적인 전도의 형식을 양산하고 있다는 것을 알아야 한다. 따라서 다종교 전도에 집중하는 사람들의 신세계 신학이나 기관, 사역을 주의 깊게 관찰할 필요가 있다. 이러한 상황에서 전도가 대중 선동적인 전도로 전락할 수도 있다. 전도의 역사를 고려하면 이러한 일은 충분히 예상할 수 있는 일이다. 이러한 대중 선동적인 전도의 결

13　William Richey Hogg은 모던 에큐메니즘에 대해 *Ecumenical Foundations*(New York: Harper, 1952)에서 다뤘다.

과는 기독교 에큐메니칼 운동을 주장하는 사람들만큼이나 어두울 것이다.